Chéri,

Ce guide de la survie t'apporte les techniques nécessaires en cas d'apocalypse !

Bonne lecture !

Je t'aime !

Ta femme, Joana

BEAR GRYLLS

NÉ POUR SURVIVRE

LE GUIDE DE LA SURVIE EXTRÊME

hachette
NATURE

SOMMAIRE

*À mes deux garçons, Jesse et Marmaduke.
Quand une situation tourne mal,
vous deux et votre maman représentez toujours
la lumière au bout du tunnel qui me ramène
à la maison.
Je vous aime tant.*

La sagesse peut être grandement admirée.
Mais ce qui inspire réellement l'humanité, ce qui accélère le pouls, ce qui remonte le moral, c'est exactement son contraire : la démonstration d'une impétuosité à la fois formidable et téméraire.
Quand on y réfléchit, ce n'est pas la sagesse qui permet de gagner la croix de Victoria, cette médaille militaire récompensant un acte de bravoure remarquable.
Ce n'est pas la sagesse qui peint *La Joconde* ou compose la symphonie n°3 de Beethoven dite *Héroïque*. D'ailleurs, les sages ne sont pas des artistes. Ce n'est pas la sagesse non plus qui nous incite à repousser les limites de notre endurance pour réaliser nos rêves les plus fous.
Non, il s'agit d'un vice magnifique ancré au plus profond de nous. Et ce n'est pas la sagesse qui nous encourage à tout risquer dans la quête d'un amour impossible.
C'est une passion incontrôlable et le besoin existentiel de goûter au danger avant de mourir.

Richard Morrison, *The Times*

INTRODUCTION

Savez-vous que le spermophile arctique, ce petit écureuil vivant sur le sol gelé de la toundra, est le seul mammifère connu capable d'abaisser sa température corporelle à moins de zéro degré ? Ou que les couleurs éclatantes de la coccinelle sont un signal d'avertissement et qu'en cas de danger, elle sécrète une substance jaunâtre et malodorante derrière ses articulations capable de dissuader ses agresseurs ?

De nos jours, on évoque souvent le monde extérieur telle une nature « sauvage » comme si elle se montrait farouche, fruste et violente. Mais ce n'est pas le cas. En fait, plus j'en apprends sur la nature, plus je me rends compte qu'elle est en réalité la seule facette de la vie qui paraît ordonnée ; lorsque l'on prend le temps de gratter sous la surface de la flore ou de la faune, lorsque l'on prend le temps d'observer les insectes, on remarque un monde silencieux, toujours en mouvement, changeant, en perpétuelle croissance, en harmonie.

De façon ironique, c'est notre monde humain qui est vraiment « sauvage » ; il n'y a que dans la nature que l'on perçoit une véritable harmonie. Chez les hommes, on ne distingue que la désunion, l'absence d'objectif : à grande échelle, les nations s'affrontent, mais également les peuples, les croyances ; sur une échelle plus réduite, des entreprises polluent les rivières, tandis que certains individus jettent leurs ordures n'importe où. Voici la vraie « sauvagerie », la vraie cacophonie qui règnent sur nos vies. Tout autour de nous, nous avons créé cette brutalité en exploitant ce qui nous était confié. Dans la nature, cependant, il n'existe rien de tel ; pas de cupidité, pas de gâchis, pas de jalousie. Et c'est au creux de cette nature que se nichent les vrais miracles de la vie.

Les perce-neige survivent parce que la neige les isole du gel. Un homme, lui, mourrait en quelques minutes dans un tel environnement. J'ai vu des macareux affronter des icebergs et l'océan Arctique démonté par des bourrasques de force 9. Ces oiseaux avaient l'air un peu gauche dans la tempête, mais semblaient en savourer chaque instant. Nous nous trouvions à plus de huit cents kilomètres des côtes. Mon équipe et moi naviguions à bord d'un petit canot pneumatique à coque rigide, armés de la dernière technologie, bien au sec dans nos combinaisons. Pourtant, c'est nous qui étions sur le point de mourir de froid et de peur, pas eux. Le monde de la nature reste, à tous égards, plus grand, plus intelligent et plus fort que nous. En un mot : meilleur.

C'est uniquement quand je retourne auprès de cette nature dite « sauvage » que je me sens revivre. Je me mets à vibrer sur un nouveau rythme, mes sens s'aiguisent ; je vois dans le noir, je reconnais les différentes odeurs de la forêt, je distingue les vents selon leur direction. Je redeviens homme tout simplement ; tel que la nature nous a faits. Ce côté « sauvage » m'aide à perdre toutes les couches artificielles avec lesquelles la société nous étouffe, l'agressivité contenue qu'on remarque dans les rues, et l'indifférence, l'engourdissement de ceux qui n'ont plus d'espoir, plus de rêves.

De nos jours, tant de gens marchent les yeux baissés, rivés au sol. Pour eux, survivre, c'est passer la journée en affrontant son patron ou un entretien d'embauche. Toutes choses importantes, certes, mais nous sommes obligatoirement perdants si nous limitons nos vies au trottoir qui se déploie devant nous.

Si seulement nous prenions un peu de temps pour regarder en l'air – ne serait-ce que durant la pause déjeuner sur un banc dans un jardin public.

Pourquoi donc en ces brefs moments, nous sentons-nous mieux ? Pourquoi notre imagination s'enflamme-t-elle en attisant notre ambition et nos rêves ? La nature nous a faits ainsi. Nous avons des appétits autres que la simple contemplation de nos pieds. Nous n'avons qu'une vie et il existe un monde extraordinaire, tout autour de nous, créé pour que nous nous en délections.
Malgré tous les efforts de l'homme pour la détruire, la nature demeure toujours l'association connue d'écophénomènes la plus remarquable et la plus avancée. Nos technologies les plus révolutionnaires ne sont rien comparées à la chenille devenant papillon, un miracle auquel vous n'avez sans doute pas pensé depuis votre enfance. (Enfin, je suis prêt à le parier...)
Plus j'explore la planète lors de mes expéditions, plus je suis émerveillé. On dit parfois que le monde est petit. Pourtant, son ampleur, sa diversité et sa puissance ne cessent de m'étonner. Savez-vous ce que je crois être l'un des plus grands prodiges de la nature ? La fleur, solitaire

et cachée au creux de la jungle, sur laquelle ne se posera aucun œil, humain ou autre. La floraison si nette, fraîche, magnifique ; comme si ces miracles tellement discrets faisaient le ravissement de Dieu. Des mystères créés uniquement pour Son bon plaisir.

Le monde regorge de tels prodiges. Aussi, en retour, avons-nous deux responsabilités : d'abord, les comprendre et les protéger ; ensuite, les aimer. Il ne me paraît pas inutile de le répéter : nous n'avons qu'une vie. Nous avons encore tout un univers de magie à découvrir et plus j'apprends sur lui, plus je me rends compte qu'il nous en reste beaucoup à savoir.

J'espère que ce livre pourra vous sauver la vie un jour, mais qu'il vous encouragera également à explorer, à comprendre et à savourer les plaisirs que la nature nous offre. La nature ne doit pas être crainte, mais aimée. À nous, les humains, a été donnée la primauté sur chaque animal, sur chaque plante. J'ai vu un nomade du désert, un petit homme rabougri, maîtriser onze des serpents les plus dangereux de la planète qui s'enroulaient autour de ses orteils. Un savoir-faire fascinant.

Pendant des siècles, nos ancêtres ont inventé les techniques, véritables « ficelles du métier », nous permettant de survivre, de nous nourrir et de boire dans les milieux les plus hostiles. Ces compétences ne doivent pas disparaître. N'éprouveriez-vous pas une certaine fierté si, échoué sur une île déserte avec vos amis, sans équipement, vous saviez recueillir l'eau d'un jeune arbre, faire un feu sans allumettes, attraper et dépecer un serpent ? Évidemment. Parce que ces talents en appellent à une partie de vous qui a pris des milliers d'années pour évoluer. Votre instinct de survie.

Votre vie est-elle meilleure grâce à toutes les merveilles du confort moderne ? Peut-être est-elle plus facile, plus rapide, certes. Mais meilleure ? Pourquoi la dépression sévit-elle, alors ? Avons-nous divorcé à ce point de notre vraie personnalité, de notre moi intérieur ?

Je l'ignore. Tout ce que je sais, c'est que la nature révèle le vrai moi ; quand j'ai besoin d'espace ou de temps, quand je souffre, que j'ai mal, où vais-je me précipiter ? Je cours vers les montagnes. J'y trouve calme et réconfort. J'ai l'impression d'être chez moi. J'ai le temps de crier, de pleurer et de respirer. Rien de plus naturel.

Utilisez toutes les techniques présentées dans ce livre pour vous sortir des mauvais pas qui vous guettent sur le chemin de cette aventure exceptionnelle. Mais, surtout, n'oubliez pas l'intelligence de la nature dont nous sommes tous dotés. Il faudra peut-être la dépoussiérer, car on l'utilise rarement, mais elle sera toujours là pour vous ; et la vie semble bien plus riche lorsqu'on passe un peu de temps en sa compagnie.

N'ayez pas peur de revivre... Et puis, ne donnez pas au trottoir plus d'attention qu'il n'en mérite.

PRIORITÉS POUR LA SURVIE EN ENVIRONNEMENT NATUREL...

Les priorités de la survie

J'adore les résumés ! Si vous n'avez pas beaucoup de temps devant vous ou que votre mémoire vous trahit, voici la page qu'il ne faut surtout pas oublier. Dans une situation de vie ou de mort, certaines personnes font l'erreur de ne pas établir les bonnes priorités. Donc, avant de nous lancer dans le cœur des techniques de survie, il me parait logique de placer en tête de cet ouvrage quelques explications sur ces priorités qui vous sauveront la vie.

Protection

Priorité numéro un dans les situations de vie ou de mort : se protéger, par exemple, des conditions extrêmes (une température en dessous de zéro et des vêtements humides vous tueront en quelques heures, comme une chaleur caniculaire et l'absence d'ombre), des animaux dangereux ou d'un avion sur le point d'exploser. Vous devez vous protéger avant tout : dénicher de l'eau ne présente aucun intérêt si, pendant ce temps-là, vous vous retrouvez en hypothermie !

Secours

Priorité suivante : se mettre en situation d'être secouru. À l'aide de tout objet, des pierres, etc., bref n'importe quel matériau à portée de main, dessinez un grand signe SOS près de votre abri. Les secours lancent les recherches dès qu'ils savent que vous êtes dans le pétrin, alors ne gaspillez pas ces occasions précoces de sauvetage ; tenez-vous prêt. Aussi longtemps qu'il est possible, sans compromettre votre sécurité, attendez là où vous vous trouvez. Ne bougez pas. Si vous êtes dans un véhicule, ne vous en éloignez pas. Restez à

côté. Je connais trop d'histoires de personnes retrouvées mortes déshydratées dans la chaleur extrême du désert australien, à quelques kilomètres seulement de leur voiture, parce qu'elles s'en étaient éloignées pour chercher de l'aide. Soyez malin : mettez-vous en sûreté, rendez-vous visible et attendez les secours. (Attention : mieux vaut ne pas attendre au fond d'un trou totalement invisible creusé dans la neige !)
Si les secours n'arrivent pas, si les jours passent sans aucun signe qu'on vous recherche, alors vous devez envisager la perspective de vous sauver vous-même : vous en sortir seul, debout sur vos deux pieds. C'est un dernier recours, mais le sauvetage reste le principal objectif de la survie et vous devez faire ce qu'il faudra pour y parvenir. Laissez un indice, par exemple en disposant des pierres ou tout autre matériau sur le sol, pour indiquer la direction que vous prenez et le moment de votre départ. Une fois parti, accrochez-vous et tenez bon.

Eau

Une fois protégé des éléments et préparé à la venue des secours, vous devez rester vivant le temps qu'ils arrivent ! L'eau devient donc maintenant votre priorité numéro un. Pensez à cette règle de trois : vous pouvez survivre trois heures dans des conditions de températures extrêmes, chaleur ou froid ; trois jours sans eau ; mais vous pouvez rester trois semaines sans manger. Soyez très clair dans vos priorités. Vous devez trouver de l'eau.

Nourriture

Vous aurez besoin d'autant plus d'énergie que vous tenterez de vous en sortir par vous-même. Mais je le rappelle, vous pouvez survivre beaucoup plus longtemps sans nourriture que sans eau, et votre corps possède des réserves insoupçonnées à la fois dans ses muscles et dans sa graisse. Si vous n'avez pas beaucoup d'eau, restreignez l'apport de nourriture et notamment de protéines qui nécessitent davantage d'eau pour être digérées. Apprenez à cueillir et à chasser comme le faisaient les premiers hommes. Trouvez des baies, des vers, des larves avant de vous attaquer au gros gibier ! C'est ainsi que vous resterez en vie.

Vous l'avez compris : PSEN... Protection, Secours, Eau, Nourriture... c'est-à-dire Priorités pour la Survie en Environnement Naturel !

« La force se forge dans l'opposition,
comme un cerf-volant qui se dresse contre le vent. »
Nelson MANDELA

LES FONDAMENTAUX DE LA SURVIE

CHAPITRE 1

Des catastrophes sont susceptibles de se produire. Elles arrivent parfois. Individus isolés, communautés ou, même, sociétés, personne n'est immunisé contre l'irruption soudaine de la fatalité dans nos vies.

Ironie du sort : alors que nous avons atteint une étape du développement humain où nous possédons plus de technologies à notre disposition que jamais, en même temps nous avons oublié les nombreuses capacités dont dépendaient nos ancêtres pour leur survie.

Aujourd'hui, il nous paraît normal de nous parler ou de nous voir instantanément alors que nous sommes séparés par des milliers de kilomètres. Mises à part les plus grandes profondeurs de l'océan, il n'existe plus un seul endroit inaccessible sur la planète. La technologie permet de nous localiser à quelques dizaines de centimètres près ; elle peut envoyer un SOS à travers les continents afin que les secours interviennent ; elle peut aider à ranimer des personnes à bout de force ; à l'aide d'un simple bouton, elle nous fournit lumière, feu, chaleur, eau chaude et nourriture.

Que se passe-t-il, alors, quand tout ceci nous est arraché brusquement, sans préavis ?

Lorsque le courant est coupé, nous sommes soudain plongés dans l'obscurité et le silence ; les écrans de nos télévisions et de nos ordinateurs s'éteignent et nous ne pouvons plus communiquer avec le reste du monde. Le chauffage ne fonctionne plus ; impossible de se laver ou de se nourrir.

Pendant un moment, quelques heures à peine, tout nous semble nouveau. Nous redécouvrons l'existence de nos voisins, nous parlons à des étrangers, nous nous entraidons : tant de choses que nous devrions faire plus souvent dans la vie de tous les jours. Et puis les lumières reviennent, en même temps que la routine. Et nous restons confiants car il ne s'agissait que d'un incident isolé. Pas la peine de s'inquiéter, il ne se reproduira pas de sitôt.

Notre dépendance croissante à la technologie sous toutes ses formes se révèle une épée à deux tranchants.

Dans cette situation, concentrez-vous sur la chance que vous avez d'être en vie!

Le fait que notre petit monde protégé soit, a priori, de plus en plus fiable et ingénieux, nous a rendu paradoxalement de plus en plus vulnérable. La plupart des gens seraient incapables de s'adapter plus de quelques heures à un monde où tous ces « systèmes » tomberaient en panne.

En effet, lorsque la technologie fait défaut, même au niveau le plus élémentaire, nous nous retrouvons souvent totalement démunis. J'ai écrit cet ouvrage pour contrebalancer une telle dépendance, réapprendre ces capacités que nos ancêtres maîtrisaient. Ces talents si difficiles à découvrir et que nous avons oubliés trop vite. Ce livre est un guide, un guide de survie quand les lumières s'éteignent... et ne se rallument pas.

Il évoque ce qui se passe lorsque la technologie dont nous dépendons tellement nous est arrachée. Quand, soudain, nous n'avons plus aucun moyen de communication. Quand nous nous retrouvons seuls dans un nouveau monde étrange – un désert, une jungle ou un glacier.

Peu importe ce qui s'est passé. Votre avion léger a pu s'écraser sur la montagne alors que vous cherchiez à atteindre un refuge isolé. Vous avez pu être séparé de vos compagnons de trek dans un désert aride ou au cœur du blizzard à flanc de montagne. Incrédule, vous vous retrouvez sans rien d'autre que vos vêtements. Vous êtes perdu, seul, on pense d'ailleurs peut-être que vous êtes déjà mort, et personne ne vous recherche.

Pas de téléphone mobile ou de GPS pour vous aider maintenant. Vous les avez laissés derrière vous sur cette planète éloignée qu'on appelle « civilisation ». Pas d'abri, pas d'eau, pas de feu et aucune idée de l'endroit où vous vous trouvez. La nuit tombe. Autour de vous, il y a des créatures et des dangers inconnus, et il se met à faire extrêmement froid. Que ne donneriez-vous contre des ustensiles ordinaires, rudimentaires : un briquet, une gourde, un sac de couchage pour vous tenir chaud ! Même une boussole dénichée dans une pochette surprise vous conviendrait. Mais quelle que soit votre volonté de les avoir, tous ces objets resteront loin de vous sur cette terre perdue dont vous étiez devenu si dépendant.

À partir de maintenant, jusqu'au moment où vous vous en sortirez, il vous faudra survivre seul… ou mourir.

Il s'agit de cette situation que les informations fournies par ce livre vous aideront à surmonter. Dans les chapitres qui suivent, j'évoquerai tous les terrains imaginables, ou presque, afin de vous expliquer certaines des capacités que j'ai acquises. Tout au long de cette aventure, je partagerai avec vous les techniques de survie que j'ai apprises au sein des SAS, les forces spéciales britanniques. Je vous raconterai des anecdotes tirées de mes escalades sur les montagnes les plus hautes et les plus dangereuses du monde, mais aussi des histoires vraies et exaltantes narrées par des hommes et des femmes qui, contre toute attente, ont survécu dans les milieux les plus hostiles de la planète.

De nombreuses capacités et techniques que je vais évoquer concernent des types de terrains spécifiques : un abri dans la montagne l'hiver, par exemple, ne ressemblera guère à celui que vous bâtirez au cœur d'une jungle étouffante et humide. Toutefois dans ce premier chapitre, je veux d'abord explorer les talents qui sont, en général, communs à tous les environnements et à toutes les situations dans lesquelles vous vous trouverez.

PSYCHOLOGIE DE LA SURVIE

Lors d'une catastrophe dans un environnement hostile et inconnu, comment se fait-il que certaines personnes survivent tandis que d'autres périssent ? Le bon sens nous dicte sans doute que la réponse réside quelque part dans la théorie darwinienne de l'évolution : dans une situation de vie ou de mort, le plus fort, physiquement, mais aussi le plus expert, demeure celui qui a le plus de chance de s'en sortir en un seul morceau.

Il est évident que ces deux caractéristiques jouent un rôle majeur dans l'équation « homme contre nature ». Astronautes et explorateurs, membres des équipes de secours en montagne et sauveteurs en mer possèdent tous de vastes connaissances et se sont entraînés afin

d'être aptes physiquement à maîtriser les rigueurs du terrain qu'ils savent devoir affronter.
Mais l'explication ne s'arrête pas là. La plupart de ces extraordinaires récits de survie contiennent un ingrédient indéfinissable, l'ingrédient X, dont on sait seulement qu'il tire son origine de l'esprit humain, de la détermination.

La plupart de ces extraordinaires récits de survie contiennent un ingrédient indéfinissable : l'ingrédient X.

Et, en effet, de nombreuses histoires prodigieuses méritent d'être contées. Expéditions célèbres et épiques ayant mal tourné ; ou individus normaux propulsés brusquement dans une bataille contre la nature à laquelle, selon toute probabilité, ils n'auraient pas dû survivre.
La première catégorie inclut l'expédition antarctique de Shackleton entre 1914 et 1917. Son navire, l'*Endurance*, est resté bloqué dans les glaces. Véritable prouesse et modèle de survie, un petit groupe parvient à traverser mille trois cents kilomètres sur les mers les plus hostiles de la planète, à bord d'une baleinière, et réussit enfin à trouver de l'aide. Dans un environnement tout à fait différent, on pense également à l'équipage d'*Apollo 13* qui ramènera sur terre son vaisseau endommagé après l'explosion presque fatale de deux de ses trois réservoirs de carburants.
La seconde catégorie compte l'aventure de deux Américains, Helen Klaben et Ralph Flores, qui ont survécu au crash de leur avion léger durant une tempête hivernale à la frontière de la Colombie britannique et du Yukon, en février 1963. Malgré de graves blessures, peu de nourriture et aucune expérience de la nature et des milieux hostiles, ils réussissent cependant à survivre pendant sept semaines sous des températures qui avoisinent fréquemment -45°C.
Ces deux exemples de récits mettent en valeur des types très différents de circonstances où des individus ont survécu contre toute attente. La première catégorie est composée de personnes exceptionnelles. Les équipages des expéditions mentionnées ne se seraient pas retrouvés dans des situations aussi critiques s'ils ne possédaient pas ce que Tom Wolfe appelait « l'étoffe des héros ».
Leur sélection au sein de ces équipages prouve qu'ils avaient déjà démontré que leur force physique, leur entraînement et leur mental leur donneraient les meilleures chances possibles pour survivre dans un environnement extrême. Ils possédaient également, en particulier dans le cas d'*Apollo 13*, une expérience et un conditionnement leur permettant de se sortir des situations les plus critiques.
La seconde catégorie est beaucoup plus difficile à cerner. Elle inclut des personnes sans aptitudes spécifiques, mais habitées par ce facteur X,

cet ingrédient secret caractérisé par la volonté de rester en vie. Klaben et Flores étaient des personnes parfaitement normales. D'ailleurs, ils avaient déjà fait preuve de leurs mauvaises capacités d'analyse en décidant de décoller malgré les conditions météorologiques. En raison d'un manque de connaissances particulières, ils n'ont pas utilisé les techniques de survie décrites dans ce livre. Néanmoins, ils ont eux aussi survécu. Pourquoi ? La réponse à cette question réside au cœur du mystère de la survie. Si j'avais le choix entre connaissance et détermination, je n'hésiterais pas une seconde et je prendrais la détermination. Lors de mes expéditions, j'emploie ce même critère pour sélectionner mes compagnons et le SAS choisit ses membres de la même façon. On peut enseigner des aptitudes à n'importe qui. En revanche, tout le monde n'a pas le feu sacré.

Mais avant de s'attaquer aux sources de ce « feu », cet ingrédient insaisissable de la survie qui se trouve au plus profond de ces récits, je voudrais tenter de développer certains des attributs psycho logiques les plus importants manifestés par tous les survivants. Ces « règles » vous aideront à réchapper de la bataille contre la nature : il s'agit des éléments primordiaux de ce qu'on peut appeler « la volonté de survie ».

Première priorité : lorsque vous vous retrouvez seul et que vous commencez à appréhender la situation : surtout ne paniquez pas et n'aggravez pas votre cas. Tout ce que vous avez en votre possession, en particulier l'énergie physique, s'épuisera rapidement. Aussi faut-il faire preuve d'économie, comme avec la charge faiblissante d'une batterie.

C'est maintenant que vous devez montrer le plus d'objectivité possible en analysant votre situation. Être dans le déni est une réaction classique face au stress, mais elle provoquera uniquement une réduction drastique de vos chances de survie. Dans le même temps, se convaincre soi-même qu'on sera sauvé dès le lendemain se terminera probablement en déception amère ; elle ne fera que donner un coup supplémentaire à un moral déjà en berne.

Dans une situation donnée, certains pourraient dire en analysant leurs chances de survie : « Sois réaliste. Quelles sont tes options ? » Moi, au contraire, j'affirme, à l'instar de nombreux survivants : « Il faut être optimiste. » D'après mon expérience, lorsqu'on prétend être « réaliste », il s'agit en général d'une excuse fallacieuse au pessimisme ! Ceux qui veulent survivre doivent voir les occasions qui se présentent et non les problèmes ; l'espoir et non le désespoir ; les possibilités et non ce qui est impossible.

Rappelez-vous que la différence entre la vie et la mort se réduit souvent à une question de choix. La « réalité » de la situation est ce que l'on croit qu'elle est. Si vous décidez

que les probabilités jouent contre vous, que vous n'avez aucune chance de survivre, alors la bataille est déjà perdue ou presque.
Si, en revanche, vous choisissez de vous inspirer des récits de ceux qui ont survécu sans avoir aucune compétence spécifique, vous vous rendrez compte que ce qui semble de prime abord impossible se révèle en réalité possible. Personne n'a plus de chance de survivre que celui qui en est convaincu.
Plutôt que de ruminer son malheur, il faut se concentrer sur l'infime chance qui nous a permis de survivre. Il faut se dire qu'on a la baraka, qu'on est incroyablement chanceux d'être encore en vie. Les statistiques montrent que la plupart des survivants sont secourus en moins de cinq jours. Trouvez la confiance dans ces chiffres ! Gardez une attitude positive et l'espoir ne vacillera jamais. Tous les survivants s'accrochent à l'espérance. C'est un don inné.
On sait en outre que vous devrez à la fois vous colleter avec vos forces, mais aussi avec vos faiblesses. Alors veillez à ne pas culpabiliser. Personne n'est parfait. Certains ont une peur irrationnelle du noir, d'autres, une peur démesurée des araignées ou des serpents. Certains se sentent lâches, mais plus nombreux encore sont ceux qui ont une perception exagérée de leurs propres capacités. (Ces derniers font les pires survivants.) On doit se rappeler que le courage et la peur représentent les deux faces de la même pièce. Si vous ne ressentez pas d'abord la peur, vous ne serez jamais véritablement courageux. De la même façon, personne ne peut décréter qu'il est « fort » sans avoir affronté ses faiblesses et les avoir vaincues. Et c'est exactement ce que vous devrez faire dans la nature. Votre confiance s'affirmera progressivement et renforcera votre détermination tandis que vous affronterez et surmonterez chaque obstacle, l'un après l'autre, qu'il s'agisse de construire un abri, de trouver de la nourriture ou de traverser une rivière.
Les pensées sont également assaillies par de soudaines sautes d'humeur. Savoir que vous ne reverrez peut-être jamais tous ceux qui vous sont chers vous submergera parfois. Mais ne faites pas l'erreur d'essayer de bloquer ces émotions « négatives ». Car, de toute façon, vous vous rendriez compte qu'elles vous engloutissent. Mieux vaut admettre leur puissance et la tourner à votre avantage. Utilisez-les pour renforcer votre détermination à survivre. Ne vous apitoyez pas sur votre sort : après tout, ce sont vos proches qui devront vivre sans vous, si vous ne réussissez pas à rentrer sain et sauf. Alors, pour eux, il faut continuer. N'abandonnez jamais. Que leur visage soit votre guide. Que vos souvenirs soient votre force.
Les ampoules, la douleur, l'épuisement ne sont que temporaires. Ils durent une semaine, un mois, peut-être un an. Mais la joie de survivre,

de retrouver ses proches, la fierté éprouvée en contemplant rétrospectivement les épreuves que vous avez traversées… ces émotions-là sont éternelles.

Nombreux, parmi ceux qui sont revenus pour raconter le récit héroïque de leur survie, expliquent comment ils parviennent à pratiquer une étonnante forme de gymnastique mentale. D'une part, leur lucidité permet de réfléchir vite et bien, de rester concentrer sur leur tâche en la divisant en petits objectifs accessibles. D'autre part, ils arrivent également à garder à l'esprit des pensées plus élevées, qu'elles concernent leur foi ou leur famille, lesquelles leur permettent de vaincre des épreuves apparemment insurmontables.

L'esprit s'avère notre arme la plus puissante. Écoutez les récits de ceux qui ont subi la torture et y ont survécu ou de ceux qui ont vécu en captivité, dans l'isolement : ils parlent souvent de leur esprit comme d'une échappatoire et d'une force capable d'anesthésier la douleur, mais aussi d'une source de joie.

Pensez à l'histoire véritablement extraordinaire de Beck Weathers, un Néo-Zélandais, membre de la célèbre expédition de 1996 partie à la conquête de l'Everest dont plus de dix membres ont péri en quelques jours. Après une violente tempête au sommet, Beck est resté inconscient pendant deux jours et une nuit, avant de pouvoir se mettre à l'abri, déshydraté et les membres gelés.

Le Dr Kamler dans son remarquable ouvrage *Extreme Survival* décrit avec un luxe de détails la réaction du corps face au stress intense qui se produit au seuil de la mort. Il démontre comment, dans des circonstances extrêmes, une aire logée au plus profond du cortex cérébral, le gyrus cingulaire, s'avère capable de l'emporter sur toute donnée sensorielle, émotionnelle ou rationnelle reçue par notre cerveau, afin de « créer » sa propre réalité. Le gyrus cingulaire semblerait être la source de certains de ces retours miraculeux effectués après des expériences de « mort imminente ».

Toutefois, comme l'écrit le Dr Kamler, malgré la possibilité qu'a la science de localiser les ondes cérébrales émises par ce gyrus, « *il y aura toujours une barrière mystique, impénétrable nous empêchant de nous comprendre. La nature fondamentale de l'humain restera toujours inconnaissable. En fin de compte, pour expliquer ces cas extrêmes de survie, il ne faut pas uniquement recourir à la science, mais également à la foi.* »

Alors, où se trouve ce feu sacré, cette détermination ? En chacun de nous ou seulement chez de rares élus ? Je crois que nous le possédons tous à profusion. Néanmoins, il se trouve bien caché, recouvert peut-être par ce tas de bagatelles que nous accumulons depuis que nous pourchassons l'accessoire, l'inutile. Argent, propriété, statut social : de vains maîtres dont aucun ne permet de révéler le moi intérieur.

Bien trop souvent, c'est seulement lorsque nous nous trouvons au cœur de ce cauchemar, dans une situation de vie ou de mort, et quand toutes ces babioles nous ont été arrachées, que nous avons suffisamment de temps pour laisser notre détermination, notre mental, se développer à nouveau. Et ce feu est inextinguible. Peu importe depuis combien de temps il est éteint car, à l'instar de ces bougies d'anniversaire qui se rallument sans cesse, ce feu humain couvera toujours sous la cendre. Demandez aux SS qui ont essayé d'étouffer la détermination des Résistants pendant la Seconde Guerre mondiale. On peut faire du mal, on peut opprimer, mais on ne vaincra jamais là où il y a volonté et détermination.

Souvent, ceux qui ont dépendu de cette volonté et de cette détermination pour survivre parlent de foi. Il est extrêmement difficile de le leur faire avouer, mais c'est généralement la raison de leur survie. On a tous besoin d'espoir ; bien plus qu'on ne pourrait le croire. Et cet espoir a besoin d'un foyer. Pour moi, il s'agit de la foi chrétienne. Chacun trouve sa foi de façon personnelle, mais Jésus-Christ est la source de mon feu intérieur, celui qui me permet de survivre. Qui mieux que Lui peut vous accompagner quand vous êtes seul, effrayé et transi, loin de chez vous ? Il faut beaucoup d'orgueil pour affirmer qu'on n'a besoin de rien.

Bref, je crois que nous avons tous cette capacité de survivre contre toute probabilité. En fait, elle réside au cœur même de la notion d'être humain et sans elle notre espèce n'aurait jamais parcouru tout ce chemin. Mais dans notre monde moderne, plus nous sommes protégés par la technologie et l'idée que nous pouvons nous garantir contre tout, même la mort, plus une autre partie de nous-mêmes tente de se faire la belle.

À une époque où nous n'avons jamais été plus préoccupés par notre sécurité, nous aspirons également à prendre des risques. C'est sûrement la raison pour laquelle tant d'aventuriers affirment que le seul moyen pour eux « de se sentir vivants » reste d'affronter des dangers extrêmes. Un paradoxe apparaît alors : c'est quand ils regardent la mort en face qu'ils sont le plus en prise avec la vie.

En fin de compte, peut-être faut-il admettre que l'homme et la nature sont étroitement liés au sein de cette prodigieuse création. Sa source, demeurant, je le crois, une question de foi et non de science. Sans cette foi – quelle qu'elle soit – nous risquons de perdre notre gouvernail. Nous risquons de perdre toutes les cartes de navigation qu'a jamais possédées l'espèce humaine. Et c'est le genre de « perte » qu'il vaudrait mieux éviter.

Je crois que nous avons tous cette capacité de survivre contre toute probabilité.

LE FEU : UN DON DES DIEUX

Allumer un feu à volonté : c'est l'une des plus grandes découvertes de l'humanité. Certes, l'invention de la roue est également incroyable mais, en dernier ressort, je sais laquelle je choisirais. D'ailleurs, il existe encore des parties du monde où l'homme vit sans la roue. Mais pas sans feu.

Lorsque soudain, vous vous retrouvez dans une nature étrangère et sauvage, en particulier la nuit quand il fait froid, le feu semble un véritable allié. Pas étonnant, puisque depuis des temps immémoriaux, il est considéré comme un don des dieux, la manifestation terrestre de l'étincelle divine.

Mais il vous faudra traiter votre divin ami avec l'amour et le respect qu'il mérite. Si ses bienfaits sont très nombreux – lumière, chaleur, possibilité de cuisiner ou de se sécher, éloigner les animaux sauvages et la vermine – le feu s'avère notoirement difficile à allumer lorsque nous sommes privés d'équipements ou de techniques modernes.

Allumettes de sûreté, briquets et combustibles facilement inflammables (essence, allume-feu) sont considérés comme acquis par la plupart d'entre nous. Mais le fait d'avoir ces ressources toujours à portée de main demeure un phénomène relativement récent. Les allumettes à friction, ressemblant à celles que nous utilisons encore aujourd'hui, existent depuis le début du XIXe siècle avec l'invention des « Lucifer » par Samuel Jones. Avant, pour produire des étincelles, il fallait s'en remettre à des techniques qui n'avaient pas vraiment changé depuis leurs débuts.

Les méthodes modernes ont permis de se dispenser de l'ingrédient primordial pour faire un feu : la patience. Si la chimie est restée la même depuis la prime jeunesse de la terre – ce mélange précis d'air, de chaleur et de combustible – l'état d'esprit nécessaire afin de créer le bon environnement pour allumer un feu sans produit chimique artificiel, lui, a disparu.

Dans la nature, la patience n'est pas cette option qu'elle est devenue chez nous. En réalité, sans elle, vous découvrirez certainement que votre situation a tendance à empirer. Le temps, ce bien semble-t-il de plus en plus rare dans nos vies modernes, devient brusquement une denrée dont vous ne savez plus que faire. Donc, toute propension à la précipitation doit être maîtrisée avec fermeté, notamment du fait qu'elle se trouve être l'ennemie du feu. Or le feu peut vous sauver.

Tandis qu'un certain nombre de facteurs environnementaux – en particulier, la pluie et l'humidité – jouent avec ou contre vous, si vous êtes déterminé, vous devriez être capable de produire un feu dans n'importe quelle circonstance, y compris les plus extrêmes.

Le secret réside dans la préparation, pour laquelle il faudra faire preuve de cette patience si cruciale. Un feu qui prendra deux heures à installer s'avérera toujours plus efficace qu'un brasier s'éteignant au bout d'une heure.

Rappelez-vous toujours que vos ressources ne sont pas infinies : énergie, moral, combustible, capacité de produire une étincelle sont susceptibles de se trouver en quantité limitée. Or, si le temps semble l'unique ressource que vous pouvez dilapider, il doit néanmoins être géré avec précaution. Essayez toujours d'allumer votre feu avant la nuit. Car dénicher les bons matériaux dans l'obscurité se révèle bien plus compliqué.

Depuis des temps immémoriaux, le feu est considéré comme un don des dieux.

Utilisation d'un enfumoir pour « calmer » les abeilles dans leur ruche et récupérer le miel.

Allumer un feu met en œuvre une série logique d'actions : trouver un endroit propice ; dénicher et préparer les meilleurs matériaux servant de combustible primaire (l'initiateur), de petit bois et de combustible ; produire une étincelle ; entretenir la flamme et alimenter le feu. Chaque étape requiert une planification et une attention minutieuse aux détails. Des types de terrains différents nécessiteront des modifications de ce schéma de base, mais les principes demeureront les mêmes.

Choisir un site

Choisissez précautionneusement le site de votre feu. Le vent et la proximité relative de votre abri sont probablement les aspects les plus importants à considérer. Le vent, comme le sait quiconque s'est déjà assis devant un feu de camp, se montre capricieux, mais un peu de fumée n'a jamais fait de mal à personne et, par ailleurs, elle se révèle très efficace pour chasser les insectes affamés. En cas de vent fort, en revanche, pensez

Absorbé par l'image d'une télé naturelle : mon feu.

à faire votre feu à l'abri : derrière un rocher, un talus, un tronc ou dans le V formé par deux bûches. Autre option : creuser une tranchée, qui permettra, elle aussi, de réduire l'impact du vent. Mieux vaut également que le sol soit le plus plat possible afin que, en cas d'averse, l'eau ne noie pas votre foyer. Évitez d'ailleurs de faire un feu sous un arbre, une paroi glacée, ou n'importe quel endroit d'où la neige pourrait tomber.
Si, en raison de températures très basses, il faut absolument vous tenir au chaud pendant la nuit, allumez votre feu près de votre abri.

Vous profiterez de sa chaleur au maximum et n'aurez pas besoin de beaucoup d'efforts pour l'entretenir. L'utilisation d'un réflecteur de chaleur rudimentaire augmentera de façon considérable la chaleur. Il peut s'agir d'un tronc d'arbre ou d'un tas de pierres que vous aurez entassées de l'autre côté du feu afin de la renvoyer vers vous. Une version plus efficace consiste en branches empilées entre deux pieux inclinés et plantés dans le sol. Ce réflecteur orienté vers le feu fonctionne très efficacement.
La nuit, connaissez-vous quelque chose de plus agréable que de tendre le bras vers son tas de bois et, avec nonchalance, d'alimenter son feu sans quitter la chaleur de l'abri ? Gardez votre réserve à portée de main, sans toutefois vous mettre en danger, vous et votre équipement.
Une fois que vous aurez minutieusement choisi l'endroit, nettoyez-le sur environ deux mètres carrés jusqu'à la terre ou la roche. Quelles que soient la saison ou les conditions climatiques, le sol offre une certaine résistance aux efforts pour allumer un feu : il sera toujours préférable d'ériger une plate-forme de rondins ou de pierres. Si vous ne pouvez pas éviter une zone très humide, marécageuse ou bourbeuse, élevez une plate-forme sur des montants consolidés par des entretoises. Vous y disposerez ensuite des rondins, puis une épaisse couche de terre. Sélectionnez, si possible, du bois vert afin qu'il ne brûle pas trop vite.

Les éléments fondamentaux

Votre feu aura besoin de trois éléments s'il ne veut pas mourir avant même de flamber. Combustible primaire (ou initiateur), petit bois et combustible. Entre eux, la différence est simple : leur tendance relative à brûler vite et facilement. Mais avoir l'un de ces ingrédients sans la quantité correcte des deux autres, associée à l'exacte quantité de chaleur et d'oxygène, s'avère complètement inutile.

INITIATEUR

Le combustible primaire ou initiateur est l'élément dans la hiérarchie de l'allumage que les méthodes modernes ont rendu largement superflu. Avant la création des allumettes, il n'était pas rare d'emporter dans sa poche un nécessaire qui contenait une pierre à feu, un briquet en acier et un initiateur, parfois de l'amadou ou du linge carbonisé, susceptible d'être embrasé par une étincelle. Pour vous, il est urgent de trouver une version naturelle de cet équipement.

La nature, comme toujours, se montre généreuse. Une méthode empirique quand on cherche du combustible consiste à regarder au-dessus du sol lorsque c'est possible. La terre retient l'humidité, mais des brindilles arrachées à un buisson ou toujours attachées à un arbre mort seront, d'habitude, beaucoup plus sèches. Votre initiateur devra s'enflammer à la moindre sollicitation : intérieur des nids d'oiseau ou de souris, mousse sèche, herbe sèche, aiguille de pin, fléole, palme sèche, fougère feront l'affaire. Ils doivent être séparés, déchiquetés et allumés afin de brûler à basse température et être correctement ventilés par la quantité suffisante d'oxygène. Les brindilles de bois sec ne doivent pas dépasser le diamètre d'un cure-dent.

Comme souvent, il faudra improviser. Une fois que vous connaissez un bon initiateur, vous n'aurez généralement pas de mal à en trouver. Les fruits duveteux ou plumeux, ceux de la clématite par exemple, brûlent facilement. Mélangés à des herbes sèches, on peut les rouler en boules qui s'allumeront et se consumeront dès qu'une étincelle se posera dessus. Si vous utilisez des herbes, il faudra constituer un amas bien aéré, de la taille d'un pamplemousse, au minimum.

L'intérieur fibreux de nombreux champignons, comme cette variété qui pousse en console sur les troncs d'arbres connue sous le nom d'« amadou », est une source fertile d'initiateur, à l'instar du bois sec, tendre et vermoulu qu'on peut aisément émietter pour en faire un combustible.

Combustible primaire, petit bois et combustible.

Lorsqu'il pleut et qu'il fait froid, il sera toujours plus compliqué d'allumer un feu, mais en s'appliquant, cela reste possible. Se mettre à l'abri avec son feu et son matériel demeure une précaution de base, mais conserver son initiateur au sec, c'est vital. Afin d'y parvenir, assurez-vous, quand vous trouvez des matériaux adéquats, de les protéger dans vos poches ou au plus près de votre corps. Ils sécheront ainsi et vous pourrez les utiliser plus tard.
Il peut être également utile de choisir des matériaux résineux pour votre initiateur, de l'écorce par exemple. Bouleau, genévrier, cèdre ou épicéa résistent mieux à l'humidité que la plupart des autres bois. En « épluchant » à l'aide d'un couteau des branchettes comme sur le dessin ci-dessus, vous exposerez l'intérieur, plus sec, et offrirez une surface de contact plus importante à l'étincelle. Ces bâtonnets, de véritables allumettes improvisées, pourront ensuite être ajoutés au petit bois. C'est efficace !
Des objets manufacturés capables de vous sauver fonctionnent aussi très bien : coton, ouate, pellicule photographique découpée en fine bandelettes. Mais, je le répète, la préparation est primordiale. Coton et ouate doivent être ébouriffés pour ne pas être trop denses et permettre à l'air de circuler.
Enfin, n'oubliez pas de récolter deux fois plus d'initiateur que prévu… au cas où vous devriez tout reprendre à zéro le matin.

PETIT BOIS

Le petit bois représente l'intermédiaire entre l'initiateur, ou combustible primaire, et la principale source d'approvisionnement. Il lui faut donc brûler suffisamment longtemps pour accomplir sa mission. Comme la flamme de l'initiateur s'éteint vite et brûle à basse température, le petit bois doit être relativement fin pour pouvoir s'enflammer facilement : à cet égard, des morceaux de conifères (du pin, par exemple) de la taille d'un crayon, sont parfaits.

Dès que le feu prend, la dimension du petit bois peut être progressivement augmentée jusqu'à ce que le combustible principal s'allume. Les branches mortes d'arbres à feuillage persistant font un excellent petit bois, car elles contiennent beaucoup de résine. En revanche, elles brûlent très vite.

COMBUSTIBLE

Le combustible doit faire tenir la flambée le plus longtemps possible pour mener à bien sa mission. Idéalement, il doit brûler de façon assez lente pour ne pas épuiser trop vite les réserves, dégager beaucoup de chaleur et laisser une grande quantité de braises durables.

Le type de combustible que vous utiliserez détermine la façon de brûler du feu et s'il est plus adapté à la cuisson ou au chauffage. Le bois tendre (arbres à feuillage persistant, tels que les conifères, cèdres, épicéas et pins) s'embrase plus vite, plus intensément et dégage plus de fumée, mais moins de chaleur, que le bois dur des feuillus (hickory, hêtre, chêne). Ces bois durs sont plus difficiles à allumer, mais ils laisseront des braises qu'il suffira de couvrir de terre ou de cendre afin de pouvoir les rallumer le lendemain matin. Je le répète : quand vous cherchez du combustible, regardez au-dessus du sol, il sera plus sec. Les meilleures restent d'ailleurs les branches qui pendent d'un arbre mort. Plus votre source sera verticale, plus elle sera sèche, la pluie ayant moins de surface pour l'humidifier. N'oubliez pas non plus que les excréments des animaux font un excellent combustible. Dans certains régions d'Inde, on gagne encore sa vie en suivant des éléphants pour ramasser leurs crottes avant de les faire sécher et de les vendre comme combustible. Dans la nature, j'en ai souvent utilisé. D'accord, ça sent mauvais, mais ça marche, je vous l'assure !

L'étincelle primordiale

Maintenant que vous avez préparé précautionneusement tous les matériaux nécessaires pour faire votre feu, il faut trouver un moyen de produire suffisamment de chaleur pour créer une étincelle. Sans cet ingrédient vital, vous aurez fourni tous ces efforts en vain. Peut-être avez-vous la chance d'avoir quelques allumettes dans votre poche. En ce cas, tant mieux pour vous. Protégez-les de l'humidité, comme la prunelle de vos yeux, et n'en utilisez jamais deux quand une seule suffirait.

Toutefois, trouver quelques allumettes ne vous garantit pas un accès immédiat au feu. Un problème touche la plupart des matériaux modernes servant à en produire : ils ne sont pas conçus pour une utilisation dans des conditions difficiles. Ils sont également très sensibles à l'humidité.

Bref, tôt ou tard, vous en reviendrez aux techniques employées par nos ancêtres.

Feu par friction

Les méthodes les plus primitives tournent autour de la création de chaleur par friction. Ce principe nécessite de frotter du bois afin de créer une fine sciure carbonisée qui formera de minuscules braises capables d'enflammer l'initiateur et de lancer tout le processus aboutissant à un véritable brasier.

MÉTHODE FORET – ARCHET

L'une des méthodes de production du feu par friction les plus anciennes et les plus efficaces nécessite l'usage d'un foret, ou drille, et d'un archet. Cette technique est encore utilisée par de nombreux peuples premiers, comme les Indiens d'Amérique du Nord ou les Inuits en Alaska.

Elle consiste à faire tourner une baguette, pointue comme un foret, sur une planchette jusqu'au moment où la friction générera suffisamment de chaleur pour produire des braises. Le foret tourne sur lui-même, actionné par un archet qu'alimente votre propre huile de coude. De toutes les méthodes par friction, il s'agit de la plus efficace car l'archet produit la rotation maximale. En appuyant sur la drille, on peut appliquer une certaine pression sur la planchette réalisée idéalement dans un bois dur (voir dessin).

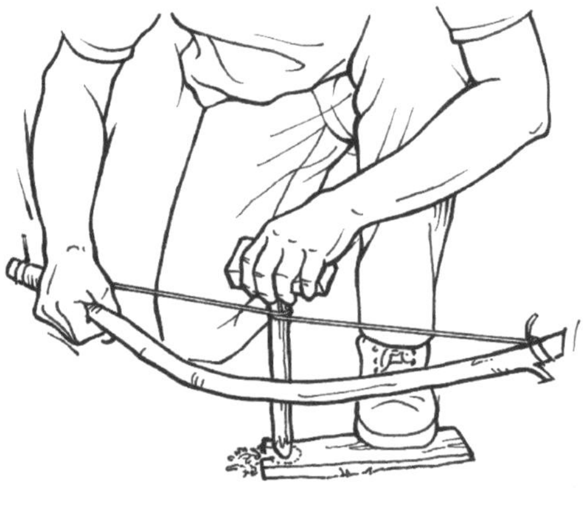

Notons donc ces trois éléments primaires : foret, archet et planchette. S'assurer qu'ils sont robustes, de la bonne taille et faits dans la bonne espèce de bois, s'avère crucial. En principe, il faut fabriquer la drille dans la même variété que la planchette. Bouleau, aulne, sycomore, et saule se montrent tous de bons candidats.

Planchette

Théoriquement, la planchette idéale est un morceau de bois bien sec de 20-25 centimètres de long sur 10 de large et 2 d'épaisseur.

Posez un pied sur la planchette afin de la maintenir en place pendant que vous actionnez l'archet. Comme elle doit rester immobile, sa taille doit s'adapter à votre chaussure. Ensuite, creusez un petit trou sur l'un des côtés de la planchette. (C'est dans cette cupule que tournera la drille.) Sur le bord de la planchette, créez une encoche en V partant du creux. Les braises tomberont directement de cette entaille sur l'initiateur pour l'allumer.

Foret et paumelle

Le sommet de la drille doit être taillé en pointe, un peu émoussée, afin de réduire la surface de friction avec la paumelle. Inversement, la pointe du foret peut être façonnée plus grossièrement afin de s'adapter parfaitement à la cupule et ainsi maximiser la friction. Quant à la paumelle, il peut s'agir d'un galet lisse ou d'un morceau de bois adapté à votre paume et possédant un petit creux susceptible d'accueillir le sommet du foret. Essayez de mettre un peu d'herbe dans cette cavité afin de réduire la friction.

Mieux vaut faire deux petits feux, le premier pour cuisiner, le second pour la chaleur et la lumière, plutôt qu'un seul foyer plus important incapable de faire l'un ou l'autre de façon efficace.

Archet

L'archet doit être constitué d'une pièce de bois vert, à la fois résistant et souple d'environ un mètre de long pour un diamètre d'un centimètre et demi. Si possible, coupez un morceau qui possède des indentations naturelles à chaque extrémité afin d'éviter à la corde de glisser. Elle sera fixée à chaque bout de l'archet et tendue.

Cendrier à braises et initiateur

Le cendrier sera fait à partir de n'importe quel objet pouvant se glisser sous l'encoche de la planchette et recueillir les braises. Un fin morceau d'écorce très sec fera l'affaire. Prenez dans la main une boule bien aérée de votre initiateur et introduisez le foret jusqu'au centre afin d'y creuser un cylindre. Par la suite, vous y déposerez les braises.

Faire du feu

Et maintenant, le plus drôle ! Enroulez la corde autour du foret. Placez sa pointe dans la cupule, la paumelle au sommet, et le cendrier sous l'encoche. Mettez-vous à genoux, un pied posé sur la planchette, le plus près possible du trou sans gêner la course du foret. Actionnez alors le foret d'un mouvement souple et continu de l'archet tout en exerçant une pression sur la paumelle. Une fois ce mouvement constant et soutenu lancé, vous ne tarderez pas à voir de la fumée apparaître. Dès lors, appuyez davantage sur la paumelle et accélérez la rotation de la drille. Lorsqu'une épaisse fumée s'échappera de la cupule, arrêtez le foret d'un coup et faites doucement glisser la braise sur le cendrier. Éventez délicatement les cendres rougeoyantes, puis transférez-les, toujours avec précaution, dans le cylindre creusé dans la balle d'initiateur que vous avez préparée un peu plus tôt. Soufflez légèrement, mais de façon continue, jusqu'à l'embrasement.

MÉTHODE DU FORET À ROTATION MANUELLE

Le principe de cette méthode est similaire à celui de l'archet : la friction entre la drille et la planchette produit des braises. Il existe toutefois une différence, le foret est mis en rotation par le mouvement des mains. Cette technique demeure moins fiable par temps humide, car la friction est plus difficile à maintenir. Assurez-vous que la drille soit bien droite et ne présente pas de renflements susceptibles de provoquer des ampoules. Crachez dans vos mains pour renforcer votre prise. N'exercez pas une pression trop forte. Commencez doucement, puis accélérez, en effectuant un mouvement descendant.

MÉTHODES DE LA CORDE À FEU ET DE LA SCIE À FEU

Deux méthodes populaires chez les peuples vivant sous les tropiques. La technique de la corde nécessite l'utilisation d'une liane de rotin qu'on fait glisser par un mouvement de va-et-vient vigoureux dans un bâton fendu. La scie, quant à elle, produit de la chaleur par la friction de deux morceaux de bambou.

MÉTHODES MODERNES

Flamme, étincelles ou chaleur capables d'allumer un initiateur peuvent également être produites par des inventions modernes telles que : pierre à feu, pierre à briquet, blocs de magnésium, loupes, jumelles ou objectifs photographiques. Batteries de voiture ou piles ordinaires génèrent également des étincelles si les pôles sont mis en contact à l'aide d'un câble.
Les allumettes peuvent parfois sécher au soleil, mais une bonne méthode pour les rendre étanches consiste à les frotter contre vos cheveux ou à les tremper dans de la cire de bougie. Un briquet en acier et du silex produiront des étincelles quel que soit le temps. Les copeaux de magnésium mélangés à l'initiateur augmenteront considérablement vos chances de réussir. D'autres dispositifs associent le magnésium à la pierre à feu afin de créer des étincelles de meilleure qualité.

Différents types de feu

Il existe de nombreuses méthodes pour disposer et alimenter le feu. Avant tout, il vous faudra donc décider de sa fonction principale, ce qui vous permettra d'économiser du combustible. Mieux vaut faire deux petits feux, l'un pour cuisiner, l'autre pour vous chauffer et pour vous éclairer, plutôt qu'un foyer plus gros qui ne ferait ni l'un ni l'autre efficacement. Un feu pour cuisiner devra être relativement bas afin de pouvoir disposer vos ustensiles par-dessus. On entrecroise généralement les bûches.

Poser n'importe quel feu sur une plate-forme de petits rondins permet de l'isoler de l'humidité du sol. Dans les climats les plus froids, il faut ôter la neige jusqu'au sol ou ériger une plate-forme de branchages.

FEU ENTRECROISÉ

Des petites bûches disposées en couches à angle droit l'une par rapport à l'autre projettent beaucoup de chaleur et produisent beaucoup de braises, parfaites pour cuisiner. C'est mon feu préféré.

FEU EN ÉTOILE

D'épais rondins disposés en forme d'étoile alimentent lentement le foyer central. Cette méthode permet d'éviter le problème du découpage de branches trop grandes. Elle fournit également une surface plane pour les ustensiles de cuisine.

FEU EN TIPI

De la forme d'une tente indienne, les flammes brûlent dans le foyer central, alimentées par une cheminée bien ventilée. Ce feu produit davantage de lumière. En revanche, il brûle plus vite et offre moins de stabilité.

Un feu peut couver toute la nuit si vous le couvrez de cendres ou de terre bien sèche ; une bûche encore fumante peut être transportée dans un tube d'écorce.

BÛCHES LONGUES

De longues bûches parallèles se révèlent la réponse parfaite pour réchauffer un abri ouvert en plein hiver. Elles fournissent également une grande surface plane et stable pour toute votre batterie de cuisine.

TRANCHÉES

Parfaites pour lancer un feu par grand vent. Comme son nom l'implique, il faut creuser une tranchée d'environ 30 centimètres de profondeur sur 30 de large et un mètre de long. Le fond sera recouvert de pierres qui, plus tard, pourront être enterrées afin de fournir une source de chaleur irradiant du sol pendant toute la nuit. Méfiez-vous des pierres humides et poreuses, en grès par exemple, qui risquent d'exploser. Un de ces lits de feu m'a sauvé la peau, alors que j'étais presque en hypothermie après avoir traversé une rivière glaciale.

FEU EN TERRIER

Creusez un trou dans la partie abritée du vent d'un talus. Depuis le sommet, enfoncez un bâton dans la cavité afin de créer une cheminée. Faire prendre un feu souterrain permettra de concentrer la source de chaleur afin de cuisiner et économisera également le combustible. Ce feu tire extrêmement bien et réduit la production de fumée. En outre, il est facile à allumer par grand vent.

Quel que soit le type de feu, la clé d'une bonne flambée réside dans la régulation précise du flux d'air. Il faut aussi veiller à maintenir les morceaux de bois assez proches les uns des autres afin de ne pas perdre inutilement de la chaleur. La partie la plus chaude du feu se trouve dans les braises rougeoyantes formées par la combustion et non dans les flammes. Pour rôtir ou griller, le meilleur feu consiste en un lit de charbons ardents entouré de pierres qui réfléchiront la chaleur.

Transporter le feu

Une fois que vous avez réussi à faire votre feu, l'effort qu'il vous aura fallu produire vous persuadera peut-être qu'il vaudrait mieux préserver l'étincelle qui nourrit la flamme. Trouver un initiateur sec s'avère généralement le problème le plus compliqué, alors n'hésitez pas à carboniser un peu de tissu en brûlant partiellement des vêtements de rechange. Vous pouvez également transporter des chenets faits du charbon produit par un feu

Traversée d'un site dévasté par une avalanche dans les Alpes.

précédent. Ils permettent de ne pas étouffer le feu, tout en s'allumant facilement même des mois après leur première combustion.
Enfin, il est possible de conserver un feu toute la nuit en le recouvrant de cendres ou de terre sèche ; une bûche encore fumante peut être transportée dans un tube d'écorce.

PRÉPARER SA NOURRITURE

Il va sans dire que l'hygiène doit être votre préoccupation principale même dans les situations les plus désespérées. Et plus particulièrement, quant il s'agit de nourriture. Si vous laissez le niveau d'exigence baisser – manipuler de la nourriture avec des mains souillées, par exemple – vous en paierez certainement le prix. Et ce prix, c'est peut-être la possibilité de vous déplacer. La moindre bestiole qui se loge dans votre estomac peut vous épuiser et vous déshydrater.
Essayez donc d'établir une sorte de routine. N'oubliez pas de vous laver le visage, les mains, les pieds et les dents deux fois par jour et, pour les mains, répétez l'opération chaque fois que vous manipulez de la nourriture.
Si trouver de l'eau courante constitue un problème, parez au plus pressé : se frotter les mains dans la rosée des buissons ou dans la terre sèche, c'est toujours mieux que rien.

Mieux vaut chasser du petit gibier : lièvres, serpents, lézards ou oiseaux.

Gibier

Chasser du gros gibier prend beaucoup de temps, d'énergie et représente un certain danger. En outre, de toute façon, toute la viande ne sera pas consommée, puisque vous ne pourrez en transporter qu'une petite partie. Mieux vaut chasser du petit gibier, tels que lièvres, serpents, lézards ou oiseaux.

LAPINS

Videz, puis dépecez et ôtez la tête et les pattes. Faites griller à la broche sur un bâton taillé en le retournant souvent au-dessus de charbons ardents.

SERPENTS

Ôtez la tête puis la peau et videz. Coupez la chair en tronçon. Le serpent a meilleur goût une fois grillé. Mais vous pouvez également l'enrouler autour d'un bâton en attachant les deux extrémités à l'aide d'une liane. Une méthode plutôt efficace qui prend moins de temps.

LÉZARDS

Seule la tête et les viscères doivent être écartées avant de le griller, sans le dépecer, au-dessus des braises.

OISEAUX

La chair pourrit très vite si vous ne vous débarrassez pas très rapidement de la tête et des plumes avant de les vider. Saignez-les. Et ne gaspillez pas le sang : buvez-le, il est plein de substances nutritives rapidement assimilables. Le sang tiède est beaucoup plus savoureux... Cuisez vos oiseaux enveloppés dans des feuilles ou dans des écorces très fines directement sur la braise.

POISSON

Videz-les, mais cuisez-les avec leurs écailles, enveloppés dans des feuilles ou de l'écorce. Quand vous ôterez la « papillote » improvisée, la peau viendra avec et laissera la chair intacte et cuite à point. Une astuce pour savoir si le poisson est bien cuit : attendez que le blanc de l'œil sorte de son orbite.

Conserver la viande

Si vous parvenez à tuer un animal plus corpulent, tel qu'un cerf, et si vous savez que votre nourriture sera bientôt rationnée, essayez de la faire sécher ou de la fumer, à condition qu'elle soit encore fraîche. Il vous faudra également rester deux ou trois jours au même endroit si vous voulez réaliser cette opération, donc dispensez-vous-en si vous devez vous déplacer quotidiennement.

Dans tout animal (nous compris) l'eau compte pour environ 70 % de la masse. Une fois celle-ci évaporée, l'animal sera plus facile à transporter. Prélevez, cuisez et mangez toute la graisse – elle ne sèche pas et abrite des bactéries. Coupez la viande en bandes les plus fines possible afin d'augmenter la surface de contact ce qui accélérera le séchage.

Plantez des pieux dans le sol à 45 degrés et pendez-y les morceaux afin de les exposer au soleil et à l'air. S'il y a beaucoup de mouches dans la région, essayez plutôt de fumer la viande à l'aide d'un feu brûlant doucement. L'écorce se révèle un bon combustible, mais n'utilisez pas celle du sapin ou du pin dont la suie gâterait la viande.

Entreposer la nourriture

Quand c'est possible, il faut s'assurer de garder la nourriture hors de portée de l'odorat des insectes et des prédateurs.

Surtout, ne gardez JAMAIS de nourriture dans votre abri ou dans votre campement, car elle pourrait attirer des visiteurs inopportuns qui risqueraient de vous confondre avec elle.

Fruits et baies seront mieux conservés enveloppés dans des feuilles ou de la mousse. Si vous vous trouvez sur la côte, gardez vos fruits de mer humides grâce à des algues. Surtout, ne gardez JAMAIS de nourriture dans votre abri ou votre campement car elle pourrait attirer des visiteurs inopportuns qui risqueraient de vous confondre avec elle. Au cœur des montagnes Rocheuses, où les grizzlis et les ours bruns représentent une menace réelle, je gardais mes restes dans une boîte de conserve que je suspendais à la branche d'un arbre, à plus de cent mètres de mon campement.

Je fais rôtir ma proie à la broche au-dessus du feu dans les montagnes de la Sierra Nevada, en Californie.

ORIENTATION ET CLIMAT

À moins qu'il soit évident que votre sauvetage ne saurait tarder sur le site où vous vous trouvez à l'heure actuelle, il faudra bien vous déplacer à un moment ou un autre. Après s'être pris en main, c'est-à-dire s'être orienté psychologiquement, la priorité change : il faut s'orienter géographiquement.

Tous les milieux, ou presque, que j'ai explorés nécessitent des compétences et des connaissances différentes. Au sol, la nature nous laisse des indices qui offrent des indications assez précises sur notre orientation, mais elles varient suivant les types de terrain (désert, jungle, région polaire, etc.) et je les traiterai dans les chapitres qui leur sont dédiés.

Ici, toutefois, je veux établir certains des principes de l'orientation de survie qui se révèlent utiles où que l'on se trouve sur la planète, quand on n'a pas la chance d'avoir un GPS, une carte, une boussole ou toute autre aide à la navigation.

Avant d'abandonner son camp de base, il faut avoir une idée précise de sa direction et un objectif. Vous devez être persuadé que vous n'avez plus aucune chance d'être secouru là où vous vous trouvez actuellement et vous aurez besoin de sélectionner l'équipement, les provisions, si tant est que vous en ayez, qui doivent être sauvés et transportés. Mieux vaut également avoir une petite idée de ce que la météo vous réserve.

Si vous êtes en altitude ou si vous pouvez facilement trouver un panorama vous offrant une vue d'ensemble du paysage, il semble utile de dresser une sorte de carte, mentale ou réelle, et d'y noter des points de repères évidents qui vous aideront à vous réorienter pendant votre déplacement. Il faut également observer et consigner arêtes, crêtes et rivières.

Aides improvisées à l'orientation

Connaître la direction générale des quatre points cardinaux demeure une aide inestimable quand vous décidez de vous déplacer. Sur certains terrains sans points de repère – le désert ou la mer, par exemple –, ce n'est pas seulement inestimable... c'est vital. Avancer sans distinguer nord, est, sud, ouest paraît bien inutile, car on finit généralement par tourner en rond et gâcher des réserves déjà déclinantes d'énergie et d'eau.

Voici donc quelques aides à l'orientation improvisées à la fois très simples et très utiles. Je les ai utilisées en de nombreuses occasions afin de confirmer ma localisation. Vous pouvez vous y fier.

L'OMBRE D'UN BÂTON

Trouvez un bâton bien droit d'environ un mètre de long, épais comme votre pouce. Enlevez toutes ses ramures et plantez-le dans un sol plat et meuble. Marquez précisément

le sommet de l'ombre du bâton. Attendez au moins un quart d'heure et recommencez. La ligne entre les deux marques vous donnera approximativement l'axe est-ouest. Si vous tracez une ligne perpendiculaire, elle vous indiquera la direction nord-sud.
Dans l'hémisphère Nord, si vous posez le pied gauche sur la première marque et le droit sur la seconde, vous vous retrouvez face au nord. C'est l'inverse dans l'hémisphère Sud.

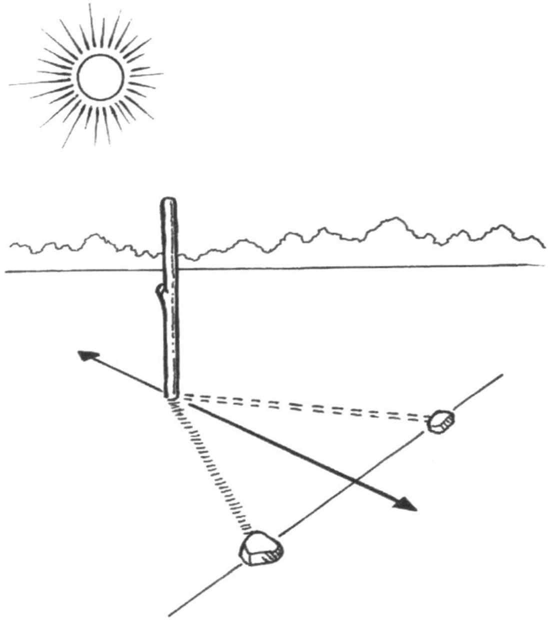

UTILISER UNE MONTRE

Dans l'hémisphère Nord, grâce à une montre toujours accrochée à votre poignet (et en état de marche !), vous déduirez facilement les points cardinaux. Pointez l'aiguille des heures vers le soleil. Tracez une ligne imaginaire passant par le centre du coin formé par la petite aiguille et midi. Cette bissectrice indique l'axe nord-sud. (Voir dessin à droite, en bas.)
La hauteur du soleil dans le ciel et l'heure de la journée vous permettront ensuite de savoir où se trouvent le nord et le sud en vous rappelant que le soleil se couche à l'ouest et se lève à l'est.
Dans l'hémisphère Sud, pointez midi vers le soleil. La bissectrice entre midi et la petite aiguille vous indiquera l'axe nord-sud.
Si vous avez une montre digitale, dessinez le cadran sur le sol avec midi ou l'aiguille des heures orientés vers le soleil, en fonction de votre hémisphère.

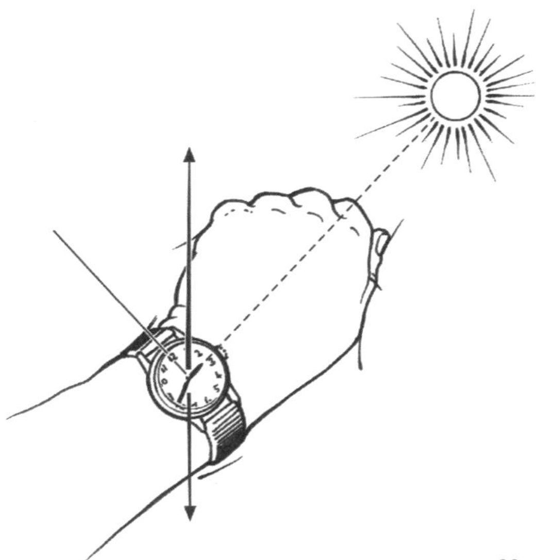

BOUSSOLE IMPROVISÉE

N'importe quelle pièce de métal assez fine (assurez-vous que ce matériau rouille et ne soit ni de l'aluminium ni de l'argent ni de l'or) peut être facilement magnétisée afin de créer une boussole. Une aiguille ou une lame de rasoir s'avèrent parfaites pour cet usage. Toutefois, un trombone redressé ou même un bout de fil de fer barbelé fera l'affaire. Si vous pouvez trouver un aimant (il y en a dans tous les haut-parleurs et les casques), tant mieux ! Mais un morceau de soie ou de tissu synthétique (la toile d'un parachute), voire la paume de votre main, sont capables de générer une légère charge magnétique.

Frottez l'objet métallique sur sa longueur, une trentaine de fois dans le même sens. Si vous utilisez du tissu, veillez à soulever l'aiguille après chaque passage et repassez-la au même endroit. Posez ensuite l'aiguille sur une feuille ou une écorce.

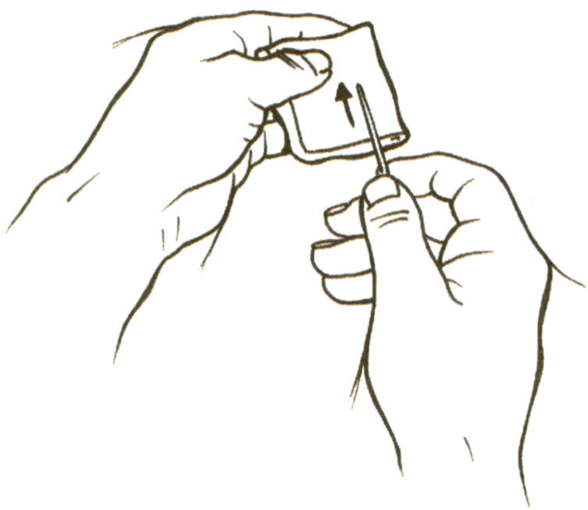

Si vous utilisez une lame de rasoir, suspendez-la au bout d'un lien quelconque. L'aiguille ou la lame vont bientôt s'orienter selon un axe nord-sud.

Il est également possible d'aimanter une aiguille en utilisant une pile (minimum deux volts). Il suffit d'embobiner un câble isolé autour d'une aiguille. (Si le câble n'est pas isolé, enroulez l'aiguille dans une feuille.) Ensuite, connectez les extrémités aux pôles et attendez cinq minutes.

Rappelez-vous que le magnétisme employé par ces deux méthodes disparaît vite et qu'il faudra « recharger » fréquemment votre aiguille. N'oubliez pas non plus que dans les latitudes extrêmes du Nord, les variations magnétiques rendront votre aiguille aimantée inutile.

Principes de navigation céleste

Dans les milieux qui ne présentent aucun point de repère, comme les déserts ou l'océan, une connaissance rudimentaire du système solaire et du mouvement des corps célestes par rapport à notre planète peut vous sauver la vie.

Les nuits claires, quand on lève la tête vers les étoiles, il semble parfois difficile de saisir l'immensité de ce que nous contemplons. Nos ancêtres y lisaient leurs mythes. Les groupes d'étoiles qui se déplacent dans le ciel nocturne ressemblaient aux créatures qu'ils côtoyaient dans la journée. Lions, chevaux, chiens, poissons et hommes interprétaient une étrange danse rituelle tandis qu'ils passaient au-dessus de la tête de nos aïeux.

Depuis quelques centaines d'années seulement, nous avons découvert que la Voie lactée, cette bande plus claire qui déchire les cieux, est en réalité constituée de millions de soleils comme le nôtre. D'ailleurs, notre Soleil et les planètes qui tournent autour de lui ne représentent qu'un système solaire parmi des milliards localisés dans le coin obscur d'une galaxie parmi des milliards d'autres. (Non, ne décrochez pas !)

Les étoiles que nous voyons le mieux dans le ciel nocturne, nos voisines galactiques, se déplacent selon un schéma bien précis. La Terre tourne autour de son axe en vingt-quatre heures et autour du Soleil en 365 jours. L'inclinaison de l'axe de rotation de la Terre (pour simplifier, on l'assimile à l'inclinaison de l'écliptique, c'est-à-dire environ 23°) explique pourquoi les hémisphères Nord et Sud se rapprochent et s'éloignent du Soleil en fonction de leur position durant la révolution de la Terre autour de notre étoile. Ces changements influent sur la chaleur et donc donnent naissance à la succession des saisons.

Au cours de ce manège céleste, la Lune, quant à elle, tourne autour de la Terre en 29,5 jours et le reflet des rayons du Soleil sur notre satellite crée le clair de lune. La Lune semble croître et décroître en fonction de l'angle des rayons du Soleil qui la frappent. L'observation de ces phénomènes offre une méthode de navigation qui nous permet encore aujourd'hui de nous orienter si nous sommes démunis de tous les instruments sur lesquels nous comptons tellement.

Nos ancêtres avaient compris que le soleil, la lune et les étoiles se lèvent à l'est, se déplacent dans le ciel et se couchent à l'ouest. Ce fait, associé à l'observation de l'étoile Polaire dans l'hémisphère Nord et d'une petite constellation appelée la Croix du Sud dans l'hémisphère Sud, est devenu la base de la navigation au large pendant des centaines d'années et ceci jusqu'à l'avènement de la boussole et de cartes fiables.

Les étoiles que nous voyons le mieux dans le ciel nocturne, nos voisines galactiques, se déplacent selon un schéma très précis.

NAVIGATION DE JOUR

Pendant les heures du jour, la simple observation de la course du Soleil à travers le ciel – associée à un examen astucieux des indices laissés au sol par la nature – vous permettra d'avoir une bonne idée des points cardinaux.

Comme nous l'avons vu, le soleil se lève à l'est et se couche à l'ouest. En réalité, du fait de l'inclinaison de l'axe de la Terre, ce n'est pas totalement exact, sauf aux équinoxes (21 mars et 21 septembre), où il se lève effectivement à l'est. En revanche, au solstice d'été (21 juin) dans l'hémisphère Nord, il se lève à 50° au nord de l'Est et au solstice d'hiver (21 décembre), il se lève à 50° au sud de l'Est. Ceci s'applique également à son coucher. Dans l'hémisphère Sud, le même phénomène est inversé. Plus l'observateur se rapproche de l'équateur, plus la variation sera faible.

NAVIGATION DE NUIT

On peut toujours débattre de l'utilité de se déplacer de nuit, en fonction du terrain. Mais si le ciel est visible, ne serait-ce que de temps en temps, des repères restent disponibles.

Utiliser la lune

Comme le soleil, la lune se lève à l'est et se couche à l'ouest : lorsqu'elle est pleine, utilisez la méthode de l'ombre et du bâton (cf. pages 38-39) la nuit, comme vous le feriez de jour avec le soleil.

Astuce : rappelez-vous que la face illuminée de la lune est, par définition, plus proche du soleil. Si la lune se lève avant le coucher du soleil, sa face illuminée se trouvera donc à l'ouest et si elle se lève après le coucher du soleil, elle sera donc à l'est.

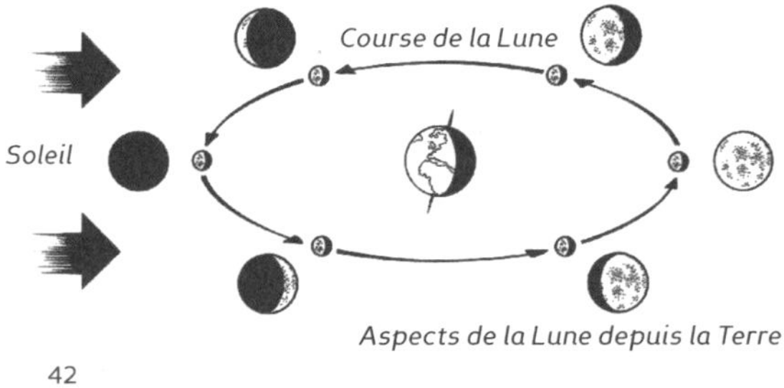

Aspects de la Lune depuis la Terre

Si les deux événements coïncident... alors la lune est pleine !
Souvenez-vous également que la ligne reliant les deux points d'un croissant de lune dans l'hémisphère Nord indique grossièrement le sud. Et vice-versa dans l'hémisphère Sud. En cas de pleine lune, vous trouverez le nord en localisant la tête de lapin et les deux oreilles visibles quand vous plissez les yeux. La ligne décrite par l'oreille la plus proche du centre désigne approximativement le nord.

Hémisphère Nord : localiser l'étoile Polaire (Polaris)

Comme nous l'avons vu, le soleil et la lune se déplacent dans le ciel selon un axe est-ouest. Les étoiles aussi, à peu près, de même que les constellations familières telles Orion ou la Grande Casserole (les sept étoiles les plus brillantes de la Grande Ourse). Dans l'hémisphère Nord, il y a une exception très visible à cette règle ; il s'agit de l'étoile

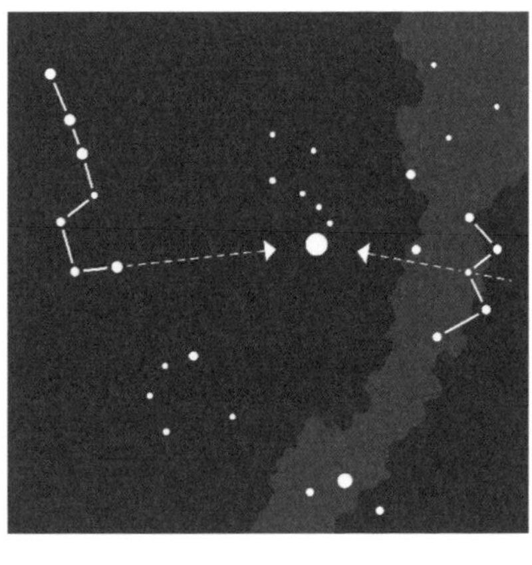

Polaire. Elle se situe au nord de l'axe autour duquel les constellations tournent. Quand vous saurez le faire, elle sera facile à localiser et vous indiquera toujours le nord. N'oubliez pas, cependant, que plus votre latitude sera élevée moins elle vous sera utile et qu'au pôle Nord, elle sera exactement au-dessus de votre tête.

Il existe deux méthodes pour repérer l'étoile Polaire. La première consiste à trouver la Grande Casserole (alias le Grand Chariot ou la Grande Ourse). Comme ses divers noms l'indiquent, elle ressemble à un vieux char à bœufs ou, plus prosaïquement, à une casserole dotée d'un long manche. C'est aussi l'une des constellations les plus brillantes de l'hémisphère Nord. Les deux étoiles qui constituent le bout de la casserole pointent vers l'étoile Polaire. Mesurez la distance qui les sépare, puis multipliez-la par quatre. Au bout, vous dénicherez l'étoile Polaire.

Si la Grande Ourse est voilée, repérez Cassiopée en forme de W ou de M. Comme la Grande Casserole, elle semble tourner autour de l'étoile Polaire. La ligne coupant en deux le W ou le M pointe approximativement vers Polaris, toujours aussi visible en raison de son éclat.

Hémisphère Sud : localiser la Croix du Sud

Dans l'hémisphère Sud, il n'y a pas d'étoile assez brillante pour se substituer à l'étoile Polaire de l'hémisphère Nord. Il faut plutôt repérer la Croix du Sud, constellation très caractéristique également, mais peut-être encore plus fascinante.

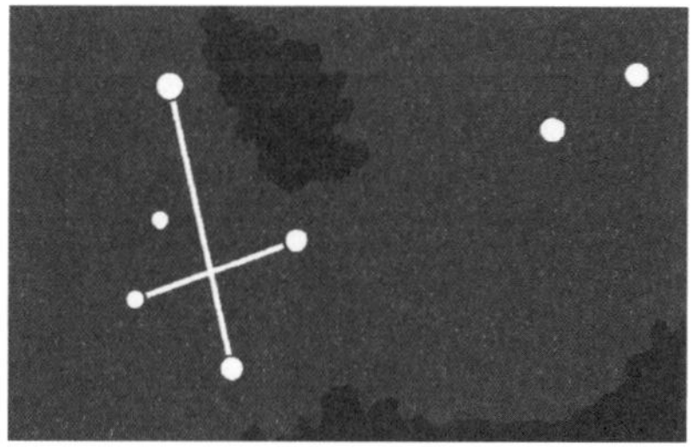

On la reconnaît facilement à sa forme de croix. Localisez-la en suivant la bande laiteuse de la Voie lactée jusqu'à un nuage sombre, comme une tache d'encre voilant les étoiles. Près de cette nébuleuse obscure, le Sac de Charbon, vous verrez la Croix du Sud, constituée de quatre étoiles (deux d'entre elles sont parmi les plus brillantes du ciel nocturne). Ne la confondez pas avec la Fausse Croix, composée de cinq étoiles, plus espacées et moins lumineuses.

Si la Croix du Sud est dressée, le sud se trouve au bout d'une ligne droite tombant de son axe central. Si elle est inclinée, mesurez la distance qui sépare les deux étoiles de l'axe central, multipliez par cinq. Tracez une verticale au bout de ce point : voilà le sud.

Indications stellaires

Lors des nuits où le ciel s'avère partiellement voilé, sélectionnez n'importe quelle étoile assez brillante et surveillez son mouvement céleste en employant deux bâtons montés comme le viseur du canon d'un fusil. Dans l'hémisphère Nord, voici ce qu'on peut déduire de ce mouvement :

> Vers la gauche : l'étoile est au nord.
> Vers la droite : l'étoile est au sud.
> Vers le haut : l'étoile est à l'est.
> Vers le bas : l'étoile est à l'ouest.

Inversez ces règles pour l'hémisphère Sud :

> Si l'étoile monte, vous regardez l'est.
> Si l'étoile descend, vous regardez l'ouest.
> Si vous pouvez localiser la Ceinture d'Orion constituée de trois étoiles très brillantes, vous trouverez, à peu près perpendiculairement à la ceinture, trois étoiles moins lumineuses, l'Épée d'Orion. Le bout de l'épée qui pointe vers la ceinture indique le nord.

Sur l'équateur, une étoile qui passe directement au-dessus de votre tête se sera levée directement à l'est et se couchera plein ouest.

Une fois que vous avez trouvé votre direction, vous pouvez choisir un point sur l'horizon nocturne ou même une étoile et les suivre. Mais attention : n'avancez pas plus de vingt minutes dans la direction d'une étoile, car elles aussi se déplacent. À l'exception notable, nous l'avons vu, de l'étoile Polaire qui ne bouge pas et peut être suivie en permanence. Elle reste un indicateur fiable pour l'identification du pôle Nord céleste.

Prévoir le temps

Anticiper les changements probables du temps vous aidera à décider s'il faut vous déplacer et à quel moment. Le type de temps propice aux déplacements dépend du terrain sur lequel vous vous trouvez. Dans le désert, une journée caniculaire ne se révèle évidemment pas un bon choix et il faut plutôt songer à se terrer. C'est souvent le contraire en montagne. En revanche, une tempête visible au loin dans le désert pourra reconstituer vos réserves d'eau, tandis qu'en montagne le moindre indice d'une telle perturbation devrait vous inciter à trouver un abri le plus vite possible.

Anticiper les changements probables du temps vous aidera à décider s'il faut vous déplacer et à quel moment.

À court terme, prévoir un temps exécrable ne paraît pas très compliqué : quand les mauvais signes s'accumulent (nuages noirs, coups de tonnerre au loin, bourrasques de vent juste avant la pluie), mieux vaut prendre ses précautions. On m'a donné une astuce quand j'appartenais au SAS : pour les nuages, « l'habit fait le moine ». En d'autres termes, s'ils ont l'air dangereux ou, au contraire, inoffensifs… c'est qu'ils le sont sûrement.

Toutefois, certaines observations météorologiques, en particulier celles des nuages, peuvent se révéler efficace pour prévoir les changements du temps à long terme (c'est-à-dire à plus de six heures). Il semble donc utile de savoir reconnaître les différents types de nuage et de comprendre leur fonction dans la formation des précipitations.
Les nuages se forment quand l'air se refroidit en dessous de son point de rosée (cent pour cent d'humidité relative).

Afin de les identifier, on les classe en trois catégories selon leur altitude :

> Nuages élevés : 5000-14000 mètres.
> Nuages moyens : 2000-5000 mètres.
> Nuages bas : moins de 2000 mètres.

Et en trois autres catégories, selon leur forme :
> Amas : genre cumulus (fig. a).
> Strates : genre stratus (fig. b).
> Filaments : genre cirrus (fig. c).

La prévision, comme tout météorologue honnête vous le dira, s'apparente autant à une science qu'à un art.
Toutefois, il n'est pas inutile de jeter un œil sur la table des nuages et des temps qui leur sont associés. Mais n'oubliez pas que rien n'est sûr en matière de météo...

(fig. a)

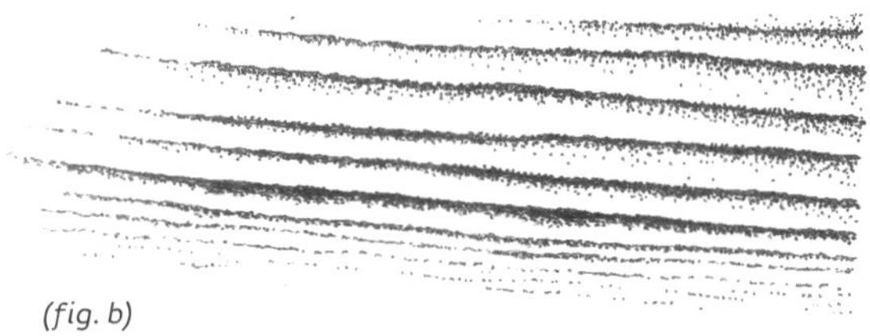

(fig. b)

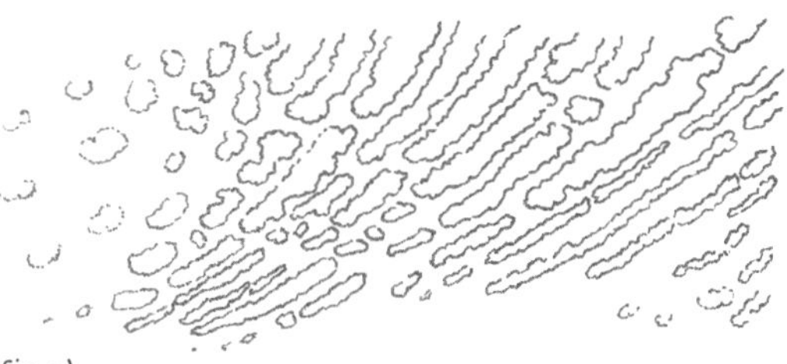

(fig. c)

	Type de nuage	*Description*	*Temps probable*
nuages bas	Cirrus	Filaments fins, « cheveux d'ange » (N.B. : les cirrus sont difficiles à interpréter. Certains types de cirrus plus denses ne dénotent pas de changement.)	Beau temps, puis pluie
	Cirrocumulus	Fleur de coton	Averses
	Cirrostratus	Voile continu/ halo	Pluie
nuages moyens	Altocumulus	Ciel pommelé	Averses
	Altostratus	Vaste couche laissant filtrer le soleil	Pluie
nuages élevés	Stratocumulus	Larges masses arrondies	Pas de changement
	Stratus	Grisaille	Bruine
	Nimbostratus	Nuage à strates montant très haut	Tempête
	Cumulus	Mouton nuageux	Beau temps
	Cumulo-nimbus	Mouton, montant très haut	Orage

RÈGLE DES VENTS

D'autres indications concernant les changements probables du temps se trouvent dans l'observation du comportement des vents. Il dépend du passage des fronts qui provoquent des évolutions de la pression atmosphérique. Celles-ci produisent à leur tour des modifications dans la direction des vents. La règle suivante s'applique uniquement si les nuages se situent en zone moyenne ou élevée : Tenez-vous dos au vent :

> Si les nuages hauts viennent de la gauche, le temps devrait empirer.
> Si les nuages hauts viennent de la droite, le temps devrait s'améliorer.

Inversez cette règle dans l'hémisphère Sud.

ÉCLAIRS

En pleine nature, l'arrivée d'un orage ne doit pas être prise à la légère. Car, au minimum, vous serez trempé jusqu'aux os. Plus grave, tous les orages produisent des éclairs. C'est la foudre qui génère le tonnerre lorsque l'air autour de l'éclair s'étend et se contracte avec une force incroyable. Quand la foudre entre en contact avec le sol, elle relâche une énorme énergie électrique qui va se propager dans tout le voisinage immédiat – y compris vous, si vous vous trouvez au mauvais endroit au mauvais moment. (N'oubliez pas que l'éclair n'affecte pas uniquement son point d'impact. Le courant électrique peut se disperser vers l'extérieur, mais également vers le bas.) Si vous avez le temps, dénichez un abri plus bas et ne restez pas à découvert, près d'un arbre isolé ou d'un gros rocher qui pourrait attirer la foudre.

Asseyez-vous sur quelque chose de sec et qui ne conduira pas le courant (une corde d'alpiniste ou du bois sont toujours mieux que rien). Recroquevillez-vous en position fœtale : les bras autour du corps et les pieds au-dessus du sol. Vous réduisez ainsi le contact avec le sol et offrez la plus petite cible possible à l'éclair. Ôtez tout objet métallique et éloignez-les, qu'il s'agisse d'un piolet, d'un bâton de randonnée et

En altitude, dans les montagnes de l'Équateur. Le mauvais temps approche.

même de bijoux ou d'une montre. Une caverne offre la meilleure protection contre la foudre, mais surtout, sous aucun prétexte, vous ne devez rester près de l'entrée, car le courant pourrait s'y propager. Cette règle s'applique également aux surplombs rocheux qui peuvent se transformer en pièges mortels. Des creux, sur terrain plat et sans relief, conduisent également l'électricité.

Ôtez tout objet métallique et éloignez-les, qu'il s'agisse d'un piolet, d'un bâton de randonnée et même de bijoux ou d'une montre.

Dans la jungle, ces orages sont parfois des épreuves quotidiennes avec lesquelles il faut apprendre à vivre. Parfois, la foudre est tombée si violemment près de moi qu'elle m'a renversé. J'ai passé une nuit avec un expert de la jungle, un autochtone, qui m'a raconté, pendant une telle tempête, comment un éclair l'avait presque foudroyé. Instinctivement, il avait protégé son visage avec ses mains. Alors, en même temps qu'il était projeté plusieurs mètres en arrière, il avait vu les os de ses mains, à travers ses yeux clos. Sacrée histoire ! Il avait de la chance d'être en vie pour la raconter. Je me suis dit qu'il avait peu de risque d'être frappé deux fois par la foudre... Alors, inutile de vous préciser que cette nuit-là, dans la jungle, je suis resté à côté de lui !

NŒUDS, PIÈGES ET OUTILS

Nœuds

Il n'y a pas de secret dans l'art de nouer des nœuds. Ils nécessitent simplement de la pratique. Pourtant, il faut également leur ajouter l'ingrédient clé de la survie : la patience. Être seul dans une nature sauvage et inconnue ne s'avère pas le meilleur moment pour se mettre à bachoter afin de savoir d'instinct quel nœud utiliser dans quelle situation et, plus important encore, comment le nouer.
Alors voici mon conseil pour tous les amoureux de la vie sauvage : prenez deux bouts de ficelle quand vous allez vous promener et pendant que tout le monde somnole au soleil sur les berges d'une rivière, exercez-vous avec les quelques nœuds que je vais décrire jusqu'à ce qu'ils deviennent comme une deuxième nature. Bien connaître ses nœuds se révèle un talent très gratifiant. Apprenez également à nouer vos nœuds favoris les yeux fermés. On ne sait jamais... Vous pourriez avoir à le faire le plus vite possible... et dans l'obscurité.
Par ailleurs, savoir comment et pourquoi utiliser un nœud particulier se montre une connaissance incroyablement utile. En mer, sur n'importe quelle embarcation à voile, savoir nouer un nœud s'avère indispensable. C'est dans ces conditions, lorsque les forces qui

agissent sur la voile, sur les écoutes (les cordages) et sur les nœuds changent sans cesse, qu'on comprend pourquoi un nœud de chaussure ne fera pas l'affaire.
Au niveau le plus simple, les nœuds servent à relier deux objets ensemble. Il peut s'agir de deux morceaux de corde pour les rassembler; d'une corde nouée à un objet afin de servir d'ancre; d'une corde utilisée pour relier deux objets différents (le montant et l'entretoise d'une plate-forme servant de lit surélevé dans la jungle, par exemple).
Parfois, en mer ou au bord d'une falaise, un nœud approprié et bien noué peut littéralement faire la différence entre la vie et la mort. En d'autres occasions, au campement, par exemple, un nœud mal adapté et mal noué est susceptible de causer un désagrément majeur. (Lutter pour défaire un nœud en queue de cochon mouillé en pleine tempête lorsqu'il faut déplacer votre campement représente à la fois un gaspillage de temps, de chaleur et d'énergie.) En tout cas, une chose est sûre : la défaillance d'un nœud peut avoir des conséquences imprévisibles, en particulier dans la nature, et ne pas être capable d'en défaire un, à un moment crucial, a souvent eu des conséquences funestes.
Les nœuds ont évolué en fonction de différents usages. Certains doivent se montrer fiables même quand il leur faut soudain supporter une forte tension; d'autres doivent être solides, mais pouvoir se défaire même tendus; d'autres encore doivent avoir une boucle capable de se resserrer quand on tire dessus; enfin, certains doivent maintenir ensemble des matériaux glissants de diamètres différents. Il faut garder un objectif en tête, s'assurer que le type de nœud utilisé est le meilleur disponible pour l'usage envisagé – même s'il y a de nombreuses options – et que le nœud lui-même n'est pas le maillon faible de la structure.

NŒUDS DE BASE

Demi-nœud et nœud de plein poing

Usages : parmi les plus simples, il constitue la base de nombreux autres nœuds. Souvent utilisé comme nœud d'arrêt pour empêcher une corde de glisser, de s'effilocher ou pour renforcer un cordage. Une fois serré, il est difficile à défaire.

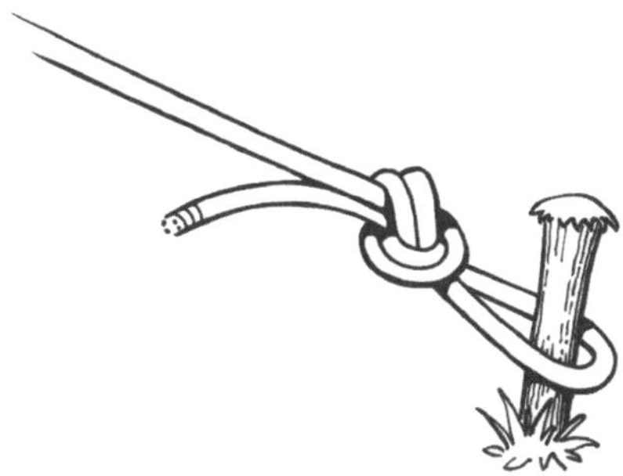

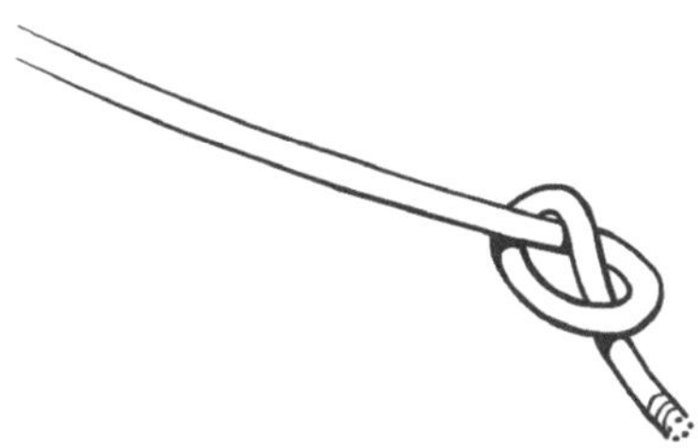

Nœud de huit et nœud en double huit

Usages : plus fiable que le demi-nœud et plus facile à défaire. Un classique chez les varappeurs et les montagnards car, s'il est mal réalisé, il se transforme en demi-nœud et reste donc assez sûr. Le nœud en double huit est très utilisé avec les baudriers, les pitons ou les cordes de rappel. Faire un nœud d'arrêt à l'extrémité du brin libre pour plus de sécurité. (Cf. nœud plat.)

NŒUDS D'AJUT (POUR RELIER DES CORDES)

Nœud plat

Usages : un des nœuds les plus utilisés. Très pratique pour relier deux cordes de même diamètre, mais il glissera si elles sont d'un diamètre différent (ou en nylon !). Peut être défait facilement si la corde est raisonnablement épaisse et s'il n'est pas trop serré. Souvenez-vous : droite sur gauche, gauche sur droite.

Peut-être encore plus sûr en nouant chaque extrémité avec un nœud d'arrêt simple.

Entraînez-vous et mémorisez ces nœuds. N'oubliez pas : ne pas être capable de défaire un nœud à un moment crucial pourrait s'avérer fatal.

Nœud de sangle

Usages : utiliser au départ pour relier deux cordes ou deux cordages. Plutôt sûr, mais mieux vaut ne pas l'utiliser trop serré.

Nœud d'écoute
et nœud d'écoute double

Usages : meilleur que les nœuds précédemment cités pour lier des cordages et idéal pour relier des cordages de diamètres différents. Peut être défait facilement même après avoir été noué très serré. Le nœud d'écoute double est encore plus efficace pour les cordages mouillés et ne glissera pas même si les contraintes changent sans cesse.

Nœud de pêcheur
et nœud de pêcheur double

Usages : en montagne, les grimpeurs utilisent ces nœuds pour relier des cordes glissantes et réaliser des brides et des anneaux sûrs autour des rochers ou des troncs d'arbre.
Les pêcheurs s'en servent pour relier des fils de différents diamètres. Dans la jungle, ils sont très pratiques pour assembler des lianes. Très difficiles à défaire, mais permettent de réunir des brins très fins.

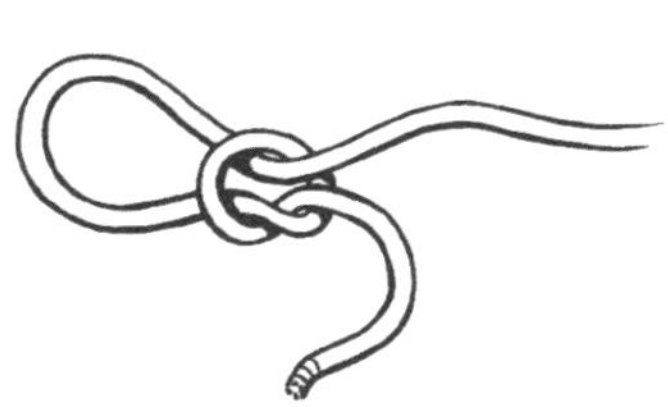

NŒUDS DE BOUCLE

Nœud de galère

Usages : le nœud le plus basique. Souvent utilisé en tandem avec d'autres. Doit être sécurisé par un nœud d'arrêt.

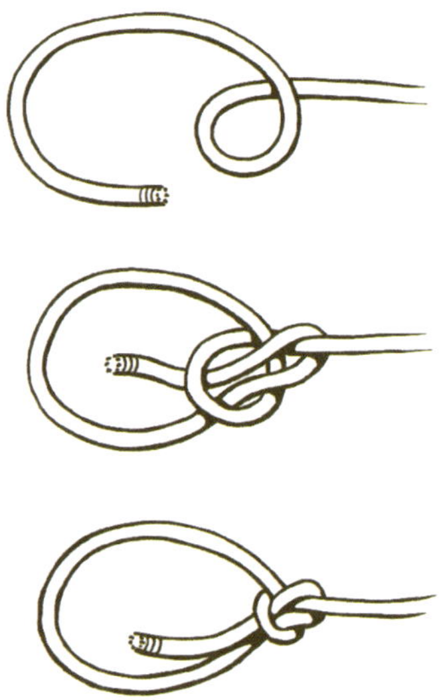

Nœud de chaise (mon préféré)

Usages : un nœud très utile et d'usage courant qui devrait être en tête de votre répertoire. On l'emploie beaucoup en montagne et en mer, il peut être noué très vite, se révèle très solide et fiable.

Comme son nom l'indique, on peut utiliser la boucle comme une « chaise » pour se hisser. Un des meilleurs moyens pour créer une ligne de vie autour de votre taille qui ne glissera pas – et ne vous étouffera pas non plus ! – même avec une traction très forte. Pour réaliser un nœud de chaise, gardez en tête cette phrase mnémotechnique : « Le serpent sort du puits, fait le tour de l'arbre et rentre dans le puits. »

Si votre vie en dépend, sécurisez le brin libre avec un nœud d'arrêt simple.

Nœud de laguis

Usages : particulièrement pratique pour réaliser un collet, son attribut principal demeure de VRAIMENT se serrer quand quelque chose se prend dans la boucle. Donc ce nœud coulant ne DOIT pas être utilisé autour des membres.

Nœud de chaise triple

Usages : avec ces trois boucles, ce type de nœud de chaise s'avère inestimable lorsqu'il s'agit de soulever ou de tirer des objets lourds. En montagne, il peut se révéler très utile employé comme harnais : une boucle autour de chaque cuisse et la dernière autour de la poitrine.

Apprenez à nouer vos nœuds favoris les yeux fermés : on ne sait jamais quand on a besoin de le faire en vitesse et dans l'obscurité.

Nœud de Prusik

Usages : connu aussi sous le nom de Prussik ou de prussien, il s'agit d'une boucle susceptible d'être attachée autour d'une branche ou d'une autre corde afin de constituer une poignée ou une prise de pied. Elle ne glisse pas une fois tendue, mais si la pression est relâchée, on peut la déplacer en avant ou en arrière. Il est vital de connaître ce nœud lorsqu'on parcourt un milieu montagneux.

On peut également utiliser le Prusik en croix ou nœud français : la ganse est entourée sept ou huit fois autour de la corde (ou de la branche) avant de passer le brin libre dans la boucle formée à l'autre extrémité. Ce nœud se défait plus facilement que le Prusik traditionnel.

J'ai utilisé le nœud français pour me sortir d'une crevasse dans les Alpes. Il m'a permis d'assurer une prise pour mon pied afin de grimper le long d'une fine corde et, sans lui, je crois que j'y serais encore !

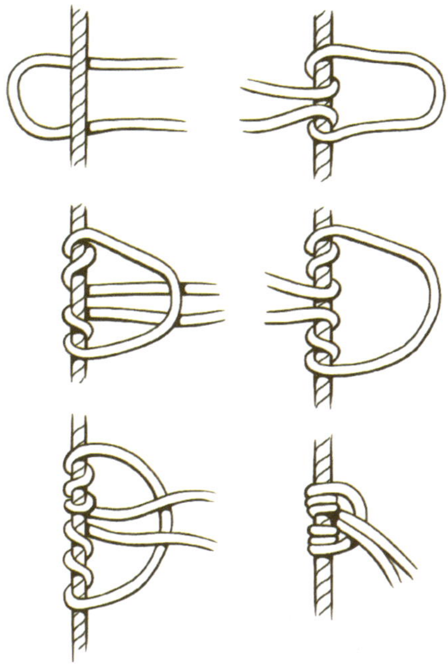

LES BRÊLAGES

Brêlage diagonal et brêlage en long

Usages : pouvoir maintenir ensemble rondins, branches, piquets ou bambous afin de construire abris, plates-formes, murs ou radeaux se révèle quasi obligatoire en situation de survie. Le brêlage diagonal permet d'ériger des structures en croix où deux axes s'entrecroisent à angle droit.

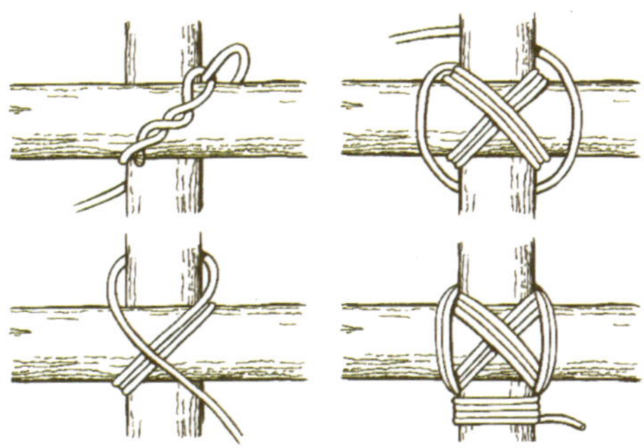

Grâce au brêlage en long, on peut juxtaposer deux morceaux de bois qui vont dans la même direction afin, par exemple, d'allonger une structure.

Surliure à tours morts

Usages : un nœud simple mais efficace – lorsqu'il est noué correctement. Il permet en particulier de faire une poignée pour une lame ou de transformer un pieu en trident. Dans ce nœud, c'est la tension qui fait tout.

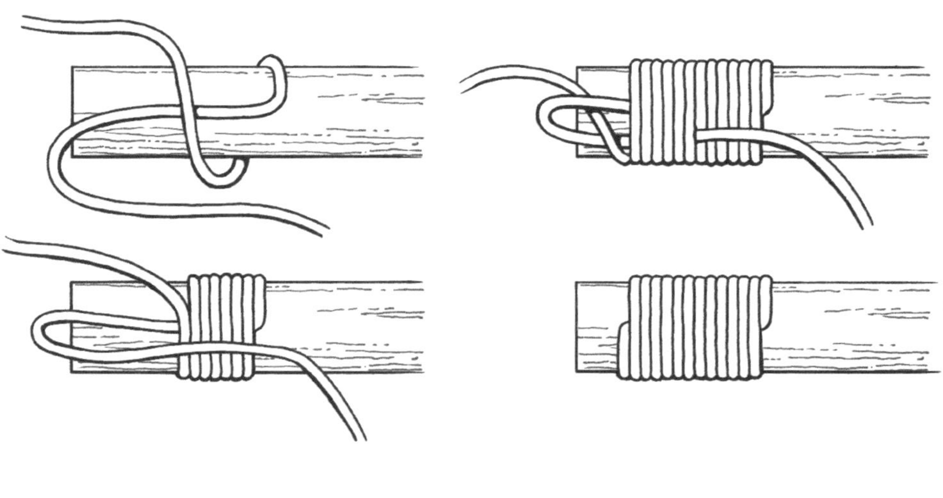

NŒUDS D'AMARRAGE

Nœud de cabestan

Usages : les nœuds d'amarrage, comme leur nom l'indique, servent surtout à attacher un cordage à un point fixe. Le nœud de cabestan se montre particulièrement utile lorsque la perche ou le poteau est horizontal. S'il forme un angle, alors ce nœud peut glisser.

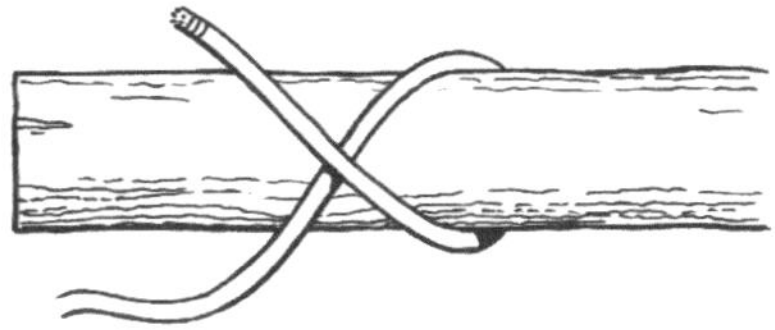

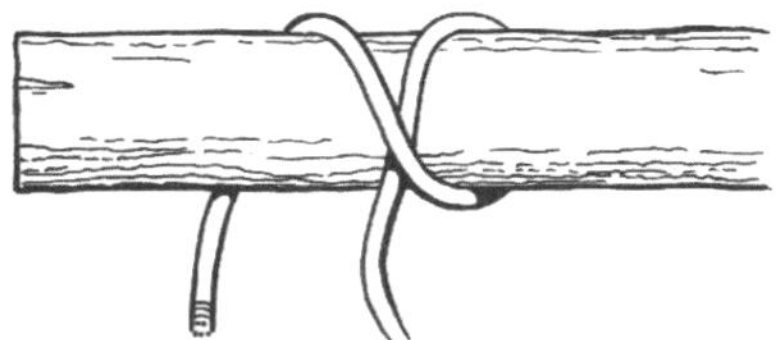

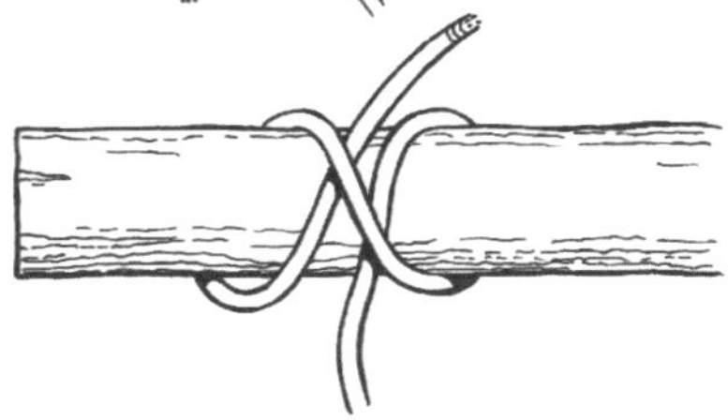

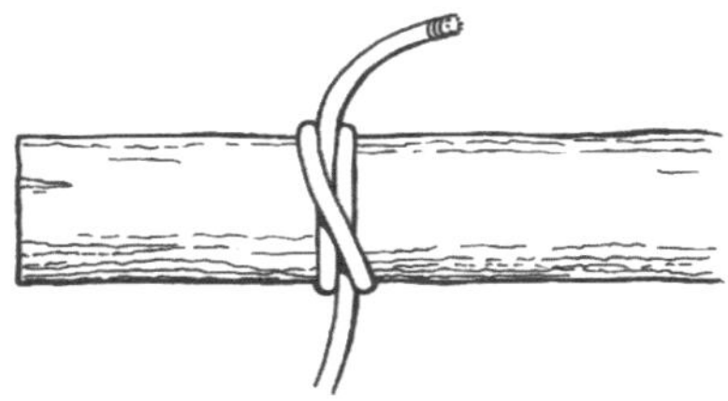

Tour mort et demi-clés à capeler

Usages : souvent employé pour attacher une corde à une branche ou à un piquet ; il peut se défaire facilement. Il glisse très peu et peut supporter des contraintes dans n'importe quelle direction.

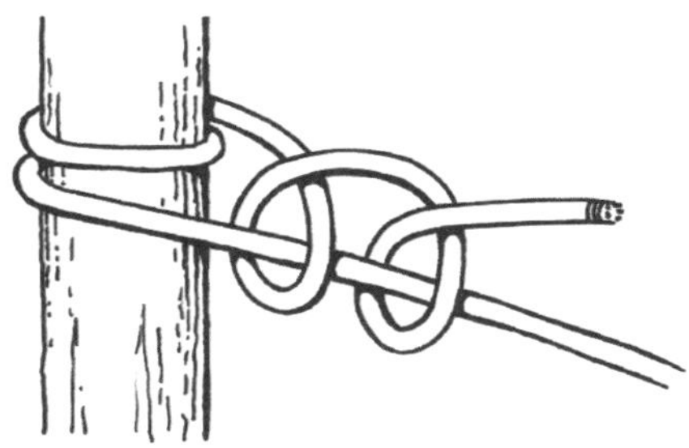

Collets

Chasser les animaux sauvages ne devrait pas être votre priorité quand vous cherchez de la nourriture. Il s'avère souvent plus facile et moins énergivore de cueillir des plantes. Mais une fois que vous les avez fabriqués, n'hésitez pas à employer des collets ; il faut peu de temps et d'énergie pour les poser. Faites-le avant de vous coucher. Trouvez un abri ; ramassez du bois ; faites un feu ; posez des collets. Voilà votre nouveau credo. Et laissez-les travailler pendant que vous vous reposez. N'oubliez pas que pêcher se révèle souvent plus facile que tenter d'attraper un mammifère. Je vous expliquerai les meilleures techniques de pêche dans les prochains chapitres. Du fait de la souffrance causée aux animaux pris dans ces pièges – une mort rapide et sans douleur n'est en effet absolument pas garantie – la plupart se voient interdits, à juste titre, dans de nombreux pays (dont les États-Unis et la Grande-Bretagne). Cela dit, en situation de survie, un collet qui vous fournit un lapin alors que vous avez le moral dans les chaussettes vous fera un bien fou.

Trouver un abri ; ramasser du bois ; faire un feu ; poser des collets : c'est votre credo.

Un collet est un morceau de câble, de corde ou de fil doté d'un nœud coulant destiné à étrangler l'animal piégé qui se débat pour se libérer. L'animal meurt étouffé, ce qui n'est guère agréable. Mais si c'est votre vie ou la sienne... Choisissez le collet.

La plupart des animaux peuvent être capturés grâce à un nœud coulant placé dans la bonne position, près de l'entrée d'un terrier ou entre deux arbres, au-dessus d'un chemin fréquenté par la bête en question. (Attention : ne placez pas vos collets juste devant une tanière : c'est là qu'elle est la plus soupçonneuse. Placez-les plutôt à un ou deux « bonds ».) Il faut que le nœud coule facilement et l'autre extrémité de la corde doit être solidement attachée à un pieu ou un arbre. Les collets sont plus efficaces de nuit quand les animaux ne peuvent les voir.

Avoir du succès dans la pose de collet repose sur trois principes. Choisir la bonne espèce d'animal à chasser et comprendre ses habitudes et son comportement ; faire un collet simple mais efficace pour attraper et tuer l'animal en question ; le poser au bon endroit et parvenir à le camoufler.

Nous allons maintenant voir chacun de ces éléments l'un après l'autre.

COMPRENDRE LE COMPORTEMENT ANIMAL

En fonction du terrain, vous allez d'abord devoir décider quel type d'animal vous espérez attraper. Que vos ambitions restent modestes. Du gros gibier semble une idée délicieuse... Mais achever un chevreuil s'avère beaucoup plus difficile qu'on ne l'imagine. En outre, il produira une énorme quantité de viande que vous ne pourrez pas manger et qui pourrira très vite. À moins d'être séchée, elle sera trop lourde à transporter et attirera des animaux (des ours, par exemple) susceptibles de mettre votre vie en péril.

Mieux vaut se concentrer sur des mammifères plus petits : lapins, écureuils, renards et même blaireaux ou fouines. Quand vous devez survivre pour de vrai, laissez préférences et a priori à la maison. Il vous faut manger.

Cherchez les indices flagrants d'une vaste population de l'animal traqué dans la zone où vous vous trouvez. Une fois que vous saurez quelle créature vous allez chasser, il faut connaître ses habitudes : où dort-elle, où se nourrit-elle, où s'abreuve-t-elle ? Ces éléments deviendront cruciaux quand il s'agira de positionner le collet.

FABRIQUER UN COLLET

Après avoir sélectionné l'animal, vous devez fabriquer le bon type de collet. Certains pièges marchent mieux avec certains animaux en fonction de leur taille ou de leur poids. Voici les éléments constitutifs d'un collet.

Le matériel

S'il est possible d'utiliser de la corde ou du fil pour fabriquer un collet, mieux vaut quand même avoir du câble sous la main. Pensez à tout et n'hésitez pas à sortir des sentiers battus. (Un jour, j'ai même pris du câble métallique dans la poignée d'ouverture de mon parachute.) En effet, l'animal, s'il n'est tué rapidement, peut essayer de ronger le collet. Choisissez cependant le plus petit diamètre possible à la fois capable de retenir la proie et de ne pas rompre sous la contrainte.

Naufragé volontaire dans les Alpes, je pose un collet.

Le nœud coulant

Les collets sont conçus pour serrer la bête autour du cou et donc la taille du nœud coulant dépendra de celle de l'animal. Si la boucle est trop grande, il pourra s'enfuir ; trop petite, il l'évitera. Nouez un nœud coulant un peu plus large que la tête de votre proie (trois doigts pour un écureuil, un poing pour un lapin). Il faut maintenir la boucle au-dessus du sol : son extrémité inférieure doit la capturer au niveau du poitrail. Vous pourrez maintenir le nœud en l'air à l'aide de brindilles.

Collet à detente

Grâce à une corde, on attache l'extrémité pliée d'un jeune arbrisseau à une perche maintenue au sol sur laquelle le collet est lui-même fixé. Lorsque le collet se tend, il arrache la perche et l'arbrisseau soulève la proie. Avantage de ce piège : aucune autre créature ne viendra profiter de ce repas si chèrement gagné !

Il y a des centaines de variations autour de ce piège. La seule limite... votre imagination. Par exemple, un unique déclencheur peut-être relié à de multiples collets. (Donc, vous travaillerez moins, car il vous faudra une seule perche déclencheuse et une unique détente.) Vous augmentez ainsi vos chances de prise.

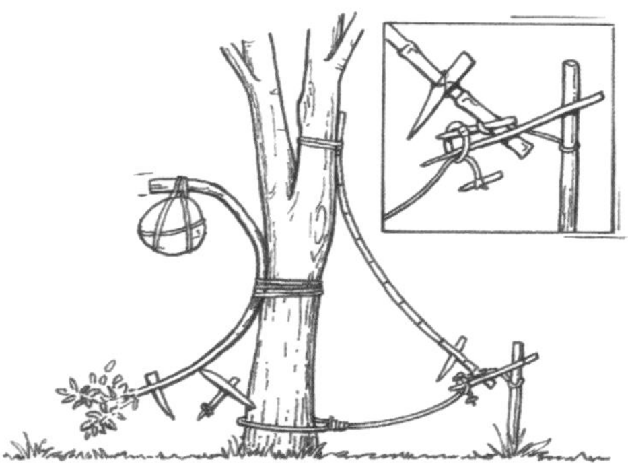

Appâts et assommoirs

Disposer un appât sous votre collet augmentera sensiblement vos chances de dîner... Utilisez ce qui vous tombe sous la main : carcasses ou rongeurs morts, morceau

de fourrure. Tout ce qui peut attirer la curiosité.
Ces leurres fonctionnement très bien en particulier avec les pièges à assommoir : la proie, attirée par l'appât, déclenche la chute d'une pierre ou d'un rondin de bois qui l'écrasera. Ces pièges se montrent plutôt simples et rapides à installer en utilisant n'importe quelle branche morte ou gros caillou.
En général, je pose une dizaine de collets en espérant qu'un seul fonctionne. Mais il n'y a pas de véritable recette. N'hésitez pas à monter le maximum de pièges, soyez précis, patient et attentif au positionnement et au montage... En fin de compte, la chance vous sourira : après tout, votre cerveau est plus gros que celui d'un lapin!

LOCALISATION

Dernière considération pour l'utilisation réussie d'un collet : le placer à l'endroit optimal. Cherchez des poils épars dans les buissons. Ils indiqueront probablement le passage d'un animal. Les animaux se déplacent et s'arrêtent souvent aux mêmes lieux. Observer leurs habitudes vous révélera des détails importants : où se trouve leur tanière, où ils mangent, où ils boivent. Les chemins reliant chacun de ces endroits représentent les meilleures positions pour poser un piège.
Enceintes et goulets pour guider l'animal vers le collet devront être bien camouflés. Assurez-vous qu'avec le piège, ils se fondent dans la nature environnante. Veillez également à ce que toutes coupures ou cassures récentes dans le bois soient recouvertes de boue. Quand vous montez votre traquenard, laissez l'endroit comme il était à l'origine et couvrez-vous la peau pour ne pas laisser d'odeur. Si vous pouvez produire de la fumée – des feuilles qui se consument, par exemple – utilisez-la pour camoufler votre odeur. N'oubliez pas de frotter le câble à l'aide d'herbe humide ou de boue.

Outils

De nouveau, l'imagination et une façon de pensée originale sont les conditions essentielles dans la nature pour fabriquer des outils. D'instinct, vous trouverez ceux qui vous seront le plus utile : couteaux, gourdins, lances, arcs ou ustensiles de cuisine, par exemple. Leur conception ne nécessite aucun talent particulier autre que la patience dont il faudra faire preuve pour chercher suffisamment longtemps les bons matériaux et les utiliser à bon escient afin de créer des outils utilisables.
Au cours des sélections pour les SAS, lors des journées portes ouvertes, de nombreux volontaires se présentaient munis de couteaux à la Rambo cachés un peu partout sur eux! Comme s'ils s'imaginaient qu'ils allaient devoir rentrer dans une ambassade par la fenêtre... Souvent le plus pratique des couteaux et des outils s'avère être un simple couteau suisse : léger, mais assez

affûté pour fendre du bois et vider un animal. La plupart des experts que j'ai rencontrés ne portent que des petits couteaux. En revanche, ils sont toujours bien aiguisés !
On peut faire des outils à partir de la pierre, de l'os et du bois.

Pierre

Utile pour frapper et fendre. Les éclats, en particulier de silex, peuvent couper très finement. J'ai ainsi utilisé un tel éclat en forme d'anneau pour trancher la tête d'un serpent à sonnette.

Os

L'os a de nombreux usages : hameçons, « fer » de lance et manches. Taillez à l'aide d'une pierre, puis employez les éclats.

Bois

L'utilisation du bois n'est limitée que par votre imagination. Pour concevoir des outils, sachez qu'il y a deux types de bois : le bois dur et le bois tendre. Le bois tendre est utile pour allumer un feu, mais doit être écarté pour tout autre emploi. Utilisez un de vos ongles pour les différencier : si, en le pressant contre l'écorce, il laisse une marque, il s'agit alors de bois tendre.
Rappelez-vous que du bois employé pour frapper ou percer doit être au préalable durci au feu. Disposez l'extrémité au-dessus d'un lit de braises et faites la tourner jusqu'au moment où elle sifflera et émettra de la vapeur. Les cellules du bois sont désormais plus grandes et la sève a épaissi : la pointe est donc beaucoup plus résistante.

USTENSILES DE CUISINE

Bols et marmites

Utilisez bois, os, corne, écorce ou tout matériau similaire afin de réaliser des bols. Si vous voulez creuser une cavité dans du bois pour en faire un bol ou une marmite, ne tentez pas d'employer un couteau ou un objet affûté car il ne vous laissera qu'un gros tas d'échardes. Choisissez plutôt des braises ardentes que vous placerez sur le bois à l'endroit désiré. Soufflez judicieusement sur le bois qui va se transformer en charbon à mesure que vous ajouterez des braises. Vous obtiendrez bientôt une cupule carbonisée que vous pourrez facilement polir.

Fourchettes, couteaux et cuillères

Taillez fourchettes, couteaux et cuillères dans un bois non résineux pour ne pas avoir un goût désagréable dans la bouche (et ne pas gâcher votre nourriture). Les bois non résineux incluent chêne, bouleau et autres feuillus.

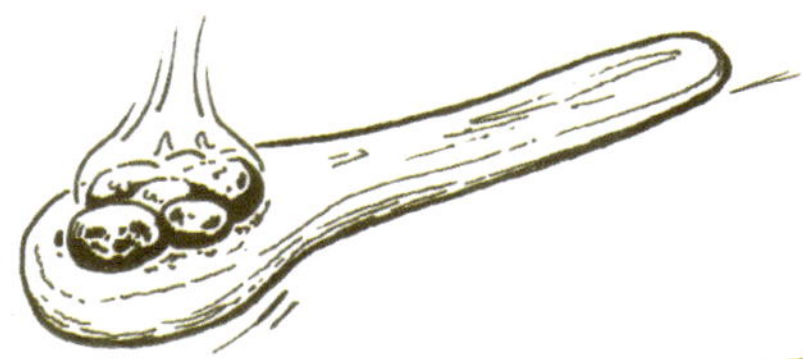

Gourdes

Confectionnez une gourde en utilisant l'estomac d'un gros animal. Lavez-le consciencieusement à l'eau, puis nouez une extrémité. Nouez une corde autour de l'autre afin de la fermer.

ARMES

Gourdins

On pense immédiatement à Fred Pierrafeu... Toutefois un gourdin en bois ou une pierre attachée au bout d'un bâton vous sera d'une grande utilité pour vous défendre contre un animal, pour tuer un serpent ou achever une proie qui se débat dans un piège.

Lances, harpons et bâtons de jet

Lances et bâtons taillés peuvent être utilisés afin de tuer des animaux sauvages, mais sont plus efficaces en défense qu'en attaque. Employez-les également pour pêcher. Grâce à une surliure à tours morts (voir page 54), attachez un os affûté sur une longue perche droite, dont vous aurez ôté l'écorce. Avant tout, n'oubliez pas de la durcir au feu. *Hibiscus tiliaceus* offre un bois parfait pour cet usage.

En situation de survie véritable, oubliez vos préférences et vos a priori. Vous avez besoin de nourriture.

Arcs et flèches

L'efficacité d'un arc dépend surtout du bois que l'on va choisir pour le fabriquer. Il doit être dur, long, flexible et sans nœuds. If, chêne, hickory et bouleau sont les meilleures essences. Le morceau de bois constituant l'arc doit être séché plusieurs jours au-dessus d'un feu. Faites des encoches aux extrémités afin de pouvoir tendre la corde. Des branches de bouleau d'environ 60 centimètres de long et d'un centimètre de diamètre font des flèches efficaces. Veillez à ce qu'elles soient parfaitement droites afin de vous assurez précision et puissance.

J'ai construit un arc et une flèche dans l'Amazone et je les ai utilisés pour harponner un piranha. La clé du succès ? Une flèche de deux mètres de long me permettant de tirer à bout portant sans que mon ombre porte sur l'eau.

AUTRES USTENSILES PRATIQUES

Bâton fouisseur

De nombreuses corvées, par exemple creuser le sol pour y récupérer des vers ou larves comestibles, seront rendues considérablement plus faciles si vous confectionnez un bâton fouisseur. Trouvez une baguette de feuillu d'environ un mètre de long, deux centimètres de diamètre, aussi droite que possible. Ôtez l'écorce. Taillez l'extrémité en biseau et durcissez-la au feu comme décrit plus haut.

Bien souvent, je réalise une version un peu plus longue qui me sert également de bâton de marche : c'est très utile en montagne, car il me permet d'avancer dans la neige, ou dans un sous-bois très dense, mais aussi de tester la couche de glace sur un lac ou de creuser à la recherche de vers ou de pousses d'épicéa.

Colle de pin

La sève fraîche secrétée par les pins constitue une excellente colle. Incisez l'écorce et introduisez une branchette. La sève va couler le long de cette brindille et vous pourrez la recueillir directement dans un récipient. Réchauffez sur un feu et trempez un bâton dans la résine. Allumez ensuite ce bâton et laissez-le couler sur les surfaces que vous voulez coller. Saupoudrez ensuite de cendres ; elles vont accélérer le processus.

C'est une technique très utile et relativement simple à mettre en œuvre.

Je me nourris en prélevant des asticots dans le cadavre en putréfaction d'un petit chamois.

NÉCROPHAGIE

L'homme primitif était par-dessus tout un charognard, un nécrophage. Il survivait grâce à d'autres animaux qui faisaient le sale boulot à sa place. Il laissait en effet les prédateurs chasser, puis les effrayait. Au Kenya, je suis tombé sur un zèbre tué par des lions. Les félins avaient dévoré les organes les plus tendres et la majeure partie de la viande, avant de laisser les vautours se repaître du reste. Une fois que je les ai effarouchés, la carcasse m'appartenait. Je me suis nourri de la chair du zèbre prélevée sur son encolure et j'en ai emporté pour le reste de ma longue marche. Attention ! Ne mangez pas trop de viande si vous n'avez qu'une quantité limitée d'eau. Car il en faut beaucoup pour digérer les protéines. En revanche, si vous avez des réserves, n'hésitez pas à faire le charognard. C'est parfois le moyen le plus efficace de trouver de la nourriture. Les œufs d'oiseau en sont un bon exemple. Dans le désert de Moab, j'ai recueilli des œufs de corbeau qui, une fois cuits sur la roche chauffée par le soleil, ont fait une délicieuse omelette.

MÉDECINE DE SURVIE

Conserver une bonne condition physique en situation de survie augmentera considérablement vos chances de tenir. Rester positif est par ailleurs beaucoup plus facile quand vous savez que votre corps fonctionne bien. Si vous avez la chance d'être relativement indemne, votre priorité, c'est de le demeurer. Dans le cas contraire, connaître quelques méthodes simples susceptibles d'être appliquées sans équipement médical vous sera d'une utilité phénoménale.
La plupart des techniques de base des premiers soins (position latérale de sécurité, bouche à bouche, etc.) nécessitent la présence à la fois du patient et du sauveteur. Dans votre cas, cependant, ce n'est pas possible, car vous êtes l'unique survivant. Je ne traiterai donc que des techniques d'automédication utiles dans tous les milieux. Dans les chapitres suivants, j'évoquerai les problèmes caractéristiques de certains milieux tels que l'hypothermie dans les montagnes en hiver, les morsures de serpents dans la jungle ou les insolations dans le désert.
Le principe même des premiers soins dépend de la lucidité, du bon sens, de quelques connaissances médicales basiques et de la faculté d'improvisation. À mes yeux, le plus important reste néanmoins la capacité d'improviser : l'un de mes meilleurs amis avec qui je fais du parapente, Gilo, a appris qu'il devait attendre

un mois pour se faire extraire une dent. Mais la douleur était telle que cette nuit-là, il s'est rendu dans son atelier... Il s'est lui-même passé la roulette afin de se soulager !

Nous sommes souvent capable de bien plus que ce que nous imaginons. Une blouse blanche paraît rassurante, mais lorsqu'il s'agit de vie ou de mort, vous vous débrouillerez sans. N'oubliez jamais l'histoire d'Aron Ralston... Après s'être retrouvé le bras coincé sous un rocher, il a compris, au bout de cinq jours, que s'il ne parvenait pas à se libérer, il allait mourir. À l'aide de son canif, il s'est amputé sous le coude, avant de se poser un garrot et de s'administrer les premiers soins. Il a ensuite ancré des pitons, y a amarré une corde et il est descendu en rappel jusqu'en bas du Blue John Canyon, dans l'Utah. Enfin, il a réussi à regagner la civilisation.

Le principe des premiers soins dépend de la lucidité, du bon sens, de quelques connaissances médicales basiques et de la faculté d'improvisation.

Toutefois, « mieux vaut prévenir que guérir ». Ce vieux proverbe est encore plus vrai dans la nature qu'à la maison. Si on ne prend guère soin de sa santé chez soi, on peut toujours demander un rendez-vous chez le médecin. Dans la nature, c'est la même chose. À une exception près : le médecin, c'est vous. (Au moins, malgré des ressources assez limitées, il n'y aura jamais trop de monde dans la salle d'attente !)

Rester en bonne santé

Au niveau physique, le secret pour rester en bonne santé réside surtout dans votre capacité à éviter la déshydratation ; à prendre plus d'énergie en mangeant que vous n'en dépensez ; à maintenir une hygiène personnelle impeccable.

L'EAU

Notre corps est constitué de près de 70 % d'eau. Alors qu'il est possible de survivre plusieurs semaines sans nourriture, sans eau, on meurt généralement en quelques jours, parfois moins selon l'environnement. De grosses quantités d'eau sont consommées par notre corps au cours de son fonctionnement normal afin de nous maintenir en vie. Ceci inclut : la digestion, la transpiration, la défécation, la miction et la respiration.

À une température qui ne demande pas d'efforts supplémentaires à notre corps (20°C), nos reins filtrent plus de deux litres d'eau par jour. Nous transpirons un litre de plus, sans même le remarquer. Des facteurs environnementaux comme une chaleur intense, le froid, l'activité, l'altitude, les brûlures ou la maladie provoquent un rejet supplémentaire. Or toute cette eau doit être remplacée.

Sinon, le corps se déshydrate, ce qui diminue à la fois la lucidité, l'efficacité physique et l'endurance.
Lorsque vous perdez plus d'eau que vous n'en buvez, votre sang devient plus dense et transporte moins d'oxygène vers les muscles. Il apporte moins de chaleur à vos organes et vers votre peau. La perte de 5 % du liquide corporel (seulement !) provoque soif, irritabilité, nausée et faiblesse ; 10 % : vertiges, maux de tête, incapacité de marcher et picotement dans les membres ; 15 % : perte de la vision, douleur à la miction, gonflement de la langue, surdité et sensation d'engourdissement de la peau. Plus de 15 % et tous ces désagréments disparaissent comme par magie. Normal ! Car, à coup sûr, vous êtes mort...
Notez bien les symptômes les plus courants de la déshydratation : une urine jaune foncée qui sent mauvais ; une quantité réduite d'urine ; peau moins élastique quand elle est pincée ; pâleur du bout des doigts, sous les ongles ; fatigue. Tous ces symptômes peuvent apparaître bien avant une soif inextinguible. D'ailleurs, la soif ne se révèle pas un bon indicateur : car si vous avez soif... c'est que vous êtes déjà déshydraté !
Je sais ce que c'est. Je l'ai vécu sur l'Everest. À 8 000 mètres d'altitude, au col sud, il fallait attendre des heures pour faire fondre la neige et obtenir à peine une tasse d'eau. Nous grimpions plus de seize heures d'affilée. Nous étions tous déshydratés, nous avions des hallucinations. Notre urine marron foncé empestait. Mieux vaut éviter ce genre d'état !
La meilleure stratégie ? Éviter de perdre son eau, donc fuir le soleil et s'assurer que toute activité dépensant de l'énergie et produisant de la transpiration en vaille la peine.
Buvez régulièrement de petites quantités d'eau. Dans un climat aride, on peut perdre jusqu'à 3,5 litres par heure.

Facile de se déshydrater dans la montagne, même quand il fait froid.

Perte de fluide (litres)	*Pouls (par minute)*	*Rythme respiratoire (par minute)*
0,5	sous 100	12-20
0,6-1,5	101-120	21-30
1,6-2	121-140	31-40

Vérifier le pouls

Un moyen très pratique pour estimer la quantité de fluide perdue consiste à vérifier votre pouls et votre rythme respiratoire comme indiqué dans la table ci-dessus.

Purification

Évitez de prendre des risques avec l'eau. Vous perdrez beaucoup plus d'eau en étant malade que vous n'en absorberez si vous buvez de l'eau contaminée. En cas de doute, faites bouillir l'eau au moins cinq minutes.

NOURRITURE

Il est possible de survivre près de trois semaines sans manger. Toutefois, votre état physique et mental se détériorera rapidement si vous n'absorbez aucune nourriture pendant plusieurs jours. Pour rester en forme, vous devrez trouver un régime équilibré contenant à la fois glucides, protéines, lipides, vitamines, minéraux et fibres. Vous pouvez mourir si vous vous nourrissez uniquement de lapin ou de poisson. Leurs protéines sont en effet tellement maigres qu'il n'y a pas assez de graisses pour vous alimenter. Votre corps a besoin non seulement de protéines, mais également d'un mélange de glucides et de lipides.

Évitez de prendre des risques avec de l'eau contaminée. En cas de doute, faites-la bouillir au moins cinq minutes.

Comprendre les principes élémentaires de la nutrition et pourquoi tous ces éléments sont importants vous aidera à dresser des priorités quant il s'agit de trouver de la nourriture dans la nature. Parlons-en maintenant :

Protéines

L'une des briques fondamentales de notre corps. Nos muscles, notre peau et nos os en ont besoin pour grandir. Sources courantes en situation de survie : viande, œufs, poisson, pissenlits, noix, lait de chamelle, de chèvre ou de vache, sang.

Glucides

Principale source d'énergie du corps, elle peut être assimilée très rapidement. Les glucides produisent beaucoup de chaleur et sont stockés dans le foie. En revanche, ils s'épuisent assez vite. Sources courantes en situation de survie : massettes (plantes de la famille des typhacées, cf. plus bas), noix, fruits.

Lipides

Une excellente forme de stockage de l'énergie, mais difficile à obtenir. Sources courantes en situation de survie : moelle, foie, ventre des poissons, graisse animale, lait de chamelle, chèvre ou vache.

Minéraux

Il suffit d'une déficience en fer pour que le corps ne soit plus capable de produire suffisamment de chaleur. Sources courantes en situation de survie : sang animal, poisson, pissenlits, orties.

Vitamines

Essentielles pour le fonctionnement métabolique du corps. Une carence produit le scorbut, entre autres désagréments. Sources courantes en situation de survie : pousses de pin et d'épicéa, orties, couche interne de l'écorce de la plupart des arbres, poissons, plantes et baies comestibles.

Fibres

Nécessaires à nos intestins pour digérer la nourriture. Une carence peut provoquer des troubles fonctionnels intestinaux. Sources courantes en situation de survie : herbes et aiguilles de pin.

PLANTES DE SURVIE

Dans la vie de tous les jours, les plantes sont l'une de nos sources les plus importantes de nourriture (et de nutriments), mais si le destin nous plonge dans un scénario de survie, elles deviennent encore plus importantes. Toutes les plantes aujourd'hui cultivées – des aliments de base tels que le maïs, le riz et les légumes jusqu'aux fruits, noix, aromates et épices – poussaient autrefois dans la nature et souvent, on les y trouve encore. La plupart des liquides que nous buvons, alcool, thé, café et boissons non alcoolisées, proviennent également des plantes.

Même sous une forme que vous ne reconnaîtrez peut-être pas immédiatement, vous trouverez dans tous les milieux des plantes comestibles et nourrissantes. Toutefois, une liste qui ne compterait pas quelques centaines de noms, concentrée sur un type particulier de terrain dans un pays ou un écosystème précis, ne pourrait être que sélective. Rien qu'au Royaume-Uni, par exemple, il y a de nombreux types de fruits, de baies et de noix dans nos bois et nos haies susceptibles de nous empêcher de mourir de faim.

Pour ce bref inventaire, je me suis contenté de plantes que j'ai employées moi-même avec un certain succès ou qui se trouvent un peu partout dans le monde. J'évoque également des exemples plus rares, spécifiques à certains milieux extrêmes comme le désert ou les régions à température négative.

Massettes (typha, quenouilles)

Distribution : dans le monde entier sur les berges des rivières, lacs, torrents et zones humides.

Aspect : de un à trois mètres de haut, on les reconnaît facilement à leur épi qui ressemble à un bouchon en liège pour la pêche (certains évoquent une saucisse sur une brochette). Le rhizome (parties souterraines) s'étend horizontalement sous la surface de la terre.

Utilisation : les racines comestibles contiennent près de 46 % de féculent et 11 % de sucre. Elles peuvent être mangées crues ou cuites sur la braise. La pulpe riche en amidon que vous retirerez du feu a un goût proche de la châtaigne. Les graines (les poils) des massettes peuvent également être utilisées pour allumer un feu et comme isolant.

Pissenlit

Distribution : terrain découvert bien exposé dans toutes les régions tempérées de l'hémisphère Nord.

Aspect : fleurs jaunes caractéristiques qui s'ouvrent le jour et se ferment la nuit. Les feuilles d'environ 15 centimètres de long sont dentelées et poussent près du sol.

Utilisation : les feuilles, riches en calcium et en vitamines A et C, peuvent être consommées crues ou cuites. Les racines, bouillies ou rôties, sont un substitut de café.

Ortie

Distribution : zones humides le long des cours d'eau à travers toutes les

régions tempérées de l'hémisphère Nord.
Aspect : jusqu'à un mètre de haut, ses poils urticants sur les bords et le dessous des feuilles sont caractéristiques.
Utilisation : jeunes pousses et feuilles sont comestibles et nutritives. Les feuilles au sommet de la plante sont riches en protéine. Faire bouillir pendant quinze minutes avant de déguster.

Cynorrhodon (gratte-cul)

Distribution : haies et lisières de forêts dans tout l'hémisphère Nord, sauf aux latitudes les plus élevées.
Aspect : le cynorrhodon est le fruit de l'églantier, un genre de rosier grimpant, aux branches recourbées et à la floraison rose. Le fruit, généralement rouge vif, ovale, mesure de 10 à 20 millimètres.
Utilisation : l'une des plantes les plus riches en vitamines C, mais source également de vitamines A, D et E. Mieux vaut la consommer en infusion car les fruits contiennent des poils (le poil à gratter) très irritants pour la muqueuse intestinale. Bon pour les vertiges et les maux de tête.

Nénuphar

Distribution : toutes les régions tempérées et subtropicales du globe.
Aspect : on le reconnaît facilement à ses grandes feuilles flottant à la surface de l'eau groupées autour d'une fleur odorante généralement blanche ou rouge.
Utilisation : les fleurs, graines et racines sont comestibles crues ou

cuites. (Les racines doivent d'abord être pelées.) Le liquide provenant de la cuisson des racines peut soulager diarrhées et maux de gorge.

Bambou

Distribution : près d'un millier d'espèces poussent sur toute la planète dans une grande variété d'habitats : de la jungle la plus moite aux montagnes gelées.
Aspect : reconnaissable immédiatement de par son utilisation très répandue pour la confection de meubles. Les bambous peuvent atteindre quinze mètres de haut.
Utilisation : les jeunes pousses peuvent être consommées crues ou cuites. On l'utilise également comme matériau de construction pour de nombreuses structures de survie : abris, lits, radeaux et ustensiles de cuisine. Très dur et difficile à couper. J'ai dû brûler la base de certains bambous afin de les abattre.

Agave

Distribution : très prolifique au Mexique, on en trouve également en Amérique centrale et du Sud, dans les Caraïbes, mais aussi dans le sud et l'ouest des États-Unis.
Aspect : les feuilles, jaunes ou vertes, charnues et épaisses à la pointe et aux bords acérés poussent en rosette directement depuis la racine. Cette plante ne fleurit qu'une seule fois et produit une grande hampe florale.
Utilisation : les feuilles sont utiles pour confectionner des cordages et leur jus mousse comme du savon dans l'eau. Les fleurs et les boutons

sont comestibles, mais il faut les faire bouillir avant de les manger. Au Mexique, on utilise l'agave pour faire la tequila... excellent !

Figuier de Barbarie

Distribution : désert et zones semi-désertiques des États-Unis, de l'Amérique centrale et du Sud, et habitats similaires dans le reste du monde.
Aspect : « feuilles » plates et vertes comme des raquettes où poussent des fruits en forme de poire.
Utilisation : toute la plante est comestible et les raquettes sont une bonne source d'humidité ; elles sont également susceptibles de soigner certaines blessures. Attention ! Il faut éviter les petits poils très urticants, par exemple en frottant le cactus dans le sable. Les graines peuvent être cuites et moulues, pour en faire une farine.

Saule arctique

Distribution : commun dans les milieux subarctiques de l'Amérique du Nord, l'Europe, l'Asie, et les landes montagneuses ou rocheuses des zones tempérées.
Aspect : petit saule buissonnant. Les feuilles arrondies d'un vert brillant possèdent des poils argentés. Le saule arctique forme un tapis dense qui dépasse rarement 45 centimètres.
Utilisation : les jeunes feuilles sont très riches en vitamine C. Les jeunes pousses (à la fois au-dessus et sous la surface du sol) peuvent être consommées crues une fois l'écorce extérieure ôtée.

Même sous une forme que vous ne reconnaîtrez peut-être pas immédiatement, vous trouverez dans tous les milieux des plantes comestibles et nourrissantes.

Lichen des rennes

Distribution : très résistant, le lichen des rennes pousse en Europe du Nord et aux États-Unis dans des conditions climatiques soit très froides, soit très chaudes. Il préfère cependant un terrain découvert et bien drainé.

Aspect : lichen vert et cassant aux organes de reproduction d'un rouge éclatant.

Utilisation : toute la plante, bien qu'amère, peut être consommée. Écraser et faire bouillir. Soigne les diarrhées. Peut également être consommée crue si on la trouve dans l'estomac d'un renne mort : le lichen partiellement digéré est donc mangeable. Au cours de la Seconde Guerre mondiale, les Résistants norvégiens ont survécu en utilisant cette technique.

ARBRES ET SURVIE

Dans le monde entier, parmi tous les hôtes de la nature, il n'y a rien de plus utile et de plus bienveillant pour le survivant que l'arbre. Dans un environnement sinon hostile, ils représentent parfois vos seuls véritables amis. Les arbres vous abritent des éléments : troncs et branches vous permettent de construire des abris ou des radeaux ; écorce, graines, fruits, feuilles ou épines sont souvent comestibles et nutritifs ; les liquides qu'on trouve dans les racines, tronc, branches ou cavités peuvent fournir l'eau qui vous sauvera la vie. Le seul problème consiste à les identifier et à connaître le type d'aide qu'ils vous fourniront.

Dans le monde entier, parmi tous les hôtes de la nature, il n'y a rien de plus utile et de plus bienveillant pour le survivant que l'arbre. Dans un environnement sinon hostile, ils représentent parfois vos seuls véritables amis.

Les arbres se classent dans trois catégories : feuillus, conifères et palmiers. Les feuillus possèdent des feuilles bien développées qui souvent tombent l'hiver. Certains, au contraire, garde un feuillage persistant. Les conifères ont des aiguilles et un feuillage persistant (à l'exception du mélèze) ; leurs fruits ressemblent généralement à des cônes (la pomme de pin). Les palmiers possèdent des troncs sans branche surmontés d'un bouquet de feuilles.
Les arbres que je vais maintenant évoquer sont parmi les plus utiles que vous trouverez dans la nature.

Hêtre

Distribution : apprécie les latitudes tempérées. On le trouve partout dans l'est des États-Unis, en Europe, en Afrique du Nord et dans les zones tempérées d'Asie.
Aspect : grand arbre symétrique à l'écorce gris clair lisse, aux feuilles vert foncé. Le fruit, la faîne, est enfermé dans une cupule hérissée d'épines molles.
Utilisation : la chair blanche des faînes est extrêmement nourrissante et nutritive : c'est l'aliment parfait pour la survie.

Genévrier

Distribution : Amérique du Nord, Europe, Moyen-Orient, Asie et montagnes d'Afrique du Nord. Aime les terrains découverts et le soleil.
Aspect : reconnaissable à ses petites feuilles en grappes denses et à son odeur caractéristique.

Utilisation : les baies sont comestibles crues et les brindilles infusées font une tisane nutritive.

Épicéa

Distribution : latitudes tempérées s'étendant jusqu'à des zones montagneuses extrêmement froides dans les deux hémisphères.
Aspect : conifère en forme de pyramide ou de cône doté de longues aiguilles épineuses vert foncé tirant vers le bleu argenté. Peut mesurer jusqu'à 30 mètres.
Utilisation : les aiguilles d'épicéa infusées dans de l'eau chaude constituent une tisane excellente et riche en vitamine C.

Pin

Distribution : latitudes tempérées de l'hémisphère Nord, mais le pin aime également le soleil et on peut le trouver partout aux États-Unis, aux Caraïbes, au Moyen-Orient et dans certaines parties de l'Asie.
Aspect : il existe plus d'une centaine d'espèces, persistantes, dont la sève résineuse et collante possède une odeur caractéristique. L'écorce de la plupart des pins révèle des écailles épaisses et une spirale typique qui montre la croissance des rameaux.
Utilisation : l'écorce intérieure blanche et moelleuse peut être consommée crue ou moulue tandis que vous obtiendrez une tisane nutritive en faisant infuser les aiguilles. Ces deux usages apportent vitamines A et C en abondance. Les pignons sont également comestibles. La résine, une fois chauffée, peut être utilisée comme colle ou comme plombage dentaire d'urgence. Si vous broyez les aiguilles entre vos mains, étalez ensuite la résine résultante sur votre peau : un excellent répulsif contre les moustiques. (Il convient de répéter l'application toutes les heures.) Épicéa et pin, grâce à leurs aguilles résineuses, brûlent vite et fort, ce qui en fait un excellent petit bois.

Palmier-dattier

Distribution : natif d'Afrique du Nord et du Moyen-Orient, mais pousse dans de nombreuses autres zones semi-tropicales autour du globe.
Aspect : grand et, comme les autres palmiers, il ne possède pas de branche mais une couronne de feuilles au sommet de son tronc.
Utilisation : le fruit est jaune une fois mûr. Il peut être séché et conservé longtemps. On peut utiliser les feuilles pour couvrir le toit ou les parois d'un abri, tandis que le tronc constitue un excellent matériau de construction.

Nypa

Distribution : régions côtières de l'Asie.
Aspect : le stipe (tronc) large et court pousse en grande partie sous terre. Il possède des feuilles érigées qui peuvent atteindre 4,5 mètres.
Utilisation : le jus tiré des inflorescences est riche en sucre et les graines sont comestibles. Les feuilles s'avèrent un excellent matériau de couverture.

Rotin

Distribution : palmier poussant dans les forêts vierges de la plupart des régions tropicales d'Afrique, d'Asie et d'Australie.

Aspect : plante grimpante qui s'accroche aux autres grâce à ses feuilles armées de crochet. Cette liane peut atteindre 60 mètres.

Utilisation : le tronc contient quantité d'eau potable et peut être consommé cru ou cuit. On peut également utiliser le rotin comme cordage.

Sagoutier

Distribution : forêts vierges tropicales de l'Asie. On le trouve principalement en terrain humide à l'intérieur des terres.

Aspect : tronc court et trapu, à l'écorce épaisse et dure, surmonté d'une couronne de feuilles.

Utilisation : l'intérieur blanc de l'écorce, au niveau inférieur du tronc, peut être pilé, égoutté et transformé en gruau très nutritif, plein de fécule. Les noix du sagoutier sont également comestibles.

Baobab

Distribution : savanes d'Afrique et d'Australie.

Aspect : son tronc bulbeux qui peut atteindre 7,5 mètres de diamètre est caractéristique avec ses branches courtes et trapues qui poussent près du sommet. Son fruit, de forme oblongue, est couvert de poils courts.

Utilisation : le bois mou est gorgé d'eau. Racines, feuilles, fruits et graines sont comestibles. On peut également utiliser l'écorce pour confectionner du cordage.

HYGIÈNE PERSONNELLE

Corps

Faites l'effort de vous laver consciencieusement chaque jour et soyez très attentifs à vos mains (en particulier aux ongles), aisselles, aine, dents, pieds et cheveux. Rappelez-vous que tout ce qui est caché, moite et chaud représente la cible principale des infestations.
Cendres refroidies, sable ou glaise remplacent le savon. Essayez d'en faire vous-même en utilisant de la graisse animale et de la cendre. N'oubliez pas que sans eau, il est toujours possible de prendre un bon « bain d'air ». Enlevez le maximum de vêtements, sans par ailleurs compromettre votre bien-être, et laissez l'air frais vous nettoyer pendant une heure. Quel bonheur ! La lumière du soleil tue les bactéries. N'hésitez pas à laisser vos vêtements sales en plein soleil quand c'est faisable.

Dents

Essayez de toujours garder votre bouche et vos dents propres. Si vous n'avez pas de brosse à dents, confectionnez un bâtonnet à partir d'une brindille dont vous mâchonnerez une extrémité pour casser les fibres. Frottez-les contre vos gencives et vos dents. Si vous vous trouvez près d'une rivière, utilisez une massette. Retirez les petites tiges, vous obtiendrez un bout qui s'adaptera parfaitement à votre dentition et la nettoiera. Ensuite, prenez la même tige, pliez-la en deux et utilisez la partie abrasive pour ôter la plaque. Après cinq minutes de ce traitement, vos dents n'auront jamais été aussi propres. C'est incroyable ! Pas étonnant que les Indiens d'Amérique aient de si bonnes dents. Rincez-vous la bouche à l'eau salée (n'avalez pas !) ou avec de la tisane d'écorce et vous tiendrez à distance toute infection.

Pieds

Règle d'or de tous les soldats : examiner ses pieds dès que possible. Soyez tendres avec vos petits petons : après tout, vous dépendez d'eux pour vous en sortir. Lavez-les, séchez-les, massez-les et n'attendez pas qu'une ampoule se forme. La clé avec les pieds, c'est la prévention. En cas de doute ou si vous sentez un frottement répété, faites une pause pendant cinq minutes, aérez vos pieds, séchez-les et remettez vos chaussettes et vos chaussures le plus confortablement possible.
De la mousse prélevée sur le sol d'une forêt et stratégiquement placée à l'intérieur de la chaussette peut parfois empêcher le développement d'une ampoule, à condition de ne pas ajouter de pression. En cas d'ampoule, surtout, laissez-la tranquille et ne cherchez pas à l'ouvrir d'emblée. Si elle perce, traitez-la comme une plaie ouverte.

Le soleil tue les bactéries ; faites sécher vos vêtements sales en plein soleil dès que vous en avez l'occasion.

Problèmes médicaux

Comme vous ne pouvez compter que sur vous-même, en cas d'urgence médicale, vos options resteront fatalement limitées. Toutefois, si vous demeurez aussi calme que possible et que vous vous efforcez de maîtriser la sensation de panique, vous augmenterez grandement vos chances de vous en sortir. Des blessures mineures doivent être traitées très tôt. Avant qu'elles vous menacent vous… et votre vie.

PLAIES

Les plaies apparaissent quand la barrière protectrice de la peau est rompue : elles sont causées par de petites coupures, écorchures, ampoules, brûlures, engelures. Elles doivent être traitées sérieusement, quel que soit leur aspect même bénin. Il ne faut pas négliger la perte de sang et surtout la possibilité d'une infection, peut-être mortelle. N'importe quelle bactérie entrant en contact avec la blessure peut en provoquer.

Il existe deux principes de base pour une blessure qui saigne : pression et élévation (quoique cette dernière ne s'applique pas aux morsures de serpent – voir chapitre sur les jungles, pages 213-217). En cas d'hémorragie, appliquez une pression et asseyez-vous dans une position telle que la blessure soit au-dessus de votre cœur. Le sang arrivera avec un débit un peu moindre à l'endroit de la plaie. La pression que vous exercez doit être suffisamment forte et longue pour empêcher le sang de couler et lui permettre de coaguler. Relâchez-la légèrement tous les quarts d'heure.

Nettoyez la blessure avec de l'eau. La garder propre doit devenir votre priorité. Si vous ne disposez pas d'eau, utilisez votre urine, en particulier s'il faut débarrasser la plaie de petits débris. L'urine est stérile. À moins qu'elle soit très sérieuse, mieux vaut laisser la blessure respirer à l'air libre.

ÉTAT DE CHOC

(Voir également la section sur la glace mince, chapitre 3, pages 167-168.) L'état de choc intervient quand le cœur ne réussit plus à pomper le sang avec une pression suffisante pour irriguer les organes et les tissus. Il peut être provoqué par des blessures de tout type, mais également par des infections, des insolations, la déshydratation, la perte de sel, l'épuisement et les vomissements.

Les hémorragies sévères doivent être arrêtées à tout prix. Une perte de plus de deux litres peut être mortelle. Trouvez immédiatement un abri, tenez-vous au chaud, gardez les jambes en l'air et absorbez de petites quantités d'eau.

AMPOULES

Laissez-les tranquilles ! N'essayez pas de les percer ou les bactéries se développeront sous la peau. Si, néanmoins, elles crèvent, traitez-les comme n'importe quelle plaie ouverte : nettoyez-les avec de l'eau propre quand c'est possible et faites les respirer à l'air.

BRÛLURES

Le meilleur traitement pour une brûlure, petite ou plus grave, reste de faire couler dessus une quantité importante d'eau froide dès que possible. Laissez la brûlure sous l'eau pour refroidir les tissus et prévenez les dégâts supplémentaires : les tissus continuent de brûler plus longtemps que vous ne le pensez. Buvez davantage d'eau pour compenser la perte de fluide.

Un bon bain d'air et de soleil pour me revigorer !

COUPS DE SOLEIL

Un problème qui existe partout dans le monde, des cols montagneux en hiver jusqu'au cœur du désert le plus brûlant. Certes vous ne remporterez pas un concours de beauté… mais couvrez de terre votre visage et toutes les parties exposées de votre corps. Elle vous protégera des rayons les plus dangereux du soleil. Ce n'est pas pour rien que les cochons aiment se prélasser dans la boue. J'ai utilisé cette méthode avec succès en Alaska et dans l'Himalaya, là où les brûlures peuvent être les plus graves.

FURONCLES

Appliquez une source de chaleur pour faire mûrir le furoncle. Il suffit pour cela d'envelopper un morceau de tissu autour d'un bâton et de le plonger dans l'eau bouillante. Videz ensuite le pus en utilisant un instrument aiguisé (et stérile). Nettoyez sous l'eau courante. Pansez la plaie pour éviter une réinfection.

AFFECTIONS FONGIQUES

Dans ce cas, c'est le soleil qui vous sauvera. Laissez la peau exposée à l'air et à la lumière. Efforcez-vous de ne pas vous gratter, ce qui ne fait qu'empirer la situation. Des antiseptiques naturels (voir page 82) pourront vous dépanner de manière efficace.

Une fracture qui se déplace peut provoquer une hémorragie interne et un état de choc. Si vous devez absolument vous déplacer, posez des attelles très minutieusement.

ÉRUPTIONS CUTANÉES

Comme toujours, la règle de base des infirmières s'applique : si c'est humide, séchez. Et si c'est sec, humidifiez ! Des glands ou l'écorce d'un feuillu bouillis peuvent parfois traiter des rougeurs suppurantes. La graisse animale, quant à elle, garde humide les irritations les plus sèches. Pensez-y.

POUX ET TIQUES

Ces deux bestioles transmettent le typhus par leurs excréments. Vous devez donc vous examiner régulièrement et les ôter de vos vêtements en les faisant, si possible, bouillir ou en les exposant au soleil. Ne grattez pas les morsures de pou ! Cela vous rendrait plus vulnérable aux infections. Nettoyez-les dans l'eau. On peut parfois faire lâcher prise à une tique en l'enfumant. Mais elle laisse alors derrière elle une sorte de vomi... fort déplaisant. De toute façon, il faut toujours essayer de les prélever en gardant leur tête bien attachée à leur corps. La laisser sous la peau est la porte ouverte à toutes les infections. L'alcool, le bout embrasé d'une branche ou d'un mégot marchent également.

FOULURES

À la cheville : essayez en premier lieu de garder votre chaussure. Si vous la retirez, il sera en effet impossible de l'enfiler de nouveau en raison du gonflement.
Reposez-vous, levez la jambe et empêchez la cheville de bouger. De la glace, si elle est disponible, vous aidera énormément à calmer la douleur. Sinon de l'eau froide fera l'affaire. N'oubliez pas : repos, glace ou froid, compression, élévation.

FRACTURES

L'immobilisation est recommandée, autant que possible. Une fracture qui se déplace peut provoquer une hémorragie interne et un état de choc. Soyez très attentif en posant des attelles, si vous devez absolument continuer d'avancer et de marcher.

LUXATIONS

Mieux vaut remettre le membre luxé le plus tôt possible. Vous saurez quoi faire. Faites-le vite et ne traînez pas. Croyez-moi : une brève douleur vaut mieux que la longue souffrance qui résulte de ne plus pouvoir utiliser un membre. Ensuite, reposez-vous, bien au chaud, et buvez de l'eau.

ANTISEPTIQUES NATURELS

Sphaigne

Source naturelle d'iode, elle peut également être employée comme pansement. J'en ai utilisé dans les Alpes après m'être coupé avec mon couteau pendant que je confectionnais des raquettes. La sphaigne a parfaitement rempli son rôle : nettoyer et protéger la plaie.

Ail des ours

Frottez-le contre une plaie ou faites-le bouillir avant d'utiliser l'eau de cuisson pour la nettoyer.

Gardez la foi et soyez résolu à survivre.

Eau salée

Aide à tuer les bactéries.

Miel

Pur ou dissous dans l'eau, le miel a de puissantes propriétés antiseptiques.

Asticots

Ne vous moquez pas des asticots ! Non seulement, il s'agit d'une bonne source de protéines, mais, en situation de survie, ces humbles créatures possèdent quelques propriétés médicinales intéressantes. Si une blessure ouverte semble s'infecter et s'aggraver, un traitement à base d'asticots peut s'avérer utile. En dernier recours !
Plutôt que d'éviter les mouches, laissez-les se poser sur votre blessure et pondre leurs œufs. Lorsque les asticots écloront, couvrez la plaie et ils se mettront à manger les tissus morts et le pus. Lorsque vous verrez apparaître du sang frais, vous saurez qu'ils sont allés assez loin et entament les tissus sains. Nettoyez alors la blessure et vérifiez régulièrement qu'ils ont tous disparu.

SUR LE « GRYLLS » : LES CINQ PRINCIPES ESSENTIELS DE SURVIE

Règle 1
LA VOLONTÉ DE SURVIVRE

Peu importe ce que vous savez ou non des techniques de survie, le savoir vient toujours après la volonté. Vous êtes le seul à pouvoir décider de continuer ou d'abandonner. Et c'est par cette décision que vous allez faire la différence. La souffrance n'est jamais éternelle.

Règle 2
L'EAU, C'EST LA VIE

Dans des situations extrêmes, le corps humain peut survivre avec très peu ou pas du tout de nourriture pendant près de trois semaines. Mais sans eau, il s'effondre en trois jours. Faites toujours de l'eau votre priorité, avant d'avoir trop soif.

Règle 3
HOME SWEET HOME

Se sentir chez soi… C'est l'un des instincts les plus profondément ancrés chez nous. Construisez-vous l'abri le plus chaud et le plus douillet possible et vous verrez immédiatement la situation sous un meilleur jour. Un refuge sec, confortable et chaleureux vous apportera joie et fierté… Et soudain tout ne vous paraîtra pas si sombre.

Règle 4
LE FEU DES DIEUX

Rien ne vous remontera mieux le moral que de parvenir à faire un feu en utilisant simplement les ressources qui se trouvent autour de vous. Il vous réchauffera, il aidera à vous nourrir et vous sauvera peut-être. Maîtrisez l'art du feu : c'est un talent des plus vital.

Règle 5
GARDEZ LA FOI

Restez humble. Ayez la foi en vous, en votre Dieu ou en un autre. Toujours, durant toutes les époques, avoir la foi s'est avéré la plus grande force et le plus grand allié de l'homme.

*« N'oubliez pas : L'espoir renaîtra.
Vos prières seront exaucées
de la manière la plus merveilleuse qui soit.
Dans la vie, les saisons sèches ne durent pas.
Les ondées printanières reviennent toujours. »*
Sarah BRAN BREATHNACH

LA MONTAGNE EN ÉTÉ

CHAPITRE 2

Tandis que la haute montagne, où qu'elle se trouve sur la planète et quelle que soit la saison, sera toujours le théâtre de vents glaciaux, de températures extrêmement basses et de glaciers dangereux, sur ses flancs les moins élevés et dans les vallées, la nature révélera son caractère le plus généreux durant les mois d'été.

Les grands ennemis de la survie humaine – températures extrêmes, manque d'eau et de nourriture – ne seront donc pas ici des facteurs majeurs, contrairement à de nombreux autres milieux.

Estimez-vous donc heureux ! N'oubliez pas qu'un mental positif reste un élément primordial de toute situation de survie. Ce qui ne veut pas dire, cependant, que revenir en un seul morceau sera simple. Car, outre les dangers les plus évidents, la montagne couvre tous les milieux et les climats du globe : de l'Antarctique au Sahara en passant par tout ce qui se trouve entre ces deux extrêmes.

Un mental positif reste un élément primordial de toute situation de survie.

Des chaînes comme l'Oural, qui court de l'Arctique jusqu'à la frontière entre la Russie et le Kazakhstan, sont couvertes par la taïga : une forêt dense de conifères qui rend l'orientation difficile et fait de l'ours brun une menace réelle et constante. En hiver, le sol est gelé et les températures descendent souvent jusqu'à -60°C, tandis que durant le court été, la neige fond et crée des zones marécageuses. Tout déplacement devient alors extrêmement pénible.

Et puis, il y a les Andes, la chaîne la plus longue du monde. Elle serpente sur 7 200 kilomètres le long de la côte occidentale de l'Amérique du Sud, de la mer des Caraïbes jusqu'au Cap Horn. Sur ce parcours, on trouve le Cotopaxi, en Équateur, le volcan actif le plus élevé de la planète ; le désert d'Atacama au Chili, l'un des milieux les plus secs du globe ; et la Terre de Feu, en Patagonie, où les glaciers se trouvent au niveau de la mer.

Si la plupart des chaînes montagneuses des zones tempérées de l'hémisphère Nord – Alpes et Pyrénées en Europe, Rocheuses en Amérique du Nord – demeurent couronnées de neiges éternelles, elles se montrent relativement inoffensives dès qu'on aborde les flancs boisés et les vallées.

Toutefois, été comme hiver et quoique d'une beauté sublime, les sommets de ces chaînes ne sont pas un endroit où traîner. Alors, si un sauvetage rapide est exclu et s'il n'y a pas de refuge disponible, le plus logique consiste à perdre de l'altitude le plus rapidement possible et à descendre dans les vallées où l'air sera plus chaud et les chances de trouver abri, eau et nourriture beaucoup plus élevées.

Pourtant cette décision évidente demeure risquée si on ne réfléchit pas d'avance au moyen d'y parvenir. Certes, la gravité joue en votre faveur, mais la varappe sur terrain vertical – ou presque – est déconseillée à quiconque n'a pas l'entraînement requis. Parfois, il peut être difficile de voir ce qui se passe juste au-dessous de vous et après plusieurs heures d'escalade vous vous rendez compte que la seule échappatoire consiste à remonter. Inutile de vous dire que le moral et le physique en prennent un vrai coup.

Je l'ai moi-même vécu en Nouvelle-Zélande. Je descendais seul par une route autre que celle que j'avais empruntée pour l'ascension. La paroi est soudain devenue plus raide avant de former une saillie rocheuse lisse. Il y avait trois mètres entre cet escarpement et la corniche en contrebas. Je me suis suspendu par les bras et j'ai sauté.

J'ai continué ainsi à dégringoler de surplombs de plus en plus hauts vers des saillies de moins en moins larges. Enfin, je suis arrivé sur un rebord, j'ai regardé par-dessus, prêt à m'élancer de nouveau. Mais je n'ai rien vu. Ce n'était pas trois mètres de chute qui m'attendaient, mais plus de 150. Je m'étais piégé tout seul. Il n'y avait pas d'échappatoire ni par le haut ni par le bas.

Souvent, il paraît logique de perdre rapidement de l'altitude et de descendre dans la vallée où l'air sera plus chaud et les chances de trouver un abri, de l'eau et de la nourriture beaucoup plus élevées.

En haut, donc, une saillie rocheuse. En bas, un ravin dont la hauteur dépassait de loin la longueur de corde que j'avais à ma disposition. Je n'avais d'autre choix que de rebrousser chemin et d'essayer d'escalader les saillies qui se trouvaient au-dessus de moi. Si je n'y arrivais pas, je restais coincé ; mais sur ces parois dangereuses, je redoutais de m'épuiser.

Ce sentiment de vulnérabilité, être seul et exposé au danger, m'a paru effrayant. Tellement effrayant. Je ne crois pas me souvenir d'une ascension où j'ai été plus concentré !

Bref, faites attention à la descente si vous ne voyez pas un itinéraire évident en contrebas. Se piéger tout seul et grimper à un endroit où il est impossible ni de monter ni de descendre demeure une des causes classiques de décès en montagne.

N'oublions cependant pas les dangers naturels, particulièrement courants dans cet environnement. La foudre peut vous tuer n'importe où, mais se révèle extrêmement dangereuse dans les zones découvertes où vous matérialisez le chemin le plus court jusqu'au sol (voir pages 46-48).

Les vallées fluviales semblent un havre de paix, mais elles recèlent également du danger. Des crues éclair, provoquées par le ruissellement des averses orageuses sur les flancs asséchés d'une montagne, peuvent se produire à une vitesse incroyable. Marais et marécages, lacs et rivières infranchissables représentent quant à eux de véritables cauchemars lorsqu'on doit s'orienter.

Mais au moins, vous êtes vivant ! Alors commençons par le commencement et efforçons-nous de vous sortir de ce sacré pétrin…

CONSTRUIRE UN ABRI

Pouvoir vous abriter doit être en tête de vos priorités dans toute situation de survie. Même l'été, quand les éléments semblent cléments – pour l'instant du moins – je ne mettrai jamais assez l'accent sur l'importance de trouver ou de confectionner un abri. L'eau et la nourriture deviendront bientôt des besoins impératifs, mais leur effet bénéfique serait à coup sûr compromis si vous deviez dépenser de l'énergie – dont vous auriez pu vous dispenser – pour vous tenir au chaud et au sec parce que vous n'avez pas d'abri.

Plus que tout, construire un abri nécessite de l'imagination et du bon sens.

Il s'agira sans doute du premier assaut de cette bataille mentale que j'évoquais dans le premier chapitre. Pouvez-vous vraiment réfléchir calmement sous une telle pression ? Serez-vous capable d'employer l'énergie mentale et physique dont vous disposez à votre avantage et sans la gaspiller ? Redécouvrirez-vous la vraie signification, la vraie valeur, de ce « bon sens » instinctif avec lequel, dans nos vies surprotégées, nous avons pour la plupart perdu le contact ?

L'épuisement conduit à de mauvaises décisions qui elles-mêmes engendrent un rapide déclin mental et physique. Bien plus que le reste, un endroit que vous pourrez appeler « maison », même très humble, représentera un stimulant psychologique majeur.

Néanmoins, comme toujours en situation de survie, il faudra y réfléchir à deux fois avant de gâcher une énergie très précieuse dans la construction d'un abri inadapté. Posez-vous quelques questions fondamentales : dois-je rester là ? Aurai-je plus de chances d'être secouru en restant là ? Dans le cas contraire, où faut-il que je recherche un autre site pour mon abri ? Combien de temps vais-je y passer ? Quelle est la probabilité pour que j'y revienne ?

Trouver un abri doit être en tête de vos priorités dans toute situation de survie.

N'oubliez pas : réfléchissez ! Si vous vous précipitez pour bâtir un abri instable, mal ventilé au mauvais endroit – par exemple là où l'eau de pluie dévalant du sommet viendra vous submerger à la première averse ou bien encore là où un charmant sanglier s'invitera dans votre petite chambre amoureusement construite – non seulement ce sera inutile, mais bien pire. Vous aurez gâché beaucoup d'énergie, sans oublier ce goût de cendre, cette amertume qui vous étreint soudain… et maintenant, l'obscurité tombe, la pluie menace et… « Oh, non, non ! Pourquoi je ne me suis pas posé deux secondes pour réfléchir quand je pouvais encore le faire ? »
Bref, nous allons revoir quelques principes de base.

Localisation, localisation, localisation

Même au fin fond de la montagne, la technique de l'agent immobilier s'applique quand il s'agit de fabriquer un nid bien douillet. Le principal, c'est sa situation. Et la meilleure façon de choisir un bon site reste de rappeler au préalable les caractéristiques principales d'un abri efficace. Quelles sont-elles ? D'abord, et avant tout, il doit vous offrir une protection contre les éléments. Et en montagne, vous devrez affronter tout ce que la nature possède en réserve. Soleil, pluie, vent et températures extrêmes mettront sans cesse à l'épreuve votre abri et sa capacité à les défier. Il doit être robuste, stable et éloigné des risques naturels : inondation, chute de rochers ou désagréments provoqués par les animaux sauvages et les nuées d'insectes.
Étudiez bien le terrain autour de vous. Si vous vous trouvez dans un endroit directement exposé au vent ou à la pluie – au sommet d'une crête, par exemple, songez à un autre site.
Pensez aux pentes exposées au sud où rochers et arbres retiendront la chaleur du soleil plus longtemps.
En général, il semble logique de rejoindre les vallées, mais évitez le fond où se trouve peut-être une rivière, un marécage, une zone inondable, et où les températures chutent très vite la nuit car l'air froid descend.
Le site idéal pour un camp se situe sur le plat, à environ 30 mètres du fond de la vallée, de préférence protégé par des arbres ou des rochers qui auront absorbé la chaleur. Trente mètres d'altitude au-dessus de la vallée suffisent à faire grimper de quelques degrés la température de votre abri.

Pensez aux pentes exposées au sud où les rochers et les arbres retiennent la chaleur du soleil.

Évitez toute zone où vous repérez une piste laissée par un animal. Elle peut être encore utilisée et ceux qui

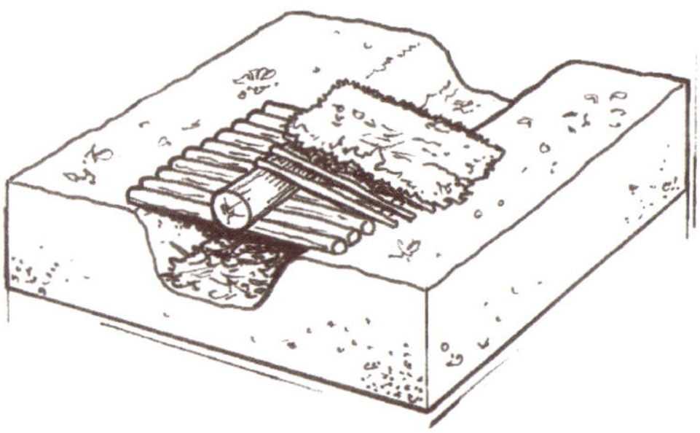

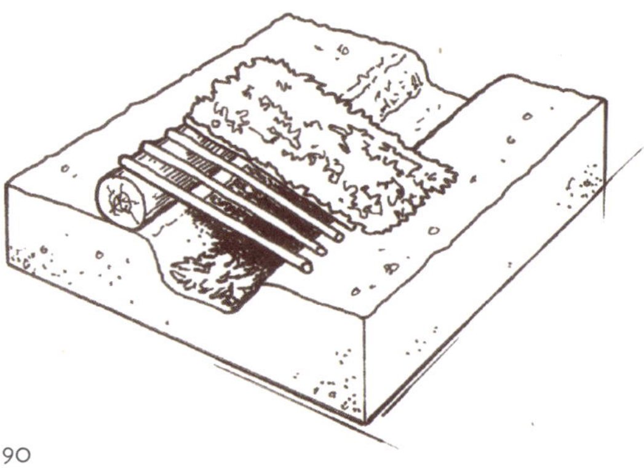

la fréquentent n'apprécieront sans doute pas que vous érigiez un abri qui les empêche d'aller s'abreuver ou se nourrir. Avant de vous mettre à la construction proprement dite, levez la tête. Des arbres aux branches pourries ont laissé quelques souvenirs douloureux à des randonneurs imprudents. Ou pire. En tout cas, assurez-vous qu'elles ne vous tomberont pas sur la tête.

Types d'abri

Le type d'abri que vous allez confectionner dépend largement de la durée du séjour que vous prévoyez. Parfois, vous ne chercherez qu'un refuge pour la nuit ou même pour quelques heures afin de rester au sec pendant un orage.

Abris naturels

CAVERNES

Un don du ciel pour le court terme si vous en trouvez une dans les parages. À long terme, cependant, les inconvénients tendent à l'emporter sur les avantages. Elles sont souvent froides, humides et peuvent abriter des chauves-souris, des serpents ou d'autres animaux sauvages que votre présence ne ravira pas et qui pourraient vous transmettre des maladies.

ARBRES, TROUS ET ROCHERS

Tout arbre, tronc pourri ou formation naturelle qui offre une protection contre les éléments représente

un abri potentiel. L'ajout d'une structure de protection supplémentaire, comme des branchages de feuillus servant de brise-vent ou un isolant épais sur le sol, se révèle tout aussi important.
Dans l'hypothèse où vous tirez parti d'un trou dans le sol, un fossé de drainage s'avérera vital si vous voulez éviter de faire trempette quand les inévitables trombes d'eau se mettront à tomber.

BRANCHES BASSES

Les branches maîtresses basses d'un arbre, au feuillage dense (préférez les conifères aux feuillus) offrent souvent une excellente protection contre le vent et la pluie. Avantage supplémentaire : les aiguilles tombées par terre vous serviront de coussin et d'isolant.

Le site idéal pour un camp de montagne se situe sur un terrain plat à environ trente mètres au-dessus du fond de la vallée.

Abris temporaires

STRUCTURES À 90°

Des particularités naturelles comme des rochers ou des troncs se dressant perpendiculairement au sol peuvent facilement s'adapter pour en faire des abris efficaces. Creusez un fossé devant le site et couvrez-le de petits rameaux et de broussaille. Protégez-le ensuite à l'aide de branches et de feuilles.

APPENTIS

Le même principe, ou presque, que la structure à 90° (voir plus haut), mais avec une ouverture en façade où vous pourrez faire un feu et un réflecteur afin de réchauffer l'atmosphère. Placez des rameaux souples et du feuillage à 45° sur une branche ou une perche reliant deux arbres à la même hauteur. Pour le rendre imperméable – sans bâche ou plastique – le feuillage devra atteindre au moins dix centimètres d'épaisseur et être maintenu par le poids des branches posées dessus. N'oubliez pas de positionner votre abri à l'écart du vent dominant. Évitez les branches pointant vers le sol dans votre refuge : la pluie coulerait tout le long avant de dégouliner sur vous.

PLIAGES

On trouve parfois un petit bosquet de jeunes arbrisseaux. Une fois pliés et reliés par leur sommet, ils peuvent constituer une structure ressemblant au dôme caractéristique des tentes que vous voyez à chaque festival de rock et dans tous les campings du monde. S'ils ne sont pas placés de façon assez pratique, coupez-en certains, creusez dans le sol une série de trous en cercle et introduisez-les dedans. Puis joignez les sommets comme décrit plus haut. Tressez des branches et du feuillage dans la structure afin de l'isoler.

STRUCTURES EN TRÉPIED

Les structures en trépied de tailles et formes diverses construites à partir de branches droites et robustes peuvent être employées comme construction de base pour d'excellents abris en forme de niche. Rondins et branches seront disposés le long des parois pour créer des murs qui seront ensuite couverts de plusieurs couches de feuilles et de rameaux.

La taille interne doit être calculée dès le départ en vous couchant à l'intérieur du squelette de la structure avant de l'ajuster. Il faut suffisamment d'espace pour ventiler l'abri et pouvoir bouger, sans toutefois que la chaleur s'échappe. N'oubliez pas que le feuillage extérieur va peser sur la structure et réduire l'espace pendant la construction.

DÉCOMBRES NATURELS

Si vous tombez sur un arbre abattu par une tempête ou un ours, nettoyez le côté inférieur des branches et vous aurez un abri naturel. Vous n'avez plus qu'à colmater les côtés à l'aide de feuillage, mousse, feuilles ou branches mortes et vous obtiendrez rapidement un refuge.
J'ai utilisé ce type d'abri au cœur des Rocheuses après avoir été parachuté dans les montagnes en ne disposant que des vêtements que je portais sur moi. Il m'a été très utile lors de la première nuit car je n'avais pas le temps d'en construire un autre plus élaboré. Il faisait dix degrés de plus à l'intérieur à partir du moment où j'ai isolé le sol et le toit avec de la mousse et des aiguilles de pin.

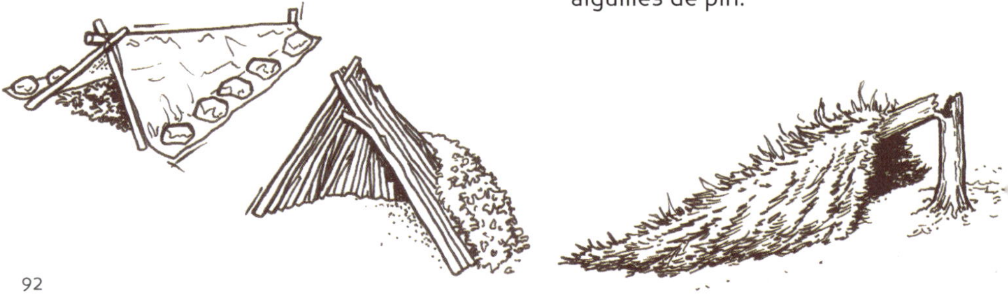

Abris de long terme

WIGWAM

Le wigwam est basé sur la structure des tipis dont se servent par exemple les Amérindiens. Il utilise la technique de construction en appentis. Le succès dépend du choix de branches de diamètre et de longueur similaires. Il faut ensuite les assembler en forme de cône ou de dôme. La structure est autoportante ou érigée autour du tronc d'un petit arbre. Les perches constituant les parois peuvent être plantées dans le sol pour améliorer la robustesse. On isole le wigwam en entrelaçant branchages et feuillages.

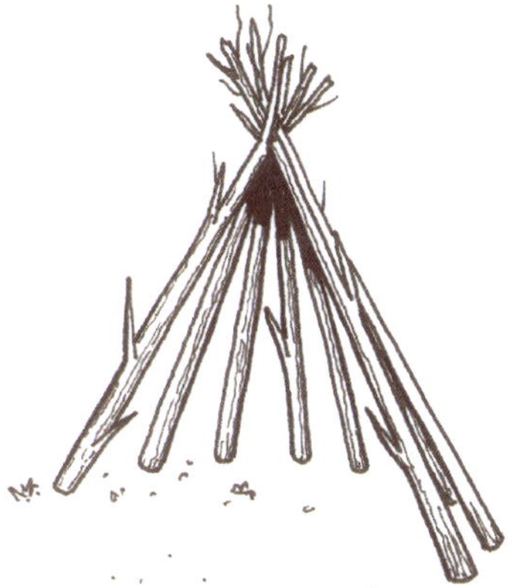

ABRI EN A

Plus long à construire, l'abri en A offre cependant une protection à la fois plus efficace et plus durable contre les éléments. Trouvez une longue perche solide et reliez-la à deux perches en forme de V inversé. Utilisez le creux d'un arbre ou n'importe quel autre support élevé pour soutenir une extrémité pendant que vous attachez l'autre à son cadre. Une fois le premier pignon fini, le deuxième sera plus simple. Choisissez l'emplacement de votre entrée et, partout ailleurs, entrelacez branches et rameaux. Ensuite, utilisez des feuilles et palmes comme « couverture » (voir la master class de construction, page suivante). Vous pouvez ajouter une seconde et même une troisième couche, selon les conditions climatiques. Faites ensuite un feu devant

l'entrée et placez un rocher ou un réflecteur capable de renvoyer la chaleur à l'intérieur.

Dans la jungle (comme nous le verrons plus tard), on peut adapter cette structure en A pour y intégrer une plate-forme afin d'éviter toutes les bestioles qui grouillent par terre.

Je construis une paillasse surélevée, au-dessus de l'eau, dans les marais des Everglades.

ABRI DE SURVIE : MASTER CLASS DE CONSTRUCTION

Comme le sergent-major nous le rappelait avec bienveillance, «avoir froid et être mal installé, c'est pour les couillons». Un abri robuste et bien pensé doit représenter votre premier pas vers ce confort matériel qui vous manque tant. Il suffit simplement de faire preuve d'un peu de soin dans sa construction. Suivez ces quelques conseils et vous éviterez les ennuis :

- **Ôtez une couche de vêtements** avant de vous mettre au travail. Une fois fini, s'il fait humide, vous aurez quand même quelque chose à vous mettre qui ne soit pas trempé de sueur.
- Assurez-vous de commencer votre construction **au moins deux heures avant le coucher du soleil**. C'est beaucoup plus difficile la nuit.
- Réfléchissez à **la taille de l'abri** avant de commencer ; ensuite, il sera trop tard.
- Souvenez-vous que la structure de base doit être **suffisamment robuste** pour supporter l'isolant et le poids de la pluie qui sera absorbée par les couches supérieures.
- Orientez l'abri **perpendiculairement au vent** dominant. Il servira ainsi de brise-vent – et pas de manche à air ! La fumée s'éloignera, plutôt que de s'y engouffrer.
- Assurez-vous que **les extrémités de la structure** (par exemple le sommet d'un abri en A) **ne dépassent pas** de la structure principale. Dans le cas contraire, elles collecteront l'eau qui coulera ensuite à l'intérieur.
- **Utilisez tous les matériaux** que vous avez sous la main (plastique, bâches, ponchos, tissus, etc.) pour vous aider à bâtir votre refuge. S'ils n'ont pas d'usage plus important (par exemple collecter l'eau en milieu aride), ils sont inestimables pour rendre étanche votre toit et vous protéger du froid au sol.
- Souvenez-vous du nombre de vies sauvées par **un humble sac poubelle noir** ! Ne méprisez pas ses propriétés de coupe-vent... elles pourraient vous sauver la peau.
- Si vous utilisez un poncho (ou équivalent) comme abri imperméable, tendez-le à un angle de plus de **45° avec le sol**. La pluie coulera plus vite et imprégnera moins les fibres.
- Les couches d'isolant – feuilles, feuillage, mousse – servant à couvrir votre abri doivent être **montées en partant du sol** afin que chaque nouvelle strate recouvre celle du dessous. Mieux vaut en faire trop que pas assez... surtout quand des trombes d'eau s'abattent !
- L'entrecroisement des couches d'isolant n'a pas besoin d'être particulièrement régulier, ne gâchez donc pas votre temps et votre énergie à chercher la perfection. **Laissez la forme naturelle des matériaux que vous utilisez guider aspect et agencement**.
- N'oubliez pas de **creuser un drain autour de votre abri** pour que la pluie puisse s'écouler sans l'inonder.
- Même l'été, assurez-vous que **le sol est bien isolé** car il peut représenter une perte majeure de chaleur (et de confort !).
- Des sacs en plastique ou une veste feront d'excellents duvets, matelas et oreillers, une fois **garnis d'aiguilles de pin**.
- Avant de dormir, fourrez **votre veste et votre pantalon avec mousse, fougère ou massette** qui créeront des poches d'air et aideront à vous isoler pendant les nuits les plus froides.
- Pour la même raison, **desserrez vos chaussures la nuit**.

«N'importe quel guignol peut se rendre la vie difficile!»
Un ex-sergent-major des SAS

TROUVER DE L'EAU

À première vue, trouver de l'eau dans la montagne en été ne devrait pas présenter un problème majeur. La neige qui fond et s'écoule des sommets alimente des torrents cristallins, tandis que les rivières descendent les vallées en tourbillonnant. Bien oxygénées, elles bouillonnent, elles écument.
Enfin, peut-être... Si vous avez de la chance. Car votre conception des montagnes... c'est la *Mélodie du Bonheur* : des alpages luxuriants, le tintement lointain des cloches accrochées au cou des vaches qui flotte porté par la douce brise venue de la vallée. En fait – et en partant du principe que vous êtes arrivé en avion pour vous fourrer dans cette situation inextricable – vous pouvez très bien vous trouver au sommet d'une montagne aride, à la végétation très pauvre et sans approvisionnements évidents en eau ou en nourriture. Ensuite, même après avoir regagné des altitudes plus clémentes, l'environnement peut rester très sec, voire semi-désertique.
Quelle que soit la situation, dénicher une source d'eau potable doit être en tête de vos priorités. Faites-moi confiance, j'ai vu plus de gens tomber de déshydratation que de sous-nutrition ! La Légion étrangère nous nourrissait chichement ; en revanche, elle veillait à nous désaltérer régulièrement. La Légion connaît le désert comme sa poche et elle a bien retenu la leçon.
Dans les situations désespérées, fermez la bouche et respirez par le nez afin de ralentir l'évaporation de la salive. Tous les nomades du Sahara le font et se couvrent la bouche pour en éviter une perte excessive.
Vous aurez peut-être la chance de tomber sur un gisement illimité d'eau potable de la plus grande pureté. Un autre problème se posera alors : le transport. En raison de la quantité d'eau que nous consommons, la charge est lourde et volumineuse. Même si vous avez de quoi la stocker, vous ne pourrez jamais en prendre suffisamment. À un moment ou un autre – c'est presque inéluctable – vous ferez face à la possibilité d'une déshydratation sévère.
Bref, il faut conserver chaque précieuse goutte d'eau présente dans notre corps. Tout liquide perdu, évaporé dans l'atmosphère, doit l'être pour une bonne raison et dans les quantités les plus faibles possible. Une activité physique inutile déshydrate sans autre bénéfice. Le genre de zèle frénétique engendré par les bouffées de panique doit être évité à tout prix. L'anxiété, elle-même, est cause de déshydratation.

Quelle que soit votre situation, dénicher de l'eau potable doit être en tête de votre liste de priorités.

Se retrouver seul en montagne, qui plus est mouillé, rend la survie beaucoup plus compliquée.

Bref, lorsque vous réfléchissez à la stratégie que vous allez mettre en œuvre pour trouver de l'eau, restez calmement à l'ombre. Et quand vous commencerez vos recherches, n'oubliez pas que la pureté de l'eau s'avère aussi importante que l'eau elle-même.
En règle générale, j'essaie toujours de faire bouillir l'eau pendant au moins cinq minutes avant de la boire. J'y fais également infuser des cynorrhodons (les gratte-cul, riches en vitamines) ou des aiguilles de pin afin de la rendre plus rafraîchissante. Je la laisse ensuite refroidir.
En l'absence de tout moyen de purification (voir page 101), mieux vaut éviter une source d'eau suspecte et chercher ailleurs.

Signes indiquant la présence d'eau

Si vous êtes attentif, la nature vous donnera de nombreux signes vous indiquant la présence d'eau.

- Les mammifères herbivores se nourrissent à l'aube et au crépuscule, et les pistes mènent souvent à un point d'eau, en particulier lorsqu'elles forment un V signifiant que des animaux venus de différentes directions y convergent.
- Souvent, tôt le matin ou en fin d'après-midi, les oiseaux décrivent des cercles au-dessus des trous d'eau. Certains, comme les pinsons ou les pigeons, volent bas et lentement lorsqu'ils doivent boire.
- Essaims de mouches ou d'abeilles, colonnes de fourmis, indiquent la présence probable d'eau dans le voisinage.

Points d'eau

EAU DE SURFACE

En l'absence d'eau de pluie, cherchez les eaux de surface, les torrents et les rivières dans lesquels elles se jettent, et en particulier des eaux agitées au-dessus de lits rocheux. Cet environnement aide en effet à filtrer les impuretés éventuelles. L'altitude possède un avantage : l'eau, proche de sa source, est probablement plus saine qu'en contrebas. S'il n'y a pas d'animal mort à moins de cinq cent mètres en amont… pas de problème. Mon astuce consiste à descendre le ruisseau pendant cinq minutes afin de vérifier l'absence de cadavres. Le tumulte des flots réveillera votre soif !

SOURCES SOUTERRAINES

Si vous ne voyez pas de ruisseaux, n'oubliez pas de chercher dans les crevasses et les cavités rocheuses. Une touffe de végétation dans un paysage aride indique généralement la présence d'humidité près de la surface. Des gouttes d'eau léchées sur un rocher humide ressembleront à un véritable nectar si vous avez vraiment soif.
Sur terrain plus plat et plus meuble, creusez dans la terre humide et laissez reposer l'eau boueuse avant de la recueillir. L'humidité de surface

peut également être condensée grâce à un distillateur solaire (voir page suivante).

SOURCES ANIMALES ET VÉGÉTALES

On trouve moins de plantes et de végétaux susceptibles de contenir de l'eau en montagne que dans d'autres milieux, en particulier la jungle. Néanmoins, les animaux, parfois même les restes d'une proie abandonnée, peuvent fournir un apport de liquide dans les situations désespérées. L'idée de boire le jus coulant d'un œil pressé entre ses doigts (une source éprouvée de fluide potable) ne paraît guère ragoûtante, mais si ce liquide vous sauve la vie... il deviendra incroyablement délicieux. J'ai mangé les yeux d'un poisson pêché sur mon radeau dans le Pacifique sud. J'ai même sucé le liquide contenu dans son arête dorsale !

L'idée de boire le jus qui coule d'un œil pressé entre ses doigts (une source éprouvée de fluide potable) ne semble pas très ragoûtante, mais si ce liquide vous sauve la vie... il deviendra incroyablement délicieux.

Collecter l'eau

Si la quantité d'eau de surface n'est pas suffisante, collectez l'eau contenue dans les plantes et dans l'atmosphère en utilisant des pièges et des distillateurs.
Astuce : levez-vous tôt... avant que le soleil ne vous vole votre précieuse source d'eau !

PIÈGES À PLUIE ET À ROSÉE

On peut toujours boire de l'eau de pluie : elle ne demande qu'à être recueillie. Si vous avez une bâche ou une toile imperméable, tendez-la sur une zone assez large, de préférence en pente, et recueillez l'eau dans des récipients propres. Si vous êtes en terrain plat, creusez un trou dans le sol, déployez la bâche pardessus et n'oubliez pas que l'eau a un poids : coincez les bords sous des cailloux.
La rosée est le résultat de l'application des principes de base de la thermodynamique. Tandis que le sol se rafraîchit très vite à la nuit tombée, les vapeurs d'eau plus chaude se trouvant dans l'atmosphère se condensent. Plus le différentiel de température est élevé, comme en montagne, plus il y aura de rosée. Souvenez-vous de ce dicton : « Rosée du matin, tout va bien ». En effet, la rosée se forme en abondance lors des nuits dégagées et fraîches caractéristiques du beau temps. Utilisez ces sols humides le matin.
Le piège à rosée se sert de ce principe pour collecter de l'eau. Creusez un trou de 45 centimètres de

profondeur et couvrez les parois et le fond d'un matériau étanche ou d'argile. Remplissez de pierres lisses afin d'encourager la condensation qui sera ensuite piégée dans le fond du trou.

Beaucoup plus simple : passez votre t-shirt sur le feuillage pour recueillir la rosée du matin ou marchez dans les hautes herbes avec du tissu enroulé autour de vos jambes et essorez-le dans votre bouche. Cette technique a sauvé de nombreuses vies et a permis de boire à de nombreux survivants échoués au cœur des régions les plus arides du globe.

DISTILLATEURS

S'il n'y a aucun signe de pluie, si vous vous trouvez dans une zone où il n'y a guère de végétation et disposez d'un matériau étanche – polyéthylène, plastique, toile, peu importe – vous pourrez toujours collecter la rosée dans un distillateur solaire.

Suspendez le textile au-dessus d'un trou creusé en terrain plat, comme pour un piège à rosée. Mais cette fois, au lieu de collecter la pluie qui coule au-dessus de la bâche, vous recueillerez la condensation qui se forme au-dessous. À la chaleur du jour, l'humidité du sol va remonter et se concentrer sur la face plus fraîche du tissu.

Un galet, posé au milieu de la bâche, attirera les gouttelettes vers le centre et leur permettra de couler dans un récipient.

Cette méthode peut produire près d'un demi-litre en vingt-quatre heures. Augmentez cette production en ajoutant de la végétation dans le trou… ou en urinant dedans !

CONDENSATION VÉGÉTALE

Comme nous, les végétaux sont constitués en grande partie d'eau. On peut la leur soutirer en attachant des sacs en plastique autour des branches, des feuilles des plantes grasses ou des buissons exposés directement au soleil. Assurez-vous que le sac ne soit pas en contact avec les feuilles afin de ne pas freiner la condensation.

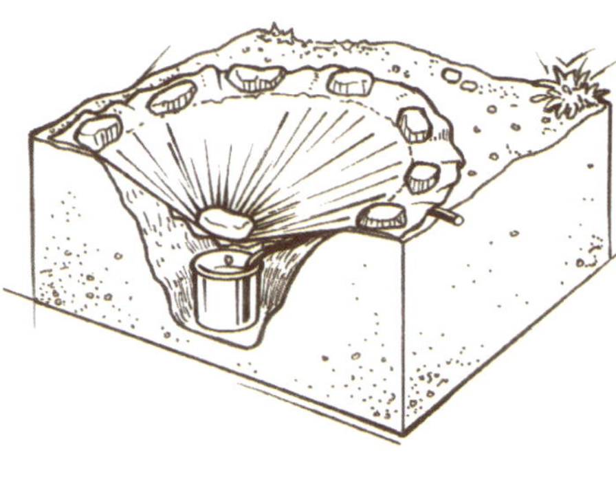

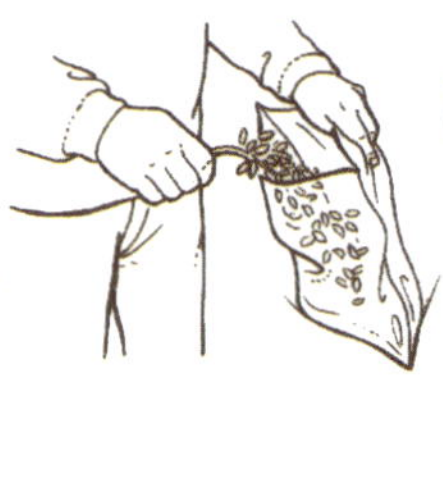

Purification de l'eau

Mieux vaut ne pas boire du tout plutôt que de boire de l'eau contaminée. Prévoyez toujours le pire et évitez les risques. Même les rivières les mieux oxygénées peuvent grouiller de microbes intestinaux. Quant à l'eau fondue issue de la glace ou des glaciers, elle peut contenir des bactéries. Les giardias, petits parasites intestinaux responsables de diarrhées chroniques, se reproduisent souvent dans les eaux de montagne apparemment claires. En général, plus l'eau se trouve loin de sa source, plus elle risque d'être contaminée.

L'eau collectée dans l'atmosphère ou les plantes, ou grâce à des distillateurs, a l'énorme avantage d'être toujours pure. Cependant, il reste possible dans la plupart des situations de purifier une eau manifestement douteuse. De nombreuses personnes voyagent avec des comprimés de purification ou de l'iode lorsque l'eau en bouteille est rare. Vous en avez donc peut-être sur vous. On peut

Joie intense au sommet d'une crête du parc national de Yosemite en Californie.

également confectionner un système de purification basique à l'aide d'un t-shirt, d'un foulard ou même d'une chaussette remplie de sable.

Mieux vaut ne pas boire du tout que de boire de l'eau contaminée. En général, plus l'eau se trouve loin de sa source, plus elle risque d'être contaminée.

Toutefois, la méthode la plus efficace, sans exception, à condition que vous ayez du feu, suffisamment de combustible et que vous soyez à une altitude où l'eau bout à 100°C, reste de faire bouillir l'eau pendant au moins cinq minutes. Ce qui permettra de tuer 99,9 % des cochonneries pouvant vous rendre malade.

Sur l'Everest, dans notre camp d'altitude à 8000 mètres, l'air est si peu dense que l'eau bout à seulement 70°C, une température insuffisante pour tuer les bactéries – toutefois comme nous ne buvions que de la neige et de la glace propres, fraîches et fondues, nous nous en sommes sortis en appliquant une règle simple : ne pas faire fondre ce qui est jaune !

TROUVER DE LA NOURRITURE

À cette époque de l'année, la montagne regorge probablement de nourriture. La nature est généreuse et donc, en théorie, vous y trouverez un régime équilibré : glucides, protéines, vitamines, minéraux et fibres. Souvenez-vous qu'à de rares exceptions près vous pouvez manger des morceaux de tout ce qui rampe, nage, marche et vole.

Inconvénient, votre recherche de nourriture va constamment saper vos réserves d'énergie. N'oubliez donc pas les deux règles d'or de la recherche de nourriture en situation de survie : ne gaspillez pas plus d'énergie à trouver de la nourriture qu'elle ne vous en procurera et ne laissez passer aucune occasion de vous nourrir. N'ayons pas peur de massacrer le vieux proverbe : « Un tien dans le ventre vaut mieux que deux dans la nature ».

L'idée de pourchasser des animaux vous plaît peut-être, mais il s'agit d'une méthode plutôt inefficace. En règle générale, mieux vaut poser des pièges, se reposer, et les laisser faire tout le boulot. Une fois que vous aurez confectionné pièges ou collets, vous pourrez les réutiliser. Souvenez-vous d'un autre proverbe : « Le mieux est l'ennemi du bien ». Vos pièges n'ont pas besoin d'être des chefs-d'œuvre ! On leur demande uniquement d'être simples et de fonctionner. Bref : si ça marche, c'est suffisant !

En gardant toujours ces règles d'or en tête, explorons maintenant les ressources de nourriture disponibles en montagne et pesons le pour et le contre.

À de rares exceptions près, vous pouvez manger des morceaux de tout ce qui rampe, nage, marche ou vole.

Arbres, plantes, noix et baies

Aux altitudes les plus faibles de la plupart des chaînes montagneuses du monde entier, vous découvrirez une végétation comestible. Il existe plus de 300 000 plantes classifiées sur la planète, dont 120 000 comestibles (parmi lesquelles 10 000 poussent en Europe). Les parties les plus riches en énergie se trouvent dans les racines et dans les graines, noix ou fruits. Quant aux feuilles, elles se révèlent plutôt riches en vitamines.
Reste un petit problème. Vos voisins, des caribous aux grizzlis, en passant par les oiseaux, les écureuils et les rongeurs, ont largement eu le temps de faire le tri entre les plantes comestibles et celles qui vous donnent la migraine ou une diarrhée carabinée. Si à leur menu certains plats sont également comestibles pour l'homme, d'autres ne le sont pas.
Alors que faire ? Ce n'est pas le moment d'expérimenter à l'aveuglette : vous devez être sûr à 100 % de votre identification. Dans une situation déjà désespérée... un empoisonnement n'améliorera sûrement pas les choses. Mieux vaut s'en tenir à quelques règles simples et facilement mémorisables concernant les plantes et baies, et chercher d'autres sources de nourriture pour compléter votre régime alimentaire.
Donc, n'oubliez pas :

ARBRES, PLANTES, HERBES

- Les plantes qui poussent dans l'eau ou sur terrain humide sont souvent les plus goûteuses et les plus nutritives.
- La plupart des racines, bulbes et tubercules sont sans danger, mais doivent être cuits pour devenir digestes.
- Toutes les fougères sont sans danger une fois bouillies.
- Toutes les parties du sapin sont comestibles, ainsi que la plupart des parties du pin. Les épicéas possèdent une pulpe sucrée sous l'écorce à la base du tronc. Peler et gratter.
- La plupart des feuilles (arbres et plantes) sont comestibles, mais évitez les sèves blanchâtres.
- Les plantes blanches, rouges, couvertes d'épines ou de poils sont probablement toxiques.
- Les extrémités et graines de toutes les herbes sont comestibles et sont une source précieuse de protéines, mais il faut parfois

faire bouillir les tiges. Attention à la présence d'ergot toxique (mais facilement reconnaissable). Il ressemble à une petite hampe noire qui pousse parmi les graines.
- La massette, sorte de jonc, pousse près des eaux calmes dans le monde entier. On la reconnaît facilement à son épi qui ressemble à un bouchon en liège pour la pêche (certains évoquent une saucisse sur une brochette). Les racines comestibles contiennent près de 46 % de féculents et 11 % de sucres. Elles peuvent être mangées crues – lavez-les dans l'eau courante pour en ôter les parasites – ou cuites sur la braise. La pulpe riche en amidon que vous retirerez du feu à un goût proche de la châtaigne.
- Attention à la ciguë. Si vous en mangez, elle peut vous tuer en quelques heures… demandez donc à Socrate ! Cette herbe bisannuelle atteint deux mètres cinquante de haut et possède des feuilles triangulaires finement divisées dont la base gaine la tige tachetée de pourpre. Les feuilles fraîches et les racines ont une odeur fétide, désagréable, rappelant le panais. Les jolies petites fleurs blanches groupées en ombelles fleurissent au début de l'été. Le fruit de la ciguë est petit, plat et strié. La consommation provoque nervosité, tremblement, perte de la coordination, paralysie, coma, puis mort.

FRUITS ET BAIES

- Les fruits uniques présents à l'extrémité d'une tige sont généralement comestibles.
- Les baies bleues ou noires sont généralement comestibles, les blanches et jaunes incomestibles ; quant aux rouges, il faut faire attention. (Les myrtilles contiennent beaucoup d'antioxydants… si vous en trouvez dans la nature, mangez-les toutes !)
- Les baies et fruits composés (comme la framboise ou la mûre) sont toujours comestibles.
- Tous les fruits uniques à cinq pétales au bout d'une tige unique appartiennent à la famille des rosiers. L'un des meilleurs exemples reste le cynorrhodon, riche source de vitamines A et C, excellent une fois infusé en tisane.

NOIX ET GRAINES

- Étudiez les autres animaux, comme les cerfs, qui passent une bonne partie de leur temps à chercher noix et graines. Observez également le comportement des animaux fouisseurs, tels le cochon sauvage, et imitez-les.
- Tous les arbres qui portent des cônes produisent des fruits comestibles. Quant aux aiguilles de pin, elles sont riches en vitamine C.

CHAMPIGNONS

- Même si certains champignons ont l'air appétissant, à moins d'être un expert, n'y touchez pas. La cuisson ne fait pas disparaître le poison d'un champignon vénéneux et la sentence pour avoir choisi le mauvais peut s'avérer mortelle.
- Si vous devez absolument en manger, la règle consiste à éviter les lamelles blanches pour privilégier

celles tendant vers le marron. Essayez un minuscule morceau sur votre langue et attendez cinq minutes. Testez ensuite un petit morceau et attendez trente minutes. Continuez avec beaucoup de précaution.

Insectes, larves et vers

Peu d'entre nous salivent à l'idée d'un petit déjeuner composé d'asticots, de scarabées ou de vers de terre. Mais dans la réalité, quand notre vie est en jeu, nous ne pouvons nous permettre le luxe de céder au facteur « Beurk ! ». En de nombreuses occasions, alors que la faim me tiraillait, je me suis rendu compte que le facteur « Beurk ! » ne posait plus du tout le même problème qu'à la maison. Et je vous le dis alors que, d'habitude, je suis plutôt du genre difficile !

Ce qu'il y a de bien avec ce genre de bestioles rampantes, c'est qu'elles représentent la forme de vie la plus abondante sur la planète et qu'on les attrape facilement. Elles sont en outre composées de 80 % de protéines (à comparer aux 20 % du bœuf...). Bizarrement, j'ai tout de même l'impression que les chaînes de restauration rapide ne proposeront pas de sitôt des Scarabées Burgers.

Les asticots contiennent environ 70 calories pour 30 grammes ; donc si vous êtes coincé et que vous ne dépensez guère d'énergie, vous pouvez survivre en consommant une poignée d'asticots par jour. Avant de vous en régaler, toutefois, n'oubliez pas d'arracher la tête et de la recracher... ils sont bien meilleurs « préparés » ainsi.

Si vous en récoltez beaucoup, faites-les griller avant de les manger ou cuisez-les, séchez-les, puis réduisez-les en poudre que vous intégrerez dans vos ragoûts. Vous pouvez administrer les mêmes préparations aux différents vers.

Quand je dois manger des asticots, des limaces ou des vers (et j'en ai dégusté de très longs et de très moches), je préfère les avaler tout rond. J'en tire ainsi les bénéfices, sans les inconvénients, c'est-à-dire la sensation dégoûtante du pus giclant dans votre bouche que vous éprouverez si vous les mâchez.

Au cours de l'été, dans l'hémisphère Nord, il existe un moyen très efficace de collecter les larves de fourmis rousses pour se préparer un petit en-cas d'urgence sur le pouce. Si

Si vous en êtes réduit à manger des limaces, mieux vaut les avaler tout rond !

vous tombez sur une fourmilière, étendez une bâche, puis éventrez le nid. Jetez ensuite les fourmis, les morceaux de nid et les larves au milieu de la bâche, avant de rouler les bords pour créer des zones d'ombre. Les fourmis vont se précipiter pour mettre les larves à l'abri. Au bout de quelques minutes, vous pourrez les récolter et les manger. Elles ne sont guère appétissantes, un peu comme du riz soufflé, mais il s'agit d'un repas nutritif, rapide et à forte teneur en protéines.

L'avantage avec ces bestioles qui rampent, c'est qu'il s'agit de la forme de vie la plus abondante sur terre et qu'on les attrape facilement.

CONNAISSANCE DES INSECTES

- Larves, sauterelles, scarabées, asticots, fourmis, termites et vers (mieux vaut les laver dans l'eau avant de les déguster car ils portent des bactéries) sont comestibles.
- Tout ce qui est couvert de poils, très coloré, tout ce qui pique, mord ou sent mauvais est incomestible. Par exemple : chenilles, araignées, tiques, mouches ou moustiques.
- La plupart des insectes peuvent être mangés crus. Si la majorité se révèle vraiment ignoble, les larves d'insectes sont fades et certaines espèces de fourmis s'avèrent plutôt bonnes en raison du miellat qu'elles transportent.
- Les insectes tels que les scarabées ou les sauterelles, à la carapace dure, peuvent porter des parasites, ôtez donc ailes et pattes, et faites les cuire avant de les manger.
- Si malgré tout vous êtes encore réticent, broyez les insectes pour les réduire en pâte que vous mélangerez à des racines. Ce complément alimentaire pourra faire la différence.

Poissons

Quand il y a des montagnes, il y a des vallées ; et là où il y a des vallées, on trouve des rivières poissonneuses. De toutes les sources de nourriture disponibles en altitude que j'ai étudiées jusqu'à présent, le poisson est, de loin, la plus délicieuse.
On peut confectionner des hameçons à l'aide d'épines, d'os ou de plumes comme le faisaient nos lointains ancêtres ; des lignes à partir de matériaux fibreux tels les tiges d'ortie, des fils déroulés de vos vêtements ou d'une corde. Mais en premier lieu, votre meilleure chance reste d'essayer de piéger votre proie et d'utiliser vos mains.

PIÈGES, HARPONS ET « CHATOUILLIS »

Parfois les poissons se piègent tout seul – dans une flaque, par exemple, quand le niveau de la rivière, l'été, a baissé tout à coup. Cherchez-les en priorité. Si vous n'en trouvez pas, une connaissance rudimentaire de leur comportement vous permettra de savoir où ils se cachent. Ensuite, vous pourrez les conduire dans un

piège que, à l'instar de tout grand chef, vous aurez eu le soin de préparer avant.
Les poissons, comme nous, mangent et respirent. Donc, ils aiment l'eau claire et bien oxygénée. Ils préfèrent se nourrir le matin, en fin d'après-midi ou la nuit (d'où la nécessité d'une torche) ; des moments de la journée où ils sont donc plus faciles à repérer.
La courbe extérieure d'une rivière à débit rapide est moins profonde : il s'agit d'habitude d'un terrain plus fertile. Comme nous, les poissons cherchent l'ombre quand il fait trop chaud et le soleil quand il fait frais. En pleine journée, cherchez au pied des berges.
À partir de ces quelques connaissances et après avoir localisé un bon site, vous construirez un piège en entonnoir simple avec des galets, des branchages ou une bouteille en plastique découpée (voir schéma) dans lequel s'engouffrera le poisson sans pouvoir en ressortir. C'est très efficace quand les poissons se déplacent en banc pour frayer. Appâtez dans la bouteille, si possible,

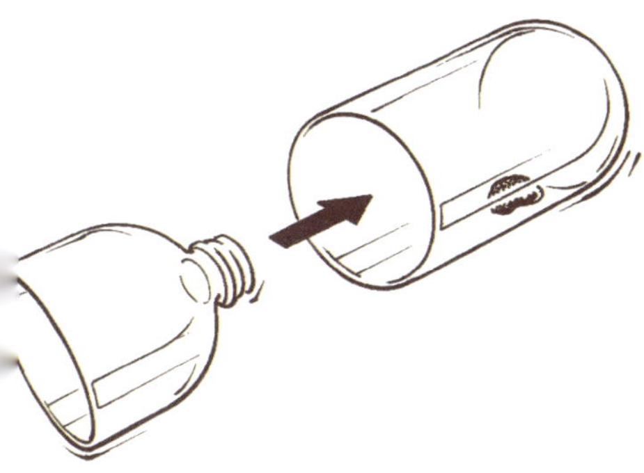

avec des insectes ou les viscères de prises précédentes.
La pêche au harpon s'avère une autre option, mais le poisson se cache souvent sous les rochers, ce qui rend le harponnage difficile. N'oubliez pas de viser derrière le poisson afin de tenir compte de la réfraction de l'eau.
Vous pouvez également essayer de « chatouiller » votre proie en plongeant doucement vos mains dans l'eau, paumes tournées vers le haut et doigts légèrement fléchis. Localisez le poisson, touchez-le sans lui faire peur (attention, difficile !), puis saisissez-le vivement. Il vous faudra de la chance. Cette pêche n'est pas aisée, mais avec un peu de patience, elle fonctionne.
De bonnes astuces :

- Commencez en aval du poisson.
- Laissez votre main refroidir pour atteindre la même température que l'eau.
- Approchez les poissons par derrière sans les effrayer avec votre ombre.

Passez la main au-dessus, puis plongez-le dans la vase pour avoir le maximum de prise sur ses écailles glissantes. Enfin, sortez-le de l'eau.
Sinon, vous pouvez également passez la main sous le poisson, le « chatouiller » en effleurant doucement son ventre pour imiter la caresse des flots, puis le saisir vivement et le sortir.
J'ai employé ces deux méthodes avec succès et j'ai même dégusté le poisson cru, quelques secondes après l'avoir pêché. Attrapez-le par

Les lignes de fond nocturne : une pêche efficace et économique. Laissez-les faire tout le boulot à votre place.

les branchies et mordez le dos. Si les parasites aquatiques posent un problème dans la région, secouez le poisson avant de le manger.
Les poissons se montrent plus dociles une fois coincés dans des flaques. L'oxygène se faisant plus rare dans l'eau stagnante, leurs réactions ralentissent. Voilà pourquoi ils sont plus faciles à attraper.
A contrario, essayez d'avancer au milieu des flots. Soulevez le maximum de boue et de vase, puis descendez le courant. Tout ce remue-ménage va conduire les poissons vers les berges à la recherche d'une eau plus riche en oxygène. C'est un bon site pour « chatouiller » la truite, en aval de l'endroit où vous avez troublé le lit de la rivière.

LIGNES DE FOND

La meilleure méthode reste toutefois la ligne de fond confectionnée grâce à des fils que vous récupérerez sur vos vêtements ou sur n'importe quel cordage, et d'hameçons faits à partir d'épines, de fils de fer. Vous les poserez de nuit. Attachez cinq hameçons ou plus sur la ligne lestée par un caillou au milieu de la rivière et attachée à l'autre extrémité sur la rive. Appâtez avec poisson, viscères de gibier, vers ou insectes. Si vous n'avez rien de tout cela, essayez un leurre brillant constitué de n'importe quel petit objet métallique. Posez les lignes avant la nuit et inspectez-les le matin. Chaque prise tend à attirer les autres, en particulier s'il n'y a pas beaucoup de nourriture, car les poissons sont de nature curieuse. Vous pouvez placer autant de lignes que vous le souhaitez. J'ai fait de nombreux repas grâce à cette méthode. Je vous conseille de partir sur un ratio de 20 % : c'est-à-dire de cinq lignes pour un poisson. Les lignes de fond nocturnes : une pêche efficace et économique. Laissez-les faire tout le boulot à votre place.

Gibier, serpents et rongeurs

Bien que potentiellement abondant dans de nombreuses régions montagneuses, le gros gibier, les cerfs par exemple, s'avère très compliqué à chasser à moins que vous ne portiez une arme. Par conséquent, en premier lieu, mieux vaut se concentrer sur des animaux plus petits, comme les serpents ou les rongeurs, à la fois plus faciles à traquer et à préparer.

Comme nous l'avons vu dans le chapitre 1 (voir pages 57-59), il est relativement simple de confectionner des collets, même si vous ne devez les utiliser qu'en situation de vie ou de mort, car ils demeurent illégaux

dans de nombreux pays. Étudier le comportement et les habitudes de votre proie sera toujours payant. Beaucoup d'animaux emploient systématiquement les mêmes pistes pour trouver de l'eau et de la nourriture ; elles deviennent ainsi le lieu idéal pour poser un piège.

Les animaux comme les lapins peuvent également être tués à l'aide d'une lance ; cette arme est assez facile à réaliser. Il suffit de choisir un jeune arbre robuste et fin, et de tailler son extrémité en pointe à l'aide d'un couteau ou d'une pierre aiguisée avant de la durcir au feu. Appâtez devant les terriers, asseyez-vous et attendez. Cette méthode est cependant moins efficace que les collets qui vous permettent de dormir pendant qu'ils travaillent à votre place.

Essayez également d'enfumer les animaux pour les faire sortir de leur tanière. Bloquer toutes les entrées à l'exception de deux : devant la première, allumez un feu et devant la seconde posez un filet ou creusez une petite fosse. Gardez une lance à portée de main afin de tuer

J'ai vidé ce lapin à l'endroit où je l'ai capturé. Je peux maintenant le rapporter au camp.

votre proie ; si elle est coincée dans le filet, abrégez ses souffrances en attrapant ses pattes arrière et sa nuque ; d'un coup sec, rompez-lui le cou. N'oubliez pas : quand vous abattez un animal, soyez ferme et résolu. Une tentative hésitante ne vous avancera guère. Ni vous, ni la pauvre bête !
Autre technique : reliez quatre épingles de sûreté pour en faire un barbillon en forme d'ancre. Vous pouvez ensuite l'appâtez et le jeter dans le terrier d'un lapin ou le laisser à l'extérieur pour chasser des oiseaux.
Si vous trouvez, localisez et tuez un serpent – comme je l'ai souvent fait – il est ensuite assez facile de le dépecer et de faire cuire sa chair à la broche au-dessus d'un bon feu. Il s'agit d'une source délicieuse de protéines et de lipides.
Piégez le reptile en coinçant sa tête sous un long bâton avant de l'écraser sous un caillou. Répétez l'opération pour être bien sûr qu'il est mort… mieux vaut éviter de mettre un serpent en colère !
Dépecez-le en coupant la tête avant de tirer la peau vers l'arrière pour la séparer du corps. Les viscères viennent avec la peau, laissant la chair propre, prête à cuire.
Pour la cuisson proprement dite, enroulez le serpent autour d'un bâton en coinçant une extrémité dans une fente taillée et en attachant l'autre à l'aide d'une liane. On peut aussi le faire cuire simplement à la braise.
Souvenez-vous qu'une grillade sur un feu clair va faire sécher la viande et lui faire perdre une humidité précieuse et des nutriments… mais c'est un délice. Choisissez le meilleur moyen de cuire votre viande (grillée ou à l'étouffée) en fonction des ressources environnantes en nourriture et en eau.
Lorsque j'étais dans les SAS, j'ai vu des hommes du désert qui transportaient dans leur sac à dos des serpents à sonnette dont ils avaient cousu la gueule. Quand ces nomades voulaient de la viande, elle était fraîche et vivante, même cinq jours après la capture. Une bonne astuce !

ORIENTATION ET DÉPLACEMENT

J'espère que vous avez maintenant établi votre camp et trouvé des ressources fiables en eau et en nourriture. Vous avez peut-être eu, en plus, la possibilité de vous reposer et de tirer un premier bilan de la situation. S'il n'y a aucune chance que vous soyez repéré depuis les airs et que votre approvisionnement se révèle précaire, se déplacer n'est pas qu'une option : il s'agit d'un impératif.
En effet, si vous vous trouvez à très haute altitude, descendre peut vite devenir vital afin d'éviter le Mal Aigu des Montagnes (MAM). Si les symptômes n'apparaissent généralement pas avant 36 heures, à plus de 3 500 mètres au-dessus du niveau de la mer, tout le monde ou presque en souffre d'une manière ou d'une autre.

Si vous vous retrouvez à très haute altitude, descendre peut devenir un besoin vital pour éviter le Mal Aigu des Montagnes (MAM).

Avant de partir, ne perdez pas l'occasion d'emporter le maximum. Soyez imaginatif. Demandez-vous ce qui vous sera utile pour rejoindre la civilisation dans les vestiges de votre appareil ou de votre parachute. De nombreux objets conçus pour un usage sont construits dans des matériaux qui en autorisent de nombreux autres. Une boîte de conserve fait une casserole improvisée hors pair ; des sacs plastiques peuvent contenir de l'eau ; des câbles servent à confectionner des collets et l'aimant trouvé dans n'importe quel haut-parleur sera employé comme boussole (voir chapitre 1, page 40).

L'un des objets les plus utiles, surtout en montagne, reste une corde. Quand j'atterris en parachute – ce qui m'arrive souvent – la voilure et les cordages que je récupère s'avèrent les compagnons essentiels de mes aventures. Les voilures des parachutes sont faites dans un matériau hyper résistant, indéchirable et imperméable qu'on peut utiliser pour tout : du sac à dos de fortune à la construction d'un abri. Les suspentes elles-mêmes sont précieuses. Cordages et cordes connaissent des usages illimités dont la descente en rappel d'une falaise ou d'un ravin pour trouver de la nourriture ou de l'eau. (Voir Techniques de la descente en rappel, pages 117-118.)

Il n'y a qu'un principe de base : soyez inventif, faites preuve d'imagination et n'oubliez jamais que « nécessité fait loi ». Quand le besoin s'en fait sentir, les survivants trouvent toutes sortes d'astuces grâce aux objets les plus ordinaires. Comme découvrir qu'une pellicule photo s'avère un excellent combustible primaire, ou initiateur, pour démarrer un feu en urgence. Elle brûle très fort et très clair en n'ayant besoin que d'une étincelle pour s'allumer.

L'efficacité de vos mouvements quand vous vous déplacez se révèle cruciale. Votre énergie vaut de l'or et rien ne vous démoralisera

Le parachute s'adapte à tous les usages.

plus que d'être obligé de revenir sur vos pas, avec peut-être cette fois, en plus, la gravité qui joue contre vous. Donc, au moins autant que votre tête, utilisez vos yeux. Si vous êtes déjà en hauteur, tentez de trouver un panorama afin d'avoir une vision d'ensemble de votre situation. Essayez de mémoriser les contours principaux du paysage et quelques repères caractéristiques. (Et surtout, n'oubliez pas : ne faites pas la même erreur que moi en Nouvelle-Zélande où je me suis retrouvé coincé à mi-pente sur une falaise !)

La voilure des parachutes est faite d'un matériau ultra résistant, indéchirable et imperméable ; on peut l'utiliser pour tout faire : d'un sac à dos de fortune à la construction d'un abri.

Il existe une règle d'or pour trouver son chemin ; on la serine à chaque recrue des SAS avant qu'elle commence la phase de sélection qui se déroule en montagne : « Si tu es perdu, descends pour trouver un ruisseau, suis le ruisseau jusqu'à la rivière, ensuite longe la rivière jusqu'à la civilisation... Et appelle-nous... Tiens, voilà une pièce de 10 pence – Et surtout, ne la perds pas ! » Rustique, mais efficace !

Orientation

Pour l'instant, la tâche la plus pressante consiste à vous orienter. Sans connaître les points cardinaux, vous n'irez nulle part. Décrire des cercles quand vous avez faim n'a de sens que si vous êtes un vautour...
Comme nous l'avons vu dans le premier chapitre, il n'y a rien de plus précieux que d'apprendre à s'orienter en utilisant les étoiles, le soleil et la lune, ou de savoir fabriquer des ustensiles improvisés comme une boussole à l'aide d'une aiguille aimantée ou encore de connaître certaines méthodes à l'instar de celle du bâton et de l'ombre. Mais dans la montagne, vous ne pourrez pas avancer en ligne droite pendant très longtemps. Le temps peut-être nuageux et votre boussole de fortune, capricieuse. Que vous soyez capable d'employer ces méthodes ou non, il vous faudra régulièrement confirmer votre direction en franchissant des terrains souvent inhospitaliers. Afin d'y arriver, comprendre certains indices que la nature nous dévoile s'avère inestimable.

De l'emploi des signes de la nature

La nature vous laisse de nombreux indices quant à votre orientation. Si vous connaissez la direction du vent dominant et que les arbres et buissons sont inclinés, vous en déduirez votre position. Les pentes connaissent des végétations extrêmement différentes en fonction de leur orientation. Plus hautes, plus denses, les branches à l'horizontale car ces plantes reçoivent plus de soleil... c'est la pente côté sud. Au nord, les branches auront tendance à pousser à la verticale pour aller chercher ses rayons.

Sur un arbre isolé, la mousse, qui préfère l'ombre, proliférera plutôt au nord ; les arbrisseaux seront plus clairs du côté ensoleillé (une forme naturelle de crème solaire) et plus sombres de l'autre. Les rayons solaires ont une action blanchissante, donc sur une roche noire, la partie la plus claire donne probablement au sud. De la même façon, les anneaux du tronc d'un arbre abattu seront plus épais vers le sud.

Sur un glacier, les rochers tombent souvent vers le sud. L'ombre qu'ils portent ralentit la fonte et on les voit perchés sur de petits piliers gelés. Comme le soleil venu du sud va les faire fondre, le rocher tombera dans cette direction. Un rocher isolé ne suffit pas pour employer cette méthode, mais si vous en voyez plusieurs effondrés dans le même sens, il s'agit d'une bonne indication : vous regardez le sud.

Tous ces indicateurs fonctionnent en sens inverse dans l'hémisphère Sud, bien entendu, et aucun ne doit être utilisé seul. Il s'agit des pièces d'un puzzle et si les pièces s'ajustent avec bonheur, vous obtiendrez un tableau d'ensemble qui vous permettra de jauger votre situation de façon plus efficace.

Négocier les vallées fluviales

Bientôt, vous descendrez sans doute au creux d'une vallée fluviale. Or les rivières présentent une grande incertitude. D'un côté, elles fournissent une quantité illimitée d'eau et un itinéraire vers la sécurité – elles mènent souvent vers des camps, des routes, des ponts, un lac, voire la mer – mais elles ne sont pas exemptes de danger. En cas d'averses orageuses, des crues éclair peuvent se former avec une vitesse terrifiante, en particulier l'été lorsque l'eau dévale beaucoup plus vite les pentes arides. Quand j'étais militaire, en Afrique du Nord, j'ai vu un oued desséché devenir un torrent impétueux en quelques heures. Heureusement, nous avions déplacé notre campement peu de temps auparavant.

Suivre les berges n'est pas forcément très simple. Marais, marécages ou ravins infranchissables peuvent signifier que vous allez devoir rebrousser chemin. La construction d'un radeau ou d'un ustensile de flottaison improvisé, et leur utilisation peuvent parfois s'avérer trop risquées.

Première tâche : estimer le risque présenté par la rivière. L'eau est-elle très froide ? Très profonde ? Le courant est-il rapide ? Quels obstacles se trouvent en amont et en aval ? La rivière est-elle traversée par des courants dangereux et inconnus ? Suis-je au meilleur endroit pour me jeter à l'eau et où vais-je en sortir ?

J'essaie de passer sous un embâcle, c'est-à-dire un amoncellement de bois flotté, dans un canyon isolé de l'Utah.

En général, les rivières se montrent plus étroites et moins profondes en amont : il s'agit peut-être d'une option si vous devez traverser ce cours d'eau.

Les rivières présentent une grande incertitude. Elles fournissent une quantité illimitée d'eau et un itinéraire vers la sécurité… mais elles ne sont pas exemptes de danger.

Si vous pouvez l'éviter, n'entrez pas dans une rivière inconnue. Attention aux blessures et à l'hypothermie. Dans les montagnes Rocheuses, j'ai souffert des deux et j'ai difficilement réussi à m'en sortir en un seul morceau, tremblant de froid et contusionné. Le plus malin : s'efforcer de garder ses vêtements au sec, à tout prix.

On peut confectionner un radeau en reliant des rondins (voir schéma dans le chapitre Jungles, page 206), mais on les emploie généralement dans les rivières paresseuses des tropiques. En montagne, les rochers et le courant risqueraient de les désintégrer. En règle générale, les dispositifs de flottaison qui vous permettent de garder la tête hors de l'eau s'avèrent une meilleure option : des morceaux de vêtements – les jambes d'un pantalon, par exemple – remplis d'air et de fougère, et noués, ou un sac à dos bourré de bouteilles en plastique. Le secret consiste à tenir votre dispositif de flottaison devant vous et à ne pas mettre tout votre poids dessus afin de ne pas le faire couler. Laissez-vous porter par le courant avec les pieds toujours en avant afin de parer à tout obstacle se trouvant devant vous.

Les vêtements ne vous offriront pas ou peu de protection contre le froid, mais ils pourront vous rassurer psychologiquement et protéger votre peau des écorchures. Gardez donc, si possible, une sous-couche et assurez-vous de tenir le reste au sec, avec votre combustible primaire, par exemple, dans des sacs en plastique. Employez ces sacs reliés entre eux comme dispositif de

flottaison. Conservez votre couteau sur vous, à portée de main, au cas où l'un des sacs se prendrait dans des branches ou des racines sous-marines.
Ôtez vos chaussettes, mais gardez vos chaussures afin de protéger vos pieds et vos chevilles, toujours très vulnérables. (Après coup, avoir des chaussettes sèches se révèle indispensable pour la chaleur et le moral...)
Une fois que vous êtes dans l'eau, restez-y. Quel intérêt à trouver l'eau trop froide ou le courant trop fort, alors que vous venez de perdre votre précieuse chaleur corporelle... pour rien ? N'oubliez pas également que l'eau qui descend des montagnes reste glaciale même par une journée estivale et caniculaire. Vous aurez le souffle coupé, c'est une réaction réflexe de votre corps, et il se peut que vous en ayez ras le bol avant même d'avoir commencé. Ne plongez pas. Entrez dans l'eau doucement mais sûrement.
Si elle est extrêmement froide, vous aurez dix minutes – grand maximum – avant de souffrir d'une hypothermie sévère. Vous devez donc connaître votre objectif et surtout savoir comment sortir de l'eau avant d'y entrer.
Une fois que vous y êtes, restez toujours au plus près du courant le plus calme et souvenez-vous que dans une courbe, il est plus agité sur l'extérieur. Ne tentez jamais d'emprunter des rapides.
Toutefois, si vous ne pouvez les éviter, visez leur « langue », la zone où coule le maximum d'eau ; avec un peu de chance, elle vous mettra à l'abri des rochers affleurant. Attention aux « trous » : l'eau tombe soudain derrière un obstacle et crée un tourbillon. Si vous êtes aspiré : nagez vigoureusement vers le bord. Des mouvements à la fois déterminés, contrôlés et calmes demeurent la clé pour survivre à des rapides.

Techniques de la descente en rappel

Le rappel n'est pas une technique qu'on aborde à la légère. Réalisée selon les règles de l'art, elle est parfaitement sûre, mais mal négociée, vous avez beaucoup de chances de vous retrouver dans le pétrin. Un jour, au cœur des Rocheuses, j'ai dû descendre une falaise en rappel afin de rejoindre une route et la civilisation. Je voyais le sol et la ro-

che me paraissait solide. Alors, je me suis lancé. Mais il faut rester très prudent et posséder un bon entraînement pour affronter des escarpements importants. Si votre survie en dépend, voilà quelques explications techniques qui vous aideront sûrement à affronter les reliefs et autres falaises abruptes...

Assurez-vous que votre corde est au moins deux fois plus longue que la hauteur de la paroi. Réalisez une boucle que vous fixerez à un point d'ancrage sûr – un tronc, un rocher. Doublez votre point d'ancrage pour plus de sécurité – n'hésitez pas à vous attacher à deux ou trois arbres.

Soyez attentif à tout bord tranchant susceptible de fragiliser ou de couper votre corde au moment où elle sera à sa tension maximale. Au cas où, garnissez-les de branches vertes et flexibles qui protégeront votre « ligne de vie ».

Face au point d'ancrage, passez la corde doublée entre vos jambes, puis à l'arrière de votre cuisse droite. Remontez-la devant vous, jusqu'à l'épaule gauche. Elle doit ensuite redescendre dans votre dos, puis repasser devant vous dans la main droite. C'est cette main qui vous permettra de contrôler votre descente.

Ensuite, prenez le brin relié au point d'ancrage à l'aide de la main gauche, posez vos pieds, écartés d'environ 45 centimètres, sur le bord de la falaise et penchez-vous en arrière. N'essayez pas de supporter votre poids à l'aide de la main gauche, mais laissez-vous aller dans votre « harnais ». Descendez doucement mais sûrement la falaise en contrôlant votre vitesse.

Inutile d'ailleurs d'aller très vite... vous ne faites pas partie d'un commando. N'oubliez pas : « Prudence est mère de sûreté »... Mieux vaut une descente assurée et régulière, par petits sauts freinés.

Une fois en bas, vous pourrez récupérer votre corde en tirant sur l'un des brins.

MONTAGNES MOUVANTES

Vous avez peut-être comme objectif l'efficacité dans vos déplacements. Mais comment y arriver sur un terrain par nature très exigeant pour le corps humain? Dans la mesure du possible, l'observation de ces règles pourra certainement vous aider à y parvenir.

- Choisissez toujours le chemin qui vous semble le plus simple et le plus sûr.
- Gardez une allure confortable et faites des pauses régulières. (Je prends toujours cinq minutes par heure et je m'y tiens religieusement. N'attendez pas d'avoir des crampes.) Raccourcissez le pas en montée.
- Contournez les obstacles. Ne passez pas par-dessus et ne foncez pas dedans. Ne devenez pas non plus le « ravi de la piste » en suivant une route qui vous oriente sur la mauvaise direction uniquement parce qu'elle vous semble plus facile ! C'est une erreur classique en terrain difficile lorsqu'on est fatigué.
- Zigzaguez quand vous grimpez une pente raide. Quand vous la descendez, pliez les genoux.
- Si possible, ne grimpez pas sur des éboulis. En revanche, les descendre peut parfois vous faire rapidement perdre de l'altitude. Allongez le pas et appuyez-vous sur les talons. Si vous commencez à glisser, pensez au ski et ralentissez en effectuant des virages. Soyez très attentif : les pentes à éboulis deviennent souvent des falaises abruptes. Quand vous vous arrêtez, regardez également derrière vous, pour éviter d'être assommé par un caillou que vous auriez délogé. Généralement, il est plus sûr de se déplacer lentement et précautionneusement. La survie n'est pas un sprint, mais un marathon.
- Utilisez les contreforts rocheux pour descendre. Vous aurez une bien meilleure idée du terrain environnant.
- Prenez soin de vos pieds et faites très attention à vos chaussettes. Lorsque vous ôtez vos chaussures, gardez vos chaussettes quelques minutes supplémentaires afin que la chaleur de votre corps fasse évaporer l'humidité en excès. Évitez les aiguilles de pin qui donnent des ampoules.
- Évitez d'être habillé trop chaudement. Fuyez la surchauffe.
- Si vous vous déplacez de nuit, voyagez au clair de lune. Rappelez-vous qu'il vous faudra environ trente minutes pour bien voir de nuit (et que cette vision nocturne sera immédiatement gâchée par une lumière brillante). Si vous utilisez une torche électrique pour regarder une carte, couvrez toujours un œil afin de préserver votre vision de nuit. (Dans les SAS, nous utilisions toujours du ruban adhésif opaque pour ne laisser filtrer la lumière que par un trou de la taille d'une tête d'épingle.)

RISQUES NATURELS

La perspective de voir l'un des plus grands prédateurs dans son milieu naturel a quelque chose de magique pour beaucoup d'entre nous. Mais tout seul, perdu dans la montagne, vous prierez bientôt pour ne pas le rencontrer. L'image naïve d'un nounours en peluche se dissipera rapidement si vous pénétrez en territoire grizzli.

Toutefois, cette peur est sans doute exagérée. Les risques d'être attaqué et tué par un animal sauvage s'avèrent beaucoup plus faibles que la possibilité de mourir de déshydratation ou d'épuisement.

Comme de nombreux prédateurs se montrent fuyants et évitent tout contact avec l'homme – l'once ou panthère des neiges, par exemple – vous avez davantage de chances de gagner au loto plusieurs fois de suite que de vous faire croquer.

Certains, cependant, tels les grizzlis représentent une menace sérieuse. Sans pour autant vous viser

En général, les ours n'attaquent que s'ils sont surpris ou menacés.

particulièrement, ils peuvent s'intéresser à vos réserves et vous dévorer au passage. Dans la nature, on n'est jamais trop vigilant quand on prépare et entrepose sa nourriture et ses appâts.
Toutefois, à moins donc qu'il y ait du ravitaillement en vue, un animal ne vous attaquera que s'il est surpris ou menacé. Au cas où vous tombez par mégarde sur une grosse bête, battez calmement en retraite.
N'oubliez pas non plus que les animaux les plus massifs ne sont pas forcément les plus dangereux. Le venin d'une araignée atrax vous tuera aussi certainement que les crocs d'un lion.
Donc, avec quelques connaissances sur le comportement des animaux dangereux et, surtout, la façon de les éviter, vous devriez pouvoir échapper à ce sort funeste.

Grizzlis

En général, même des créatures telles que les grizzlis ont peur de l'homme et préfèrent l'éviter, à moins d'être affamées ou si vous envahissez par mégarde leur territoire. Ils n'attaqueront qu'en dernier recours et seulement au cas où vous pénétrez leur espace personnel. Il est très important de signaler votre présence avant qu'il soit trop tard. Si vous avez l'impression d'entrer sur le territoire d'un ours, criez et frappez le tronc d'un arbre à l'aide d'un bâton.
La meilleure stratégie, comme toujours, c'est l'évitement.

Si vous sentez qu'un ours n'est pas loin, criez et frappez le tronc d'un arbre à l'aide d'un bâton.

- Dans votre campement, entreposez toute la nourriture (si possible dans des sacs en plastique) à cent mètres au moins de votre abri, de préférence accrochée à un arbre. Brûlez tous les déchets qui pourraient avoir une odeur.
- Déranger mère ours et son petit n'est vraiment pas une bonne idée. Battez immédiatement en retraite si vous voyez un bébé ours ; sa mère n'est sûrement pas loin.
- Si vous vous retrouvez face à un ours, votre meilleure chance consiste à éviter tout contact visuel et à adopter une attitude de soumission. Reculez lentement, le corps légèrement de profil, car rester de face pourrait être considéré comme agressif.
- NE JAMAIS VOUS RETOURNER ET VOUS ENFUIR EN COURANT. L'ours vous prendrait alors pour une proie et chargerait. Il courra toujours plus vite que vous.
- Si vous êtes attaqué : jetez-vous au sol et protégez à tout prix votre cou en croisant vos doigts derrière votre nuque. Faites le mort – si votre cœur n'a pas déjà cessé de battre – pendant que l'ours vous renifle.
- S'il continue d'attaquer et que vous avez un couteau, visez les yeux et la gueule.

• Si l'ours vous laisse tranquille, ne bougez pas tant que vous n'êtes pas absolument certain qu'il est parti.

Serpents

• Les serpents ont le sang froid. Ils aiment l'ombre en été et le soleil en hiver, donc n'allez pas fourrer vos mains (ou vos pieds) dans des espaces sombres, sous un rocher, des rondins ou un buisson sans les avoir au préalable sondés à l'aide d'un bâton. (Ce qui inclut vos chaussures... le matin, secouez-les dès que vous vous réveillez.)
• Les serpents n'attaquent que s'ils sont dérangés, donc, dans une région susceptible d'abriter des serpents, si nous ne voyez pas clairement le chemin devant vous, faites du bruit avec vos chaussures et tâtez le terrain devant vous. Ils sont très sensibles aux vibrations et s'enfuiront, sauf s'ils sont acculés.
• Si vous entendez un serpent, restez immobile jusqu'à ce que vous le repériez. Ne lui tournez pas le dos, il pourrait vous attaquer. Battez lentement en retraite et à reculons.
• On tue facilement les serpents à l'aide d'une pierre ou d'un bâton en leur brisant la nuque, le plus près possible de la tête. Si vous le pouvez, maintenez-les à l'aide d'un bâton en forme de fourche.

Abeilles

• Si vous dérangez une ruche et si vous vous trouvez à plus de cinq mètres, restez immobile. Les abeilles cherchent le mouvement et pourraient vous ignorer.
• Si vous êtes attaqué, courez vers d'épaisses broussailles ou plongez dans une rivière ou un lac.
• Ne battez pas des bras. Vous les énerveriez d'autant plus et attireriez les autres dans la bataille.

La perspective de voir l'un des plus grands prédateurs de la planète a quelque chose de magique pour la plupart d'entre nous. Mais tout seul, perdu dans la montagne, vous prierez bientôt pour ne pas le rencontrer.

CONDITIONS MÉTÉO

En montagne, une brutale dégradation du temps reste l'un des risques naturels les moins prévisibles. Les conditions peuvent changer à une vitesse stupéfiante et si elles vous surprennent sur un terrain difficile, alors que vous êtes le plus vulnérable, les conséquences seront vraisemblablement très graves. Les décisions quant au moment de se déplacer ou de trouver un abri doivent tenir compte des changements probables du temps. Les prédire n'est pas une science exacte, mais la nature, comme toujours, met à notre disposition des indices significatifs.

- **Toiles d'araignées** : quand le temps est au beau fixe, les toiles d'araignées ont de longs filaments découverts et leur propriétaire les patrouille énergiquement. Quand la pluie arrive, les toiles seront plus courtes, resserrées et les araignées léthargiques resteront au centre.
- **Insectes mordeurs** : particulièrement agaçants de deux à quatre heures avant un orage.
- **Gibier se nourrissant** : cerfs, élans ou caribous dévorent quatre à six heures avant un orage.
- **Fumée** : une fumée qui monte bien droit indique du beau temps. Lorsqu'elle s'élève puis redescend, la pression atmosphérique chute, signe précurseur d'une tempête.
- **Arc-en-ciel** : un arc-en-ciel le matin indique l'arrivée du mauvais temps. En fin d'après-midi, en revanche, c'est plutôt bon signe.
- **Grande couronne solaire** : la couronne que l'on voit parfois autour du soleil ou de la lune devient plus grande quand le beau temps se profile à l'horizon et plus petite en cas de pluie imminente.
- **Le rayon vert** : un soupçon de vert au-dessus du soleil lorsqu'il se couche derrière l'horizon dans un ciel clair indique du beau temps.
- **Vent du sud** : dans l'hémisphère Nord, souvenez-vous du dicton : « Vent du midi, pluie ». Inversez dans l'autre hémisphère.
- **Le calme avant la tempête** : la plupart des créatures interrompent leurs activités juste avant l'orage, d'où ce silence inquiétant juste avant que la pluie ne tombe.
- **L'odeur** : la forêt produit une odeur particulière avant l'ondée car l'atmosphère chargée d'humidité agit comme un amplificateur.
- **Rosée importante** : signe d'une belle journée à venir. La rosée se forme grâce aux températures basses des nuits claires. Elle indique un temps stable.
- **Nuages lenticulaires** : en forme de lentilles, ils indiquent des vents d'altitude, de l'humidité et l'avance d'un front froid quand nuages et vents descendent régulièrement.
- **Traînées persistantes** : les traînées des avions qui persistent plus de deux heures indiquent une basse pression et l'arrivée du mauvais temps.
- **« Ciel rouge le soir laisse bon espoir » ; « ciel rouge le matin, pluie en chemin »** : s'applique à l'hémisphère Nord où le ciel rouge est formé de rayons solaires filtrés par des particules de poussière en suspension dans l'atmosphère calme d'une zone de haute pression. Vu le soir, il signale que la haute pression vient de l'ouest, mais vu le matin, il indique que la zone de haute pression est arrivée sur vous et donc que le temps est en train de changer.

SUR LE « GRYLLS » : SURVIVRE EN MONTAGNE

Règle 1
RÉFLÉCHIR D'ABORD – AGIR ENSUITE

Préservez votre énergie dans la montagne, c'est déjà gagner la moitié de la bataille. Considérez toutes vos options, puis agissez résolument. Si vous ne parvenez pas à concevoir un plan, c'est votre échec que vous programmez. Il faut donc avoir un projet et s'y tenir.

Règle 2
S'ABRITER DE LA TEMPÊTE

La montagne s'avère très exposée aux éléments, mais en même temps un abri y est sans doute plus facile à construire que sur les autres terrains que nous allons explorer. La nature est généreuse. Usez-en. Elle vous le rendra bien.

Règle 3
UTILISEZ L'ALTITUDE EFFICACEMENT

Utilisez toujours votre altitude afin d'étudier le terrain qui vous entoure et de vous orienter avant de descendre. Faites une carte mentale. Elle s'avérera payante plus tard.

Règle 4
OBSERVEZ LE TEMPS

En montagne, le temps change brusquement et de façon spectaculaire. Gardez toujours un œil sur le ciel. Tirez profit du beau temps, mais préparez-vous tôt si vous sentez qu'il va changer. Réglez votre instinct sur le mauvais temps ; inspirez vous de l'observation des animaux.

Règle 5
CONNAÎTRE LES RIVIÈRES

Les rivières représentent souvent une échappatoire, mais elles peuvent être très dangereuses. Ne vous mouillez pas, ne vous refroidissez pas, sauf s'il n'y a pas d'autre option. Descendez le courant – et la rivière vous mènera en fin de compte en lieu sûr.

Les nuages lenticulaires indiquent l'avancée d'un front froid.

«Il est bon parfois de se débarrasser de tous nos accessoires. Ce qui nous permet de ressentir ce qu'est la roche sous nos pieds, ce qu'est le sable.»

Madeleine L'ENGLE

TEMPÉRATURES NÉGATIVES

CHAPITRE 3

L'enjeu pour le survivant passe à un niveau supérieur lorsqu'il se retrouve sur un terrain glacé, enneigé, figé par des températures négatives.

La longue évolution de l'*Homo sapiens* s'est déroulée presque exclusivement dans les zones tempérées de notre planète. Ce n'est guère surprenant, sans doute, quand on sait que pour maintenir ses organes vitaux en ordre de marche, le corps humain doit garder une température d'environ 37°C. Si elle tombe de 2°C seulement, l'hypothermie s'installe. Dans l'hypothèse où ce processus n'est pas rapidement inversé, la mort ne tarde pas.

En réalité, il y a des exceptions notables à cette règle. Les Inuits, au nord du Canada, et les Nenets, l'une des nombreuses tribus d'éleveurs de rennes en Sibérie, font partie du club très fermé de ces peuples autochtones qui ont réussi à survivre dans cette glacière naturelle. Mais ils y sont seulement parvenus grâce à une adaptation sur plusieurs centaines d'années et à toute l'ingéniosité dont notre espèce se montre capable. En effet, qu'elle soit ancienne ou moderne, c'est la technologie – vêtements en cuir de renne ou GPS du XXIe siècle – qui nous maintient en vie sous des températures négatives.

Les environnements hivernaux les plus hostiles existent aux « extrémités » de notre planète : le plus au Sud, le plus au Nord, et sur les sommets les plus élevés. L'Arctique et l'Antarctique, qui se trouvent respectivement aux latitudes 66° 33' N et 66° 33' S, couvrent une zone plus

grande que l'Europe et les États-Unis réunis.
L'Arctique : la moitié d'une surface d'environ 14 millions de kilomètres carrés est une gigantesque masse de glace flottant sur l'océan et délimitée par une partie des terres émergées suivantes : Alaska, Canada, Groenland, Islande, Norvège et Russie. En hiver, la glace mesure entre trois et quatre mètres d'épaisseur et couvre 4 000 kilomètres de diamètre. L'été, seulement 3 000 : une zone qui réduit dramatiquement en raison du réchauffement climatique.

Le corps humain doit rester à une température proche de 37°C.

L'Antarctique, en revanche, représente 10 % de la surface terrestre, dont 95 % restent couverts de glace, même l'été. C'est la région la plus froide (et, paradoxalement la plus sèche) sur terre et des températures de près de -90°C ont déjà été enregistrées.
Enfin, les plus hauts sommets du monde, y compris près de l'équateur,

L'Antarctique couvre 10 % des terres émergées.

peuvent générer des conditions où neige et glace sont présentes toute l'année.
Cependant, ces statistiques cachent d'énormes variations dans les environnements à température négative. Qu'il se trouve au Nord ou au Sud, en altitude ou au niveau de la mer, en été ou en hiver, un survivant échoué dans ce milieu glacial et enneigé doit être capable d'affronter les risques produits par trois types de climat froid très différents : humide, venteux et d'altitude.

CLIMAT DES RÉGIONS FROIDES

Humide : l'Arctique

Un milieu à température négative crée un climat humide lorsqu'il existe un cycle « gel-dégel » se produisant tout au long de la journée. C'est ce qui arrive systématiquement quand la température moyenne est supérieure à -10°C.
Ces conditions sont beaucoup plus courantes dans l'Arctique que dans l'Antarctique. Pendant l'été arctique (dans la région polaire qui se situe dans l'hémisphère Nord), il tombe souvent de la neige fondue pendant les longues heures du jour. La glace devient très fine, voire traîtresse au bord des fragments de banquise, quand elle engendre les crevasses d'eau gelée appelées chenaux.

La bataille que vous devez mener et gagner, afin de survivre dans l'Arctique, consiste à vous tenir au sec, vous et votre équipement.

Malgré des températures plus clémentes, c'est la raison pour laquelle la survie dans l'Arctique peut s'avérer, pour différentes raisons, aussi difficile que dans l'Antarctique. En 2001, lorsque l'explorateur Børge Ousland a accompli son incroyable odyssée de 1800 kilomètres à travers l'Arctique entre la Russie et le Canada, ses plus gros problèmes tenaient davantage à l'état sans cesse changeant de la glace plutôt qu'à la température. Pendant son aventure de quatre-vingt-deux jours, il a dû marcher sur une mer gelée à l'aide de skis pour répartir son poids et éviter de briser la glace très fine, mais également grimper des falaises d'une glace déchiquetée. En effet, les vents et les courants marins font s'écraser les uns contre les autres les morceaux de banquise avec une telle force qu'ils s'élèvent parfois sur plus de quinze mètres de haut. Survivre dans l'Arctique : un processus semé d'embûches, un véritable cauchemar.
La bataille que vous devez mener et gagner, afin de survivre dans l'Arctique, consiste à vous tenir au sec, vous et votre équipement, et à éviter les températures beaucoup plus froides qui surviennent quand le refroidissement éolien s'associe à l'humidité.

Venteux : l'Antarctique

« Grand Dieu ! Quel endroit terrible ! » écrivit Robert Falcon Scott à propos de l'Antarctique en 1912. Il n'avait pas tort. Après tout, ce continent est le plus froid, le plus haut, le plus venteux et le plus glacé de tous. Paradoxalement, il est également le plus sec. Bien qu'il reçoive un peu plus d'eau que le Sahara (environ 5 centimètres par an), l'Antarctique demeure officiellement le plus grand désert de la planète.

Une famille de manchots empereurs.

La glace contient de grandes quantités d'eau, et ceci depuis des temps immémoriaux. En 2002, des scientifiques ont extrait, à l'est de l'Antarctique, des carottes de glace vieilles de plus d'un demi-million d'années. Dans l'intérieur des terres, la couche la plus épaisse mesure plus de 4700 mètres.

Le manque de précipitations et des températures inférieures à -10°C en moyenne signifie que la glace de la masse terrestre reste gelée jour et nuit, été comme hiver. (Toutefois, la banquise réduit de plus en plus.)

Plus que l'humidité donc, le principal problème pour un survivant, c'est le froid extrême exacerbé par des vents puissants, le blizzard et un refroidissement éolien potentiellement mortel. (« L'indice de refroidissement éolien » est une mesure qui combine la vitesse du vent et la température ambiante afin de calculer la température ressentie sans vent.) La bise amplifie les problèmes causés par les températures négatives et augmente dramatiquement la vitesse à laquelle le corps se refroidit. Dans l'Antarctique, on a enregistré à la fois des vents soufflant à plus de 320 kilomètres par heure et la température la plus basse du monde : -99°C à Vostok, le 21 juillet 1983.

Voyager l'hiver en Antarctique s'avère virtuellement impossible pendant les mois d'obscurité complète. Les températures varient selon la latitude, l'altitude et l'éloignement de la mer ; on observe trois régions aux climats différents :

l'intérieur, les régions côtières et la péninsule antarctique qui s'étend comme un doigt crochu vers l'Amérique du Sud. La côte se révèle de loin la plus venteuse avec un air super froid qui s'engouffre entre les falaises et produit un blizzard réduisant parfois la visibilité à quelques centimètres. Même avec les meilleurs équipements modernes, la cécité des neiges, l'hypothermie et les engelures demeurent des menaces constantes.

Altitude : la montagne en hiver

Tous les risques extrêmes des deux régions polaires s'associent à divers degrés pendant les mois d'hiver dans les plus hautes chaînes montagneuses du monde. Glaciers, crevasses mortelles ou menaces d'avalanche sont des dangers omniprésents en montagne l'hiver.

Les problèmes d'humidité, de froid, de vent, en plus des nombreux dangers engendrés par la raréfaction de l'air et l'altitude, se mêlent en une combinaison mortelle pour le survivant solitaire en haute montagne.

La clé, ici, consiste à agir tôt, à empêcher le froid de s'installer (une fois frigorifié, il est beaucoup plus difficile de se réchauffer). Il faut écouter son corps et, en cas de doute : descendre, encore descendre, toujours descendre.

CONSTRUIRE UN ABRI

S'abriter doit être votre première priorité quand vous vous retrouvez seul en milieu froid. Si le temps vous paraît clément, inéluctablement, il va changer. Et puis, de toute façon, la nuit va bientôt tomber et, avec elle, la température. Donc, il faut vous préparer le plus vite possible à l'inévitable, tant que vous en avez encore la possibilité. L'obscurité s'abat très vite, en particulier quand le soleil plonge derrière les sommets – et il reste beaucoup plus simple de trouver ou de construire un abri quand vous voyez encore quelque chose.

L'hypothermie (voir pages 171-172) peut s'installer très vite, donc retenir la chaleur de votre corps doit être en tête de vos priorités. D'abord, cherchez dans les parages tout ce qui pourrait servir de brise-vent. S'il y a des arbres ou des rochers, abritez-vous, tout en vous méfiant des avalanches et chutes de neige potentielles. Si vous ne trouvez rien, creusez une tranchée ou montez un mur de neige.

Il s'avère beaucoup plus facile de construire un abri en utilisant ce qui existe sur place.

Les survivants du célèbre crash aérien des Andes en 1972, où 16 des 45 passagers et membres d'équipage ont survécu pendant 72 jours dans la neige et la glace, reconnaissent désormais que si l'un d'eux n'avait pas suggéré d'ériger un mur brise-vent, ils seraient tous morts de froid durant leur première nuit en montagne. Priorité numéro un : s'abriter du vent – le principal tueur dans les milieux à température négative.

Maintenant que vous avez pris cette mesure de sauvegarde, considérez le type d'abri dont vous avez besoin. Lorsque vous soupesez vos options, pensez au terrain, aux matériaux disponibles, au climat, et si vous comptez rester ou vous déplacer. La construction de tout abri consomme beaucoup d'énergie et draine de votre corps une précieuse chaleur, alors réfléchissez rationnellement tant que vous le pouvez et choisissez quel type d'abri est le plus approprié en fonction des conditions dominantes.

Principes généraux

CHOIX DU SITE

En montagne, les zones boisées restent le meilleur choix car elles associent matériau de construction et combustible. S'il y a du feuillage, un abri de type fosse ou appentis se révèle rapide à monter et très efficace pour retenir la chaleur ; en revanche, si vous ne trouvez pas de protection naturelle, il vous faudra creuser.

Évitez tous les risques naturels induits par le flanc d'une montagne, notamment les avalanches, ainsi que les amas de neige sur les rochers, les parois rocheuses ou les arbres. D'un autre côté, des brise-vent naturels de ce type peuvent également représenter des sites parfaits pour un abri. Pesez le pour et le contre, mais restez prudent.

Une nuit, dans les Alpes, j'étais trop épuisé pour creuser une fosse entière. J'ai raclé superficiellement la neige à l'abri d'une congère. Elle était poudreuse, donc facile à manipuler et j'ai pu m'abriter du vent dominant. En moins de dix minutes, j'avais mon refuge, à l'abri, capable de retenir un peu de chaleur grâce à son toit en neige. Cette tranchée de secours n'était guère moins efficace qu'une véritable fosse qu'il m'aurait fallu excaver pendant des heures !

VERTUS ISOLANTES DE LA NEIGE

Il peut sembler contraire à la logique que la neige à la fois humide, poudreuse et froide constitue un bon matériau de construction et soit également capable de nous protéger du froid. Pourtant, il s'agit là des qualités étonnantes de la molécule d'eau gelée. La neige peut vous sauver la vie et vous isolera beaucoup mieux que la carcasse métallique d'une voiture, par exemple. Ses vertus isolantes sont facilement démontrables : une simple bougie élève la température de 4°C dans un igloo et la température à l'intérieur d'un abri en neige bien construit dépasse de 30°C celle de l'extérieur. On peut le bâtir à l'aide d'une neige présente à moins de quinze centimètres, ce-

pendant plus la neige est profonde plus elle est facile à travailler.
Soyez bien conscient que la neige fraîchement creusée se compactera et réduira au bout de quelques heures.
Quel que soit le type d'abri que vous érigerez, la chaleur dépendra de l'équilibre que vous trouverez pour l'espace intérieur : pas trop important pour pouvoir le chauffer facilement, sans pour autant en faire votre tombeau s'il est trop petit et qu'il se rétracte autour de vous.

VENTILATION

Facile à oublier bien qu'absolument vitale dans n'importe quel abri de neige : une bonne ventilation. On connaît des exemples de survivants ayant creusé des fosses pour se protéger du vent et qui ont fini par succomber à une intoxication au monoxyde de carbone à cause de leur feu. On s'endort, le froid s'installe, on ne se réveille pas et on meurt d'hypothermie.
À l'intérieur de l'abri, on a tendance à vouloir tout barricader pour conserver la chaleur.

Dans les Alpes, je lutte pour conserver un peu de chaleur, emmitouflé au creux du parachute que j'ai récupéré.

Toutefois, il faut assurer une bonne ventilation pour éviter les risques d'asphyxie. Même sans allumer un feu, n'oubliez pas de vous assurer que l'air frais circule. Car dans l'air que vous exhalez, il y a du dioxyde de carbone, également toxique.
Pour éviter les problèmes, maintenez ouverts deux trous, d'au moins cinq centimètres de diamètre, quand vous érigerez votre abri. Gardez un bâton à portée de main afin de les déboucher s'ils gèlent ou en cas de chute de neige. Un bâton de ski fonctionne très bien, si vous en avez un : vous pouvez d'ailleurs le laisser sur place.

La neige vous isolera bien mieux que la carcasse d'une voiture.

OUTILS

Vos mains nues doivent être protégées du froid et vous devez trouver un instrument bien isolé pour vous aider à creuser. Tout ce qui peut servir de pelle, de scie ou de hache est idéal. Improvisez. Essayez la paracorde (cordage employé pour les suspentes de parachutes) afin de scier la glace.
J'ai déjà utilisé le dos d'un harnais de parachute pour creuser et la toile afin de me protéger les mains. Quand elles sont froides, on ressent moins les blessures et les coupures provoquées par la glace, souvent acérée, ou la neige compacte.

Types d'abris : court terme

TRANCHÉE

En terrain découvert, quand la neige est gelée ou dans l'urgence, quand chaque minute compte, creusez une tranchée. La plus simple et la plus rapide consiste en un fossé peu profond : suffisamment pour vous protéger du vent et assez large pour laisser l'air circuler autour de votre corps. La neige que vous excavez peut être compactée à l'extérieur, puis couverte d'une bâche ou de la voile d'un parachute servant de toit et maintenue par de la neige supplémentaire pour fixer les bords. N'oubliez pas de la coincer correctement afin qu'elle ne s'écroule pas sous son propre poids. Laissez un côté ouvert comme accès et bloquez l'autre avec un sac à dos ou de la neige.
Si elle est suffisamment compacte ou si vous tombez sur une nappe de glace, vous pouvez concevoir une construction plus profonde et plus élaborée en coupant des blocs de neige en forme de pavés de 60 centimètres d'épaisseur. Disposez-les à plat ou formez une structure en A au-dessus de votre tranchée. Ce toit vous donnera plus d'espace.
Si vous n'avez pas de bâche et si la neige n'a pas la bonne consistance pour en faire des blocs, roulez une boule de neige d'environ un mètre de diamètre, coupez-la en deux et disposez les deux moitiés au-dessus d'une tranchée étroite. Vous avez un toit « préfabriqué ». Vous n'avez plus qu'à passer dessous et élargir la

tranchée à mesure que vous creuserez plus profondément.

TRANCHÉE SOUS ARBRE

Se servir de toutes les protections que nous offre l'environnement s'avère généralement le moyen le plus rapide et le plus efficace de bâtir un abri. Dans une forêt de conifères, par exemple, vous trouverez de nombreux abris potentiels. Comme les skieurs hors piste et les adeptes de la raquette l'apprennent souvent à leurs dépens, la zone autour du tronc d'un conifère dissimule parfois un trou où branchage et feuillage ont empêché la neige de s'accumuler. Cette fosse naturelle, avec une excavation supplémentaire et un renforcement précautionneux des branches qui serviront de toit, fera un excellent abri.

Certains arbres se montrent de meilleurs refuges que d'autres. Choisissez-en un avec une généreuse « jupe » de branches à bonne hauteur, où l'air sera plus chaud. Dégagez un espace suffisant pour vous et pour un feu. Creusez et agrandissez ce « puits » naturel, ôtez les branches les plus basses afin de ménager une entrée. Vous pourrez ensuite la renforcer : disposez des branches en forme de tipi et couvrez-les de neige en guise d'isolation.

J'ai employé ce genre d'abri dans les Alpes. J'étais tellement soulagé de descendre du glacier vers la zone boisée ! Une dense forêt d'épicéas m'a permis de confectionner un abri et m'a octroyé une

des meilleures nuits que j'aie jamais passées à la belle étoile ! J'ai empilé des petites branches d'épicéa sur une soixantaine de centimètres au-dessus du sol enneigé pour isoler vraiment mon refuge. Elles doivent être posées le côté incurvé vers le dessus… un matelas naturel à la fois confortable et chaud. N'oubliez pas : la survie, c'est être installé le plus confortablement possible en fonction de votre environnement.
Si la neige est profonde et ferme, vous pouvez également creuser un tunnel un peu à l'écart de l'arbre afin de vous confectionner un nid souterrain. Si la neige est superficielle, entassez-la pour ériger un brise-vent. Une fois votre refuge réalisé, bâtissez un foyer à l'aide de bûches longues (cf. chapitre 1, page 33) et montez un réflecteur. Installez-vous et regardez votre feu, cette télé naturelle, qui danse devant vos yeux pendant qu'il réchauffe votre nid douillet d'épicéa.

Types d'abris : à plus long terme

QUINZY ET MOTTE DE NEIGE

Une version neigeuse de la tente « dôme » s'érige en entassant de la neige avant de l'évider en son centre. Le modèle le plus rapide s'appelle le « quinzy ». Il suffit d'amonceler de la neige sur un tas d'affaires, sacs à dos par exemple ou ce que vous avez de plus volumineux sous la main. Érigez-le sur une couche de neige profonde afin de pouvoir creuser le plancher et de rendre le dôme le plus compact possible.

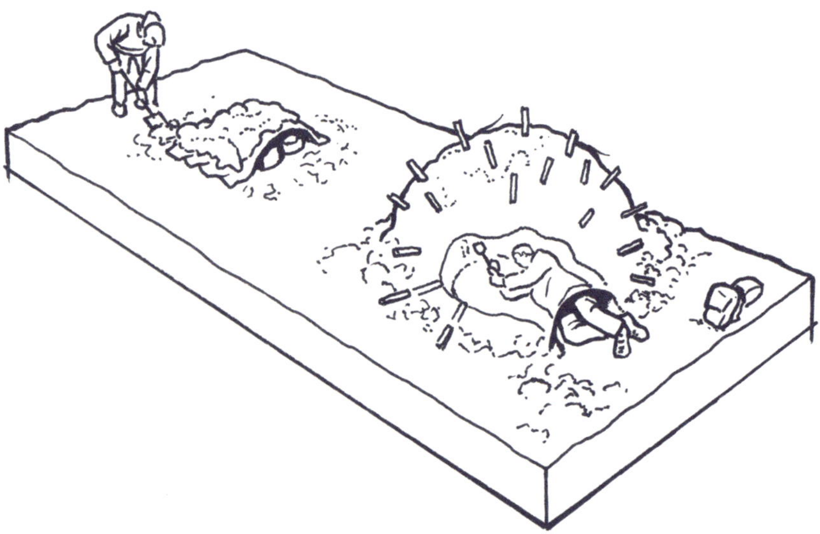

Dans l'idéal, couvrez-le d'une bâche ou de la voilure d'un parachute pour que la neige n'entre pas. Le dôme doit être un peu plus grand que vous afin que vous puissiez bouger à l'intérieur.
Couvrez ensuite le dôme intérieur à l'aide de neige poudreuse afin de former la coquille extérieure. Cette isolation devrait faire environ 60 centimètres, mais elle réduira par la suite. Il est important de laisser de nombreux bâtons plantés dans la coque extérieure. (Avant de commencer, disposez-les par terre et faites une encoche sur chacun au même niveau.) Quand vous éviderez la structure de l'intérieur, vous pourrez vous assurer que l'épaisseur de neige est partout la même. Votre abri ressemblera à un porc-épic mais, en tout cas, vous ne percerez pas le toit en creusant.
Essayez de trouver plusieurs types de neige dans différents endroits et souvenez-vous de ne pas la compacter. Ce mélange de neiges aux températures légèrement différentes va entraîner une réaction appelée « frittage » : la poudreuse va s'agglomérer et se solidifier. Il lui faut du temps, cependant, et vous devrez laisser la structure durcir pendant plusieurs heures. Soyez patient – cet abri est vraiment très efficace – mais ne commencez pas la construction trop tard.
Lorsque la structure s'est solidifiée, choisissez la position de l'entrée (qui doit être à angle droit des vents dominants) et forez. Il s'avère très efficace de creuser une entrée cintrée sous le mur du quinzy : non seulement, elle empêchera les courants d'air, mais elle piégera également l'air froid (c'est l'air chaud qui monte !). Cette entrée ressemble à l'évacuation de la cuvette de vos toilettes ! Ensuite, évidez l'intérieur de l'abri et ôtez vos affaires. Pour aller un peu plus vite, vous pouvez créer une deuxième entrée temporaire de l'autre côté afin de vider le refuge des objets entreposés. Vous la condamnerez plus tard.

Il s'avère très efficace de creuser une entrée cintrée sous le mur du quinzy : non seulement, elle empêchera les courants d'air, mais elle piégera également l'air froid en contrebas.

Une motte de neige s'apparente au quinzy, toutefois la structure est creusée à partir d'un amas de poudreuse beaucoup plus important. Il faut nettement plus de neige et d'énergie.

CAVERNES ET CAVITÉS DE NEIGE

Dans les congères ou à flanc de falaise au-dessus de la limite des arbres, le principe de s'abriter dans une cavité semble à la fois logique et efficace. Pensez au lapin qui creuse son terrier ou aux galeries des blaireaux. D'ailleurs,

lors d'une tempête, de nombreux montagnards ont sans doute eu la vie sauve après s'être enfouis dans une cavité sous la neige.
Pour le site, toutefois, le meilleur choix ne s'avère pas forcément évident car, a contrario des autres abris, mieux vaut le tourner face au vent. En effet, les congères s'accumulent sous le vent et vous pourriez être enterré vivant en cas de chutes de neige importantes et prolongées. Pour vous protéger du vent lors de vos allées et venues, montez un brise-vent devant l'entrée.
Une caverne nécessite une pente enneigée où la neige se trouve à la fois compacte et suffisamment légère pour être pelletée. Avant de vous mettre à l'ouvrage, sondez avec un bâton afin de vous assurer qu'il n'y ait ni rocher ni tronc susceptible de saboter tous vos efforts initiaux. Lorsque vous dénichez le coin idéal, creusez vers le haut afin que l'entrée (et l'air froid) soit sous le niveau du sol et de votre litière surélevée. Cette plateforme devra être isolée de l'air froid coincé dans le puits d'entrée à l'aide d'un parachute ou d'un sac à dos.
N'oubliez pas : ce puits s'avère vital dans une caverne de neige et fera la différence entre un petit nid douillet et une tombe glacée. L'air froid reste collé au sol ; un simple trou creusé dans le sol de votre abri permet de l'y maintenir et ne prend que quelques secondes à mettre en œuvre.
Un feu, si vous en avez un, doit être plutôt petit, en hauteur et muni d'une bonne ventilation.
Évidez le toit en forme de voûte et creusez une tranchée afin de récupérer l'eau qui coulera des parois et sera amenée à l'entrée vers le puits où elle pourra de nouveau geler. Enfin, découpez un bloc de glace assez fine pour en faire une porte que vous laisserez à l'intérieur afin d'éviter que le froid ne la bloque.
N'oubliez pas non plus de lisser à la main la voûte de votre caverne afin de prévenir la formation de petites stalactites sur lesquelles l'eau s'accumulerait avant de vous couler dessus. De nouveau, ça ne prend que quelques secondes, mais on l'oublie assez facilement. J'ai déjà conçu et utilisé une caverne de neige dans les Alpes. J'ai fini de nuit et je n'ai pas réussi à bien lisser mon plafond ; les gouttelettes ont trempé tous mes vêtements. Si, le lendemain matin, le soleil n'avait pas brillé, je me serais retrouvé dans une situation bien pire que prévu. C'est le genre d'erreurs qu'on ne fait généralement qu'une fois. Alors, que mes bourdes vous servent de leçon !

Dans un tube de glace, sous un glacier au nord de l'Alaska.

Le lit surélevé doit être construit au-dessus de l'air froid, comme une corniche au fond de la caverne. Je me répète : la neige va se compacter, mais la plate-forme doit être suffisamment douillette pour éviter l'hypothermie.
Une cavité de neige s'apparente à une caverne de neige, mais creusée en terrain plat. Il faudra excaver un trou d'environ 1,5 ou 2 mètres de diamètre qui sera ensuite recouvert. Creusez un tunnel d'entrée 1,5 ou 2 mètres plus loin. Les mêmes principes s'appliquent pour la ventilation, le puits de froid, le plafond et la plate-forme de couchage.

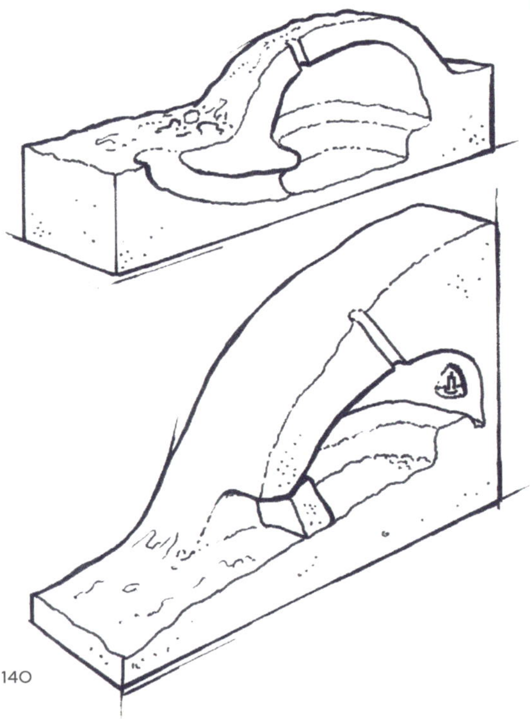

IGLOO

Les igloos se révèlent extrêmement efficaces pour protéger leurs habitants des éléments, mais devraient être laissés aux experts, en particulier les Inuits du Nord canadien. Fabriquer des blocs de neige prend beaucoup de temps et reste hors de votre portée immédiate en situation de survie. La neige doit être d'un type particulier et il vous faudra une scie spéciale pour la découper. La poudreuse est inutile et il serait fort peu pratique de la compacter étant donné tous les autres problèmes que vous devrez affronter.

N'OUBLIEZ PAS, SURTOUT N'OUBLIEZ PAS...

Si les différents types d'abris possèdent des caractéristiques différentes, les règles suivantes s'appliquent à chacun d'eux :

À la sueur de son front

Évitez de trop transpirer quand vous travaillez, pour ne pas tremper vos vêtements : plus tard, votre sueur va geler et vous serez déshydraté. L'hypothermie est votre principal ennemi. Ôtez quelques couches de vêtements quand vous trimez.

La taille compte

Ne construisez pas un abri plus grand qu'il ne le faut – au maximum trois fois votre taille. Ce qui réduirait le volume de chauffe. Ne commettez pas l'erreur classique de la construction en milieu froid où votre refuge, trop vaste, va pomper votre chaleur plutôt que de l'économiser.

La neige rétrécit

La neige se compacte. Donc, n'oubliez pas que votre toit peut s'affaisser... sans pour autant s'effondrer. C'est simplement que votre abri devient plus efficace en se tassant. Il vous faudra laisser une petite marge dans sa construction pour que ce rétrécissement ne devienne pas votre tombe !

Ne pas rater son entrée

Orientez votre entrée vers le vent afin d'éviter d'être bloqué par les congères, mais faites-la le plus petit possible et fermez-la quand vous êtes à l'abri. Ainsi vous conserverez le maximum de chaleur.

Isolation, puis hibernation

Lorsque vous dormez, gardez toujours un isolant entre la neige et vous. Utilisez tout ce que vous avez sous la main. Branchages, feuillages sont parfaits, mais si vous avez une toile de parachute ou un sac à dos, tant mieux. Ne dormez jamais sur le sol. Vous y perdriez la majeure partie de votre chaleur corporelle.

Souffler n'est pas jouer

Vous n'avez sûrement pas envie que l'intérieur de votre abri fonde et ruisselle sur vous. Il faut donc vous assurer que la température intérieure reste en dessous de zéro. Si vous ne faites plus de buée en soufflant, c'est qu'il fait trop chaud. Pensez, dans ces circonstances, à aérer votre abri, le temps d'obtenir une température plus adaptée.

Une dernière goutte ?

Vous avez conçu votre abri pour que l'air à l'intérieur soit plus chaud qu'à l'extérieur. Lissez la voûte intérieure afin que l'eau suinte en bas des parois. Creusez ensuite une petite tranchée pour collecter l'eau et éloigner l'humidité.

Échappatoire

Tout abri en neige peut s'effondrer. Gardez toujours à portée de main un outil permettant de creuser ou prévoyez une méthode pour vous frayer un chemin si le pire se produisait. En situation de survie, mieux vaut tout anticiper.

Urine

Si vous devez uriner la nuit, ne sortez pas dans le froid. Soulagez-vous sur le sol de votre abri. L'urine se diluera dans la neige. N'oubliez pas : ici, c'est la survie qui importe. Une fois réchauffé, n'allez pas vous aventurer dehors et perdre cette chaleur si précieusement accumulée, seulement pour un petit pipi !

Lissez à la main la voûte de votre caverne afin d'éviter la formation de petites stalactites sur lesquelles l'eau s'accumulerait avant de vous couler dessus toute la nuit.

TROUVER DE L'EAU

De prime abord, éviter la déshydratation dans un environnement couvert de neige et de glace peut paraître beaucoup plus facile qu'au cœur des dunes arides d'un désert. Pas de problème, vous dites-vous, en examinant ces étendues désolées : il y a de l'eau partout, quoique gelée. C'est peut-être vrai, mais ne soyez pas trop confiant. Prélever du liquide ne sera pas aussi simple qu'il le semble à première vue et quand on a froid, les signes de déshydratation nous échappent très facilement. Il faut boire et, de préférence, avant d'en avoir besoin... plutôt qu'après.
La perte ne paraît pas aussi sévère que dans le désert, mais il faut tout de même remplacer au moins un litre d'eau par jour. N'oubliez pas que nous perdons toujours beaucoup de liquide par évaporation à travers notre peau. En outre, les hormones de stress déclenchées par le froid donnent envie d'uriner. Certaines des techniques que nous avons étudiées dans le chapitre 2 (voir pages 96-102) s'appliquent également en milieu à température négative, mais en général ce n'est pas l'approvisionnement qui pose problème. C'est plutôt d'obtenir l'eau sous une forme buvable – pure et à bonne température – qui constitue le véritable défi.
Sucer de la neige ou de la glace « crue » se révèle rarement une bonne idée. La chaleur pompée en dehors du corps afin de les faire fondre dépasse généralement le gain escompté. Il n'y a qu'une seule exception, peut-être : quand on trime ou quand on se déplace en terrain difficile, il est possible de garder un peu de neige dans la bouche afin de rester frais, d'éviter la transpiration excessive et de s'hydrater légèrement.
Efforcez-vous de trouver d'autres approvisionnements avant d'essayer de faire fondre de la glace ou de la neige. Vous pourrez peut-être dénicher des filets d'eau dans des anfractuosités cachées ou des rus enterrés. Inutile de gaspiller votre chaleur corporelle ou de gâcher du combustible s'il existe une source d'eau immédiatement consommable.
Les points d'eau en Arctique et dans les régions subarctiques se montrent généralement plus propres qu'ailleurs en raison du froid et de la quantité moindre de matières organiques en décomposition susceptibles de les polluer. Néanmoins, restez prudent. Neige et glace ne sont pas plus pures que l'eau qui les constitue. Si vous êtes forcé de sucer de la neige et ne pouvez la faire fondre au préalable (voire page opposée), dégelez-la dans votre bouche avant de l'avaler. N'oubliez pas de le faire seulement en dernier ressort, car inéluctablement votre bouche en ressortira irritée. Rappelez-vous également que neige et glace sont de l'eau de pluie gelée. Elles ne contiennent pas les minéraux et oligo-éléments présents dans l'eau vive. La réhydratation sera donc

moins efficace. Si vous en trouvez, ajoutez à l'eau fondue feuilles d'épicéa, racines ou baies pour la supplémenter en nutriments.

NEIGE ET GLACE

La neige : sept parts d'air et une part d'eau. Ce qui en fait un isolant fantastique, mais l'une des sources les moins productives d'eau potable en milieu à température négative. La glace, à partir du moment où il ne s'agit pas d'eau de mer, vous en fournira beaucoup plus. En effet, il faut 50 % d'énergie en plus pour transformer la même quantité de neige en eau que de glace en eau. Lorsque vous n'avez pas le choix et devez fondre l'une ou l'autre, n'oubliez pas qu'il en existe de nombreuses sortes. Par exemple, une neige légèrement enterrée – plus granuleuse, moins poudreuse – produira beaucoup plus d'eau que la neige de surface. De la même façon, la glace issue de l'eau de mer – reconnaissable à sa texture rugueuse, sa tendance à se rompre et à sa couleur laiteuse et grisâtre – n'est absolument pas buvable à moins d'avoir plus de deux ans, auquel cas le sel aura complètement disparu.

Si la perte d'eau ne s'avère pas aussi grave que dans le désert, il faudra toujours remplacer au moins un litre de liquide par jour.

La glace de mer plus âgée possède une texture beaucoup plus douce et une couleur bleutée prononcée ; elle peut être bue après avoir fondu. Vous devrez néanmoins vérifier qu'elle n'a pas été contaminée, en surface, par de l'eau salée plus récente.

FAIRE FONDRE L'EAU SUR LE FEU

Si vous parvenez à faire un feu, boire de l'eau ne vous posera pas de problème. Faites fondre la neige dans un quart improvisé : mais veillez à ne pas simplement le bourrer de neige en attendant qu'elle fonde. La neige trop compacte va s'évaporer et laisser un espace au fond ; votre précieux récipient va brûler. Il faut plutôt réchauffer de petits morceaux jusqu'à ce qu'ils fondent, puis en ajouter progressivement. Le processus peut être accéléré en ajoutant des pierres ou des cailloux brûlants.
Une autre méthode consiste à former une grosse boule de neige – comme un marshmallow ou une tête de bonhomme de neige – et la planter au bout d'un bâton. Elle réchauffera gentiment au-dessus du feu. L'eau coulera dans un récipient ou, au pire, dans votre chaussure si vous n'avez rien d'autre sous la main. Assurez-vous que la neige ne soit pas trop près du feu afin qu'elle ne tombe pas par paquets. J'ai utilisé cette méthode très efficace dans les Alpes où j'avais planté plusieurs bâtons dans un réflecteur de chaleur fait en neige. Les boules de neige coulaient lentement dans mon

quart et me fournissaient sans effort ma ration d'eau.
Autre technique similaire : envelopper de la neige trop poudreuse pour en faire une boule dans un matériau poreux, comme une chemise ou une chaussette et le suspendre près du feu pour que l'eau coule à travers. Inconvénient : à la fin du processus, le tissu sera évidemment détrempé.

AUTRES SOURCES DE CHALEUR

En l'absence de feu, vous pouvez utiliser l'excès de chaleur de votre corps quand vous vous déplacez ou lorsque vous travaillez. Le processus est beaucoup plus long. Recueillez la neige ou la glace dans un sac et placez-le entre des couches de vêtements (mais pas près de votre peau). Les meilleurs endroits se trouvent près de la surface et là où le corps est le plus irrigué : tête, aine, aisselles. Surtout ne le faites pas quand vous dormez ou vous reposez.

S'il fait froid, évitez de boire beaucoup d'eau avant de vous coucher. Sortir de votre nid douillet improvisé pour vous soulager, c'est autant de repos en moins et une exposition inutile au froid.

TROUVER DE LA NOURRITURE

Trouver de la nourriture en milieu à température négative, et ceci quelle que soit la saison, devient vite une épreuve. L'existence est dure et la nourriture rare pour les animaux qui vivent dans cet environnement. Pour vous aussi, fatalement. Ce qui ne veut pas dire que c'est impossible.
Le succès pour trouver à manger dépendra en grande partie de la saison et de l'endroit où vous vous trouvez. Près de la côte, de rivières ou de lacs, vous pêcherez directement ou en creusant la glace. Dans de nombreuses régions

Je fais fondre des boules de neige au-dessus de mon quart dans mon abri alpin sous un arbre.

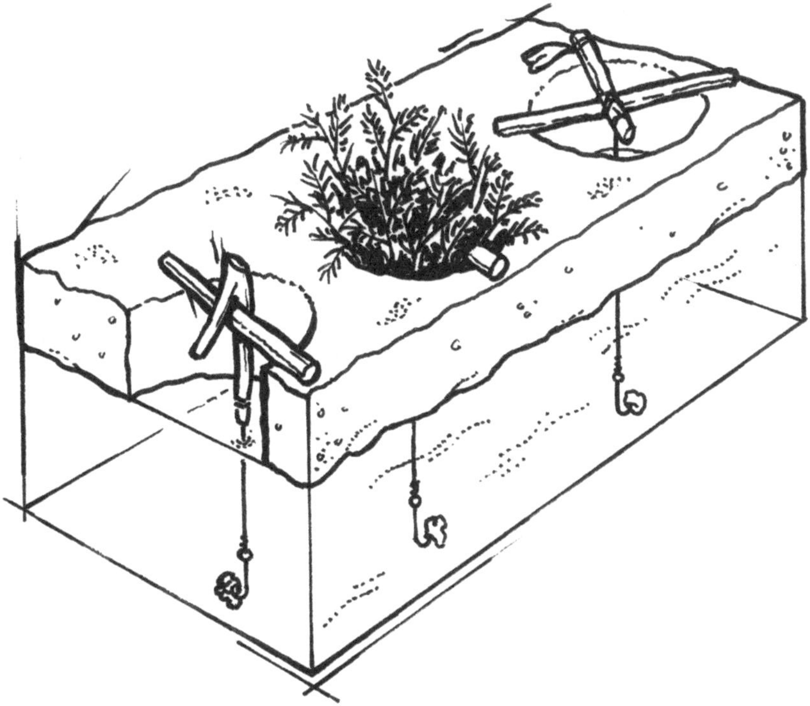

polaires, vous aurez de bonnes chances de tuer phoques, pingouins ou oiseaux marins. Mousses et lichens sont également devenues le principal menu des explorateurs polaires au cours des âges.

PÊCHE SOUS LA GLACE

En montagne et près de la mer, misez sur le poisson pour vous nourrir. En altitude, où vous trouverez des rivières, vous pourrez employer les techniques évoquées dans le chapitre 2 (voir pages 106-108), mais au creux de l'hiver quand les rivières et les lacs sont gelés, il vous faudra peut-être creuser un trou dans la glace, comme le font les Inuits.

Si elle paraît à la fois audacieuse et romantique – en tout cas dans l'hypothèse où vous attrapez quelque chose – cette technique de pêche présente de nombreux défis. Assurez-vous qu'à l'endroit que vous avez choisi la glace fasse au moins 30 centimètres d'épaisseur. En forant, vous allez affaiblir toute la structure environnante, donc il faut impérativement qu'elle soit assez épaisse. À l'inverse, elle ne doit pas l'être trop pour que vous puissiez la percer sans outils spécialisés.
Difficile de creuser ce fameux trou. Faire fondre la glace reste sans doute l'option la plus simple. Allumez votre feu sur une plate-forme

Pêche sous la glace dans un lac gelé.

1/ Des branches d'épicéa empêchent le trou de se refermer.

2/ Une truite affamée et curieuse a mordu à l'hameçon...

3/ Le déjeuner est servi.

de pierres (veillez à ce qu'elles ne soient pas gorgées d'eau pour éviter toute explosion) et à mesure qu'elles chaufferont, la glace dégèlera et tombera dans l'eau. Assurez-vous d'avoir une bonne quantité de bois et de pierres à portée de main pour ne pas transformer cette activité en exercice physique inutile !
Dans un lac des Alpes, j'ai réussi à atteindre l'eau en repérant une couche plus fine de glace au bord d'une partie suffisamment épaisse. Je l'ai transpercée en utilisant un long bâton. Une fois que vous avez brisé un peu de glace, agitez l'eau et la neige fondue ce qui rendra votre labeur plus facile.
Votre matériel de pêche doit inclure les éléments suivants : isolation sous vos pieds et sous vos genoux si vous forez la glace (les branches d'épicéa sont parfaites pour cet usage et peuvent être abandonnées afin de signaler le trou si vous le laissez toute la nuit) ; un bâton taillé en pointe, une pierre ou un couteau pour creuser si vous n'avez pas de feu ; deux bouts de bois droits ; une ligne et un hameçon improvisés, un appât.
Un bout de bois repose en travers du trou. Placez l'autre, la « canne à pêche », à angle droit afin de pouvoir pivoter librement avec la ligne et les hameçons eschés à l'autre extrémité. Plus nombreux seront les hameçons attachés à différentes profondeurs, plus vous multiplierez vos chances de capture. En règle générale, l'hiver, les poissons

des lacs gelés, affamés et curieux, peuvent être attirés par des petits leurres métalliques brillants. Créez des hameçons à partir de ce que vous avez sous la main : câble, épines, éclats d'os taillé.

Si vous laissez vos trous toute la nuit (la méthode à privilégier si vous ne tenez pas à mourir de froid), assurez-vous de les marquer à l'aide de branches d'épicéa : vous enfoncerez des fagots assez denses qui empêcheront le trou de se refermer et, le lendemain matin, s'il a neigé, vous les repérerez plus facilement. De nombreuses pêches réussies ont été gâchées parce que les trous se refermaient. Un gaspillage de temps et d'énergie facilement évitable grâce à cette technique.

Essayez également d'attacher une sorte de signalisation à l'autre bout de votre canne à pêche. Si un poisson mord, la ligne se tend et le dispositif vous prévient.

ANIMAUX

Piéger de gros animaux l'hiver en montagne s'avère extrêmement difficile, visez donc plutôt les petits mammifères : écureuils, lapins, renards, marmottes, lièvres variables, castors, visons ou belettes. Explorez toujours les zones récemment frappées par une avalanche. Comme les humains, les animaux s'y font parfois surprendre. Au cœur des Alpes, j'ai trouvé un chevreuil en décomposition enfoui sous trente centimètres de débris. Dans la chair en putréfaction, j'ai récupéré des asticots bien frais et très nourrissants. J'en ai pris une poignée comme casse-croûte et j'en ai gardé une autre pour me servir ultérieurement d'appât.

Dans les régions polaires, vos options se réduiront vite aux phoques et aux pingouins, mais comme les mers se révèlent riches en plancton et en krill, les populations de ces deux créatures sont conséquentes. En

Utilisez les viscères de vos prises pour appâter votre prochain repas.

dernier ressort, phoques et surtout bébés phoques s'avèrent plus faciles à chasser – et plus vulnérables – pendant la saison de reproduction. (Les pénibles images d'actualité où l'on voyait des bébés phoques massacrés à coups de gourdin étaient filmées à ce moment de l'année.)

En dehors de cette saison, il sera beaucoup plus difficile de les attraper et il vous faudra posséder un grand talent de chasseur pour les prendre par surprise. La meilleure stratégie consiste à les embrocher quand ils viennent respirer à la surface ou quand ils dorment. Cette dernière technique est loin d'être évidente car l'évolution les a programmés pour qu'ils ouvrent leurs yeux chaque minute environ afin de repérer les ours blancs et tout autre prédateur… dont l'homme.

Les Inuits ont perfectionné cet art : ils approchent dans le sens du vent et imitent les mouvements du phoque en rampant sur la banquise. En tant qu'amateur vous aurez sans doute du mal à reproduire cette technique. N'oubliez pas non plus que dans l'Arctique, les phoques sont chassés par les ours polaires qui ne bouderont pas un changement de régime alimentaire et croqueront volontiers un chasseur…

Si vous parvenez à tuer un phoque, toutefois, c'est le gros lot : sa peau peut servir à vous habiller ou à vous chausser ; sa graisse brûle bien. Sa chair doit toujours être bien cuite car elle peut transmettre le *Trichinella spiralis*, un ver parasite responsable de la trichinose chez l'homme. Le foie des phoques et des ours blancs doit être évité car il contient une dose mortelle de vitamine A.

La viande de pingouin et de phoque a maintenu en vie les hommes de Shackleton dans leur campement de Cape Wild sur l'île de l'Éléphant en 1916. Ils avaient déjà pris la décision déchirante de manger leurs huskies bien-aimés. Pour eux, cependant, il ne s'agissait que d'une nouvelle péripétie dans cette odyssée héroïque où un équipage de vingt-huit hommes a survécu près de deux ans au cœur de l'Antarctique après la destruction du navire *Endurance*, pris et broyé par les glaces.

Le foie de phoque ou des ours polaires doit être évité, car il contient une dose mortelle de vitamine A.

Rappelez-vous qu'en situation de survie, il faut toujours laisser ses a priori à la maison. Pensez à Dougal Robertson qui, avec ses deux fils, des jumeaux, s'est retrouvé à bord d'un radeau de sauvetage sur le Pacifique, après que des baleines ont percuté sa goélette. Au départ, il a tenu à maintenir un certain sens de l'ordre et du décorum. Mais, tandis que la situation empirait, il a changé de tactique pour obtenir de la nourriture. En fin de compte, de victime passive il est devenu un prédateur agressif : une tortue s'est empêtrée dans son ancre flottante, il l'a saisie par le bec et l'a égorgée au fond du radeau. Il s'est retrouvé couvert de sang chaud de la tête au pied alors qu'il arrachait la chair de l'animal et la distribuait à ses enfants. Mais c'est à partir de cet épisode sanglant, écrivit-il, qu'il a décidé de survivre. Vous devez être capable de développer cet instinct de tueur si vous comptez vous en sortir.

PLANTES

Dans certains milieux à température négative, dont la montagne et la toundra arctique, vous pourrez parfois vous nourrir d'arbres, de plantes et de baies (voir chapitre 2, pages 103-105), dont la plupart se montrent riches en vitamine C. L'écorce d'épicéa peut être bouillie ; faites une tisane à partir des aiguilles. Une fois infusées, pousses, écorces, feuilles et racines du saule arctique s'avèrent comestibles. La décoction d'épicéa est délicieuse, nutritive et vous réchauffera. Elle m'a souvent remonté le moral.

Souvenez-vous également que la plupart des lichens sont comestibles et très nutritifs, mais il faut les faire tremper au moins douze heures pour évacuer l'acide qu'ils contiennent et les faire bouillir.

Parmi les lichens comestibles, on trouve :

- Le lichen d'Islande, commun dans l'Arctique.
- *Umbilicaria esculenta*, un type de lichen à l'aspect improbable, coriace et acide, qui pousse sur les rochers et possède des feuilles ressemblant un peu à la laitue.
- L'usnée, qui sert principalement de combustible primaire, car on le trouve sec suspendu aux branches des conifères, est également comestible… dans les situations désespérées.
- Le lichen des rennes ressemble aux bois du renne. Les Inuits le trouvent délicieux.

Si vous tombez sur un renne mort, n'hésitez pas à l'éventrer. Son estomac sera sans doute plein de lichen à moitié digéré et donc comestible. Si c'est bon pour les Inuits…

Ne mangez du lichen qu'en dernier ressort. En règle générale, c'est plutôt ignoble. Au goût, le carton est bien meilleur… mais il ne contient pas de nutriments !

OISEAUX

Les pingouins sont faciles à capturer parce qu'ils se montrent très curieux et se rassemblent en colonies gigantesques. Dans l'Arctique, les lagopèdes qui deviennent blancs l'hiver sont un bon gibier, mais difficile à voir et chasser. Pendant les mois d'été, tous les oiseaux arctiques muent et ne peuvent plus voler. Les prises seront nombreuses durant cette période de trois semaines.

En montagne, il vous faudra un appât et un piège (voir chapitre 1) pour attraper des corbeaux et des freux, naturellement curieux et charognards. Une ligne de « pêche » avec un hameçon esché suspendue à une branche ou un rocher sera très efficace. Sécurisez l'autre extrémité en l'attachant à un pieu ou à une pierre. Les cavernes se révèlent d'excellents sites pour poser des pièges, mais veillez à en installer un bon nombre (une dizaine) et comptez sur 25 % de prises.

Vous attraperez facilement des pingouins car ils se montrent très curieux et se rassemblent en colonies gigantesques.

ORIENTATION ET DÉPLACEMENT

Orientation et déplacement à travers la neige et la glace sont à la fois hasardeux et dangereux, quel que soit l'environnement. Le milieu et la saison détermineront le type d'obstacles que vous affronterez. Non seulement ils seront beaucoup plus difficiles à négocier, mais les aptitudes basiques d'orientation et la capacité à se mouvoir rapidement et facilement se mesureront à des défis considérables.
Le froid lui-même ralentit le processus mental requis pour prendre les bonnes décisions relatives à l'orientation. Quant au corps, il ne fonctionne pas avec la même efficacité que sous des climats plus cléments. Assurez-vous d'avoir un plan bien préparé avant de quitter votre abri et de vous engager en montagne ou sur un terrain polaire désolé.

Principes généraux

RAQUETTES

Tenter de traverser une neige profonde sans une forme ou une autre d'équipement spécifique se révélera toujours la bonne recette pour un désastre. Batailler de longues heures, enfoncé jusqu'à la taille dans la neige, s'avère non seulement épuisant et inefficace, mais en plus dangereux – croyez-moi, ça m'est déjà arrivé ! En outre, vous en ressortirez trempé. Survivre, c'est être malin et pas seulement faire beaucoup d'efforts. Il faut improviser un moyen de répartir votre poids sur une surface plus importante que la seule plante de vos pieds.
Même en employant des matériaux rudimentaires, on peut concevoir des raquettes assez facilement grâce à des boucles faites de branches flexibles – du saule, c'est parfait – aux extrémités reliées pour former la tête d'une raquette de tennis. Elles doivent mesurer environ un mètre.

Le froid lui-même ralentit le processus mental requis pour prendre des décisions efficaces d'orientation.

Il faut ensuite tisser un filet à l'aide de toile, cuir, fibres de roseau ou d'une mince couche d'écorce. C'est la base de la raquette. La partie centrale doit être renforcée par des montants entrecroisés pour supporter le poids de vos pieds. La structure sera inspirée par les matériaux disponibles, mais le principe consiste à équilibrer poids et robustesse.

Si vous avez de la paracorde ou un peu de ficelle, reliez vos chevilles aux montants. Votre chaussure sera maintenue en place tout en permettant au talon de bouger.
Pour une structure plus simple et plus rapide à faire, rompez deux branches au feuillage dense et persistant d'environ un mètre. Attachez les extrémités devant votre chaussure. Lorsque vous marchez, levez haut les genoux et gardez la plante des pieds bien horizontale pendant toute la foulée afin de ne pas trébucher sur le bout de la raquette en reposant le pied.
Au cours de l'hiver 1846-1847, un groupe de 81 pionniers américains, appelé par la suite l'« Expédition Donner », fut bloqué par une tempête de neige dans la Sierra Nevada. Un seul membre du groupe savait bricoler des raquettes : F.W. Graves, un natif du Vermont qui avait passé sa jeunesse dans les montagnes. Il en confectionna quatorze paires. Elles contribuèrent à sauver les survivants.
J'ai utilisé ce même principe dans les Alpes et je me suis épargné des litres et des litres de sueur en traversant des zones enneigées rapidement et en toute sécurité. Au total, j'ai mis trois heures pour me fabriquer une paire de raquettes… et je ne suis pas cordonnier !

1/ Les raquettes peuvent être simples à construire…

2/ … et peuvent vous épargner des heures passées à batailler enfoncé dans la neige jusqu'à la taille.

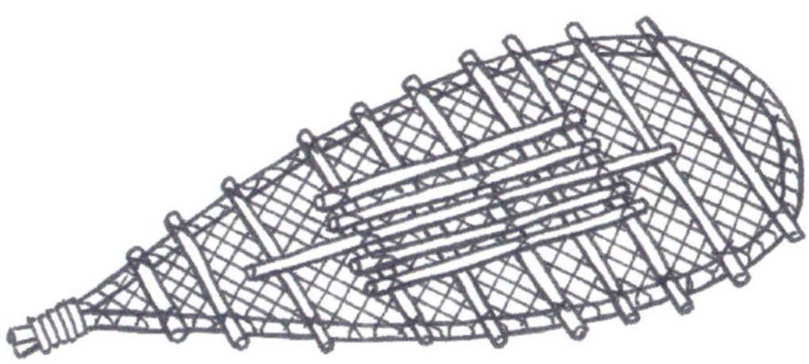

DÉPLACEMENT SUR LA GLACE

Dans tous les milieux à température négative, vous devrez sans doute traverser des zones verglacées : les glaciers ou l'Antarctique ; rivières ou lacs en montagne ; et la banquise arctique. À l'instar de la neige, il existe plusieurs types de glace et, surtout, différentes épaisseurs de glace dont votre vie dépend. Toutefois, il existe malheureusement un risque que vous deviez traverser des glaces épaisses de seulement quelques centimètres, en particulier en Arctique et en montagne.

Il faut apprendre à distinguer les différents types de glace et leur solidité. Si vous en jugez mal, vous le paierez peut-être de votre vie. Sortir d'une crevasse de glace, c'est toujours extrêmement difficile, surtout quand on est seul.

En général, marchez uniquement sur plus de cinq centimètres de glace. La glace sale et sombre s'avère souvent fine, tandis que les glaces grisâtres et claires sont plus anciennes et donc probablement plus épaisses. La glace couverte de neige est plus fine que la glace à nue, car la neige l'isole du froid et l'empêche d'épaissir. Il faut toujours avoir un bâton ou un couteau bien aiguisé avant de traverser une zone glacée. Sondez au moins trois fois avant de vous engager. Si vous passez à travers, le bâton ou le couteau plantés vous aideront à remonter.

Sur les rivières, la glace est plus épaisse près des rives ; surveillez tout rocher ou objet affleurant car, en raison des tourbillons et remous qu'il provoque dans l'eau, la glace l'entourant sera beaucoup plus fine. Soyez également sur vos gardes si vous soupçonnez que le niveau de la rivière a baissé récemment. Un vide entre la surface de la rivière et la glace la rendra beaucoup moins stable et bien plus dangereuse en cas de rupture.

La survie, c'est être malin, pas seulement suer sang et eau.

DÉPLACEMENT EN MONTAGNE L'HIVER

Descente

Descendre dans la neige épaisse nécessite un pas spécial. Allongez la foulée, poids sur les talons. Penchez-vous légèrement en avant en gardant les jambes un peu plus raides qu'à la normale. La gravité va créer vos prises de pied à mesure que vous descendez. Augmentez la foulée si vos prises sont trop superficielles ; dans la poudreuse réduisez si vous vous enfoncez trop. Sur des pentes très raides, tournez-vous face à la pente et descendez à reculons, en donnant des coups de pieds dans la neige.

Montée

Frappez la couche neigeuse à l'aide de vos pieds en laissant le poids de votre chaussure faire tout le travail. Veillez à incliner vos prises de pieds vers le bas. Grimpez en zigzag. Plus la pente est raide, plus vos zigzags doivent être larges. Un bâton fabriqué à l'aide d'une branche pourra être utilisé comme un piolet. Avancez-le avant de bouger vos pieds afin d'affermir votre prise puis déplacez le poids de votre corps.

Éviter une chute

Conservez votre bâton en bois tant que vous avancez et si possible attachez-le à votre poignet à l'aide d'une lanière improvisée. Testez toujours la fermeté de la neige avant de poser tout votre poids dessus. Soyez très attentif aux chutes de pierres et aux avalanches (voir pages 159-161) et examinez la forme, la texture et la couleur de la neige au-dessus de vous.

Les creux trahissent souvent des crevasses et il faut prendre garde aux teintes les plus sombres. Les petits affaissements dans la neige peuvent être observés grâce à l'ombre qu'ils projettent. Essayez de vous déplacer en plein soleil plutôt que par temps couvert afin de les repérer. Mais partez le plus tôt possible avant que le soleil n'ait le temps de réchauffer les couloirs d'avalanche ou d'amincir la surface des crevasses.

Mieux vaux prévenir que guérir, comme toujours, mais si vous tombez, attrapez votre perche à deux mains et roulez sur le ventre. Plongez-la dans la neige en mettant tout votre poids dessus pour couper l'élan. En l'absence de bâton, étendez les bras de part et d'autre de votre corps et restez au contact du sol.

Orientation aux pôles

UTILISATION DU SOLEIL

Si un GPS en état de marche vaut son pesant d'or, s'orienter en utilisant une simple boussole peut s'avérer très frustrant dans les régions polaires. Car la proximité des pôles magnétiques est capable de transformer votre précieux instrument en girouette totalement inutile.

Le soleil, en revanche, lorsqu'il brille, se révèle un instrument extrêmement précis. La base de l'orientation solaire se fonde sur le principe que la Terre tourne sur elle-même en 24 heures. Elle décrit donc 360° en 24 heures, 15 degrés en une heure et 1 degré en 4 minutes.

Dans le chapitre relatif aux principes de base de la navigation céleste (chapitre 1, pages 40-44), nous avons appris que le soleil à 6 heures du matin se trouve vers l'est et votre ombre projetée vers l'ouest. À midi dans l'Arctique le soleil sera au sud et donc votre ombre pointera directement le nord (à inverser dans l'Antarctique). À 18 heures, le soleil sera à l'ouest et votre ombre, à l'est.

Par conséquent, sachant que le soleil décrit 15 degrés par heure, vous connaîtrez toujours votre direction générale. Par exemple, à 15 heures, votre ombre visera le nord-est dans l'Arctique (45°) et le sud-ouest dans l'Antarctique. Il faut être conscient de l'existence de certaines variations, en raison de votre longitude, notamment si vous vous trouvez à l'extrême Est ou l'extrême Ouest des régions polaires.

SE DÉPLACER EN LIGNE DROITE

Une fois que vous connaissez votre orientation, essayez de ne pas gâchez cette opportunité en déviant de la direction choisie. Assurez-vous donc de vous déplacer en ligne droite, ce qui dans un paysage entièrement blanc et dépourvu de tout repère naturel, s'avère beaucoup plus difficile que vous ne le pensez.
Le vent qui souffle sur la neige ou le sable laisse des crêtes révélatrices appelées « sastrugi ». Comme le vent dominant est généralement constant, elles vont se figer pour former un repère caractéristique. Une fois que vous êtes certain de votre orientation, notez l'angle relatif aux sastrugi et maintenez-le tandis que vous avancez.

ARCTIQUE CONTRE ANTARCTIQUE

Il semble souvent plus facile de s'orienter dans l'Arctique plutôt que dans l'Antarctique. Sa topographie offre en effet des repères plus remarquables en raison de la glace de mer qui se déplace sans cesse et forme des crêtes ou des amas.
D'un autre côté, le mouvement de la glace à la surface de l'eau peut vous désorienter. Avant de quitter votre abri, orientez-vous du plus haut site possible en vous repérant à partir d'un trait caractéristique du paysage. Si vous voyez un amas de neige, il vous donnera un point de vue. C'est très utile et vous pourrez également noter les éventuels dangers qui vous guettent. Une fois que vous avez décidé de votre direction, choisissez un repère à l'horizon et suivez-le.
Dans l'Antarctique, en revanche, pendant l'été, le soleil brille environ trois jours sur quatre ; mieux vaut donc utiliser la méthode d'orientation solaire, beaucoup plus simple que la boussole.

Déplacez-vous le plus tôt possible le matin, avant que le soleil réchauffe les couloirs d'avalanche ou amincisse la surface des crevasses.

Enfin, tentez de vous orienter grâce à la disposition des roches sur les glaciers. Leur ombre protège la glace des radiations solaires et au bout d'un certain temps, elle fond autour d'eux en laissant le rocher perché sur une plate-forme. En Antarctique, le soleil vient généralement du nord, donc le rocher tombe vers le nord. Ne basez pas votre décision sur un rocher unique. Mais s'ils sont tous tombés dans le même sens, alors, c'est probable : ils visent le nord.

Apprenez à lire les signes de la montagne pour éviter avalanches et crevasses.

Parfois mieux vaut ne pas toucher à des pieds gravement gelés jusqu'au moment où vous serez en sécurité... Au moins, il est toujours possible de marcher sur des moignons congelés.

À faire et à ne pas faire quand on se déplace en milieu à température négative

À FAIRE

- Si la neige fond dans la journée, déplacez vous tôt le matin ou tard dans l'après-midi, moments où elle sera la plus froide et la plus ferme. En revanche, si le terrain est verglacé, avancez plutôt en milieu d'après-midi quand la glace sera moins glissante.
- Soyez très attentif aux changements remarquables de température : ils rendront votre escalade plus facile ou, au contraire, plus dangereuse.
- Les menaces d'avalanche sont très réelles en montagne (voir pages 159-161). Pour réduire les risques d'être enseveli, déplacez-vous le matin quand la neige n'a pas encore été réchauffée par le soleil.
- Utilisez un bâton pour assurer vos pas sur terrain inégal et, plus important, pour sonder la neige à la recherche d'objets cachés, de glace mince ou de ruisseaux dissimulés. Si vous traversez la glace, un bâton pourra également vous sauver la vie en vous donnant un appui pour vous hisser.
- Surveillez toujours le temps. Creusez une tranchée ou n'importe quel autre abri, dès les premiers signes d'une détérioration. Ne tardez pas à installer votre campement, surtout pendant les courtes journées hivernales. Vous ne commettrez pas deux fois la même erreur.
- Faites le maximum pour rester au sec. Le froid tue en milieu à température négative, mais ses effets seront beaucoup plus dévastateurs si l'eau ou l'humidité viennent en contact avec votre peau. Des vêtements détrempés drainent la chaleur de votre corps cinquante fois plus vite que des vêtements secs.
- Gardez vos pieds au sec. Même si le reste de votre corps n'est pas humide, n'oubliez surtout pas vos pieds. S'ils sont mouillés, séchez-les vite. Pieds et orteils gelés sont très courants chez les alpinistes et quand ils « se réchauffent », la douleur peut être insoutenable. Parfois, mieux vaut ne pas toucher à des pieds gelés jusqu'au moment où vous regagnerez la sécurité. Au moins, il est toujours possible de marcher sur des moignons congelés.
- Attention à la glace mince. Évitez-la et si c'est impossible répartissez votre poids en rampant ou en vous ramassant sur vous même. Principe

de base : sondez vigoureusement au moins trois fois avec votre bâton et, normalement, tout ira bien. S'il y pénètre la première ou la deuxième fois, éloignez-vous.
• Utilisez les rivières pour vous orienter. Dans certaines régions du monde, lorsqu'un cours d'eau gèle sur une épaisseur de plusieurs dizaines de centimètres en hiver, il devient une route valable vers le salut.

À NE PAS FAIRE
• Transpirer abondamment pendant que vous vous déplacez. Non seulement vous vous déshydratez rapidement, mais vous mouillez vos vêtements qui bientôt vont geler et vous vider de votre chaleur corporelle, précipitant ainsi l'hypothermie.
• Marcher sur ou sous une crête sous le vent en hiver. La neige soufflée par le vent va s'accumuler en corniche très fragile qui peut s'écrouler sous vos pieds ou à cause des vibrations sonores.
• Essayez de vous déplacer en cas de blizzard. Montée, descente, les quatre points cardinaux : impossibles à distinguer ! Le risque de traverser la glace ou de tomber dans une crevasse augmente dramatiquement car on ne peut plus juger de la nature du terrain.
• Essayez de traverser un cours d'eau couvert de neige.
• Faire du stop sur des icebergs. Comme la plus grande partie est immergée, ils ont tendance à se retourner quand ils commencent à fondre.

La glace devrait faire au moins 5 centimètres d'épaisseur si vous comptez marcher dessus.

RISQUES NATURELS LES MONTAGNES EN HIVER

Avalanches

Les avalanches sont souvent fatales. Le secret pour les éviter consiste à connaître les conditions de leur formation. La plupart des avalanches se produisent sur des pentes entre 30 et 50° ou plus, et quand il a neigé plus de 12 centimètres dans les dernières vingt-quatre heures. Si vous êtes surpris par une tempête de neige en montagne, mieux vaut attendre une journée avant de repartir... si possible.
Surveillez attentivement tous les signes révélant qu'une avalanche s'est déjà produite par le passé. Il en arrivera sûrement d'autres dans l'avenir. Des arbres dont les plus hautes branches ont été arrachées peuvent signaler une coulée. Il faut éviter cette zone après de fortes chutes de neige. Les crêtes exposées, là où le vent a soufflé de la neige en corniche, comme une vague gelée, sont également très dangereuses. Une neige profonde tombée sur des flancs convexes (bombés comme l'extérieur d'une lentille) peut glisser ; idem sur les pentes et les ravins où se trouvent

SURVIVRE À UNE AVALANCHE

Si vous êtes emporté par une avalanche, faites le maximum pour gagner le bord de la coulée. Essayez de la prendre de vitesse se révélera vain. Couvrez-vous la bouche. De nombreuses victimes d'avalanche meurent noyées par l'inhalation de neige pulvérulente. Tentez de maintenir les bras devant le visage afin de créer un espace pour l'air avant que la neige ne gèle. D'autres, désorientées, ont creusé dans le mauvais sens. Pour trouver le haut et le bas : crachez ou urinez. Le filet de liquide se dirigera vers le bas. Creusez ensuite vers le haut le plus vite possible. La neige d'avalanche, une fois stabilisée, se compacte très vite et devient aussi dure que du béton.

Je me souviens d'avoir observé dans les Alpes les conséquences dévastatrices d'une avalanche. Je n'avais jamais vu ça. Des dizaines d'hectares d'arbres massifs réduits à l'état d'allumettes, l'écorce arrachée et, tout autour, la neige dure comme de la pierre. Si vous êtes pris dans une telle avalanche, vous n'avez guère de chances d'y survivre. C'est souvent l'onde de choc précèdant la coulée qui provoque les dégâts initiaux les plus violents.

Sur l'Everest, les avalanches se montraient une réalité quotidienne et dévalaient les crêtes tout autour de nous. Nous avons échappé de peu à une coulée gigantesque. Il s'en est fallu de quelques minutes, le dernier jour de la descente. Nous avions survécu quatre-vingt-onze jours sur le toit du monde, mais le dernier matin, nous luttions contre nos pieds gelés et nos corps affaiblis. Nous avons levé le camp pour rejoindre la base à 6 h 5 au lieu de 6 heures. Cinq minutes de retard... rien de grave. Quelques heures après, néanmoins, au cours de la descente, une avalanche a balayé devant nous le glacier sur lequel nous nous trouvions. Si nous étions partis à l'heure, nous aurions été quelques centaines de mètres plus bas et la coulée nous aurait engloutis. Nous nous sommes assis sur nos sacs et nous avons contemplé cette gigantesque masse blanche qui emportait tout sur son passage.

La chance compte beaucoup quand on se déplace dans des couloirs d'avalanche mais, si vous connaissez les signes et si vous avancez aux bonnes heures de la journée, vous réduirez grandement les risques.

Si vous êtes enseveli, n'oubliez pas ces quelques réflexes vitaux : déplacez-vous le plus rapidement possible sur le côté ; couvrez votre visage ; essayez des mouvements de natation pour vous creuser un chemin vers le haut... et dites vos prières !

peu d'arbres ou de rochers capables de maintenir la neige en place. Attention aux couloirs d'avalanche classiques sur des pentes raides exposées au nord. Après une chute de neige, les coulées peuvent survenir quotidiennement.

Si vos pas font craqueler la neige, alors il est probable que la masse neigeuse soit sous tension, prête à glisser. Évitez de vous déplacer quand le soleil frappe directement des sites dangereux en plein après-midi. Attendez qu'ils soient à l'ombre et restez le plus haut possible, à l'endroit où vous risquerez le moins d'être enseveli.

Glaciers et crevasses

La première règle du survivant solitaire consiste à éviter de traverser un glacier à moins que sa vie n'en dépende. Les glaciers sont des rivières de glace. À l'instar d'une rivière normale, ils « coulent », mais à une vitesse considérablement réduite. Les énormes pressions

Les avalanches détruisent tout sur leur passage. Ne prenez pas de risques : déplacez-vous tôt dans la journée avant que le soleil ne fasse fondre la neige.

exercées par le terrain inégal qu'ils dissimulent les font s'infléchir et se courber, ce qui les soumet aux failles et aux fissures : les crevasses. Elles peuvent parfois atteindre plusieurs centaines de mètres de profondeur.

En raison du mouvement permanent et des chutes de neige répétées, les crevasses sont souvent camouflées par des ponts de glace qui cèdent facilement sous le poids d'un homme. Lors des ascensions, les montagnards s'encordent toujours. Si l'un des membres de l'expédition tombe, il sera remonté par les autres.

Un jour dans l'Everest, sur le Khumbu, le célèbre glacier géant, j'ai failli ne pas m'en sortir. C'est une véritable cascade de blocs de glace de la taille d'une cathédrale, sillonnée de crevasses monumentales. J'ai marché sur ce qui me semblait de la glace solide. Alors que je déplaçais mon poids vers l'avant, j'ai repéré une fissure sous mes pieds. Elle a cessé de progresser, une seconde, et toute la zone autour de moi s'est effondrée. Je suis tombé. La glace que j'avais brisée aussi, et elle m'a assommé. Je me suis retrouvé inconscient au bout de la corde, entouré des parois d'une glace noire plongeant sous moi sur plusieurs centaines de mètres. Mes compagnons de cordée m'ont hissé et m'ont ainsi sauvé la vie. Ne sous-estimez jamais la dangerosité d'une crevasse. La terreur qu'elles inspirent est légitime. Faites un détour !

Lors des ascensions, les alpinistes s'encordent toujours ; si l'un des membres de l'expédition tombe, ses compagnons le sauvent.

Si vous ne pouvez éviter la traversée d'un glacier, avant de commencer, efforcez-vous d'observer sa forme et ses caractéristiques. Il existe des zones plus sujettes aux crevasses que les autres. En particulier, les bords (où déplacement et friction sur le milieu environnant agrandissent les fissures) ; la courbe extérieure quand le glacier serpente le long d'une vallée (on y trouve le maximum de tension et de tiraillements) ; les bosses, en contrebas d'une paroi concave (la pression vient du dessous). Le premier tiers supérieur des glaciers doit également être évité, car la neige s'y accumulant peut cacher des crevasses. Elles se forment en lignes parallèles avec de petites « fissures » qui en rayonnent. Les crevasses sont souvent beaucoup plus vastes qu'elles n'apparaissent en surface.

Les saisons, les variations de température et la qualité de la lumière doivent être prise en compte lorsqu'il s'agit de juger du risque couru en empruntant un pont enneigé pour traverser une crevasse. En plein hiver, les températures sont plus froides et donc les ponts plus solides. En revanche, au printemps,

Tomber dans une crevasse s'avère souvent mortel – évitez-les à tout prix.

avec ses températures plus élevées, les crevasses seront plus visibles, mais bien plus perfides.

TRAVERSER UNE CREVASSE

Bollard en neige, bollard en glace

Si vous avez une corde, taillez un bollard en neige ou en glace. Il s'agit d'un amas de neige compactée ou de glace que vous sculpterez en forme de champignon. Il doit être suffisamment dense pour supporter votre poids au bout d'une corde, si jamais vous tombiez dans une crevasse. En général, un bollard en neige mesure 1,5 mètres de large (doublez si la neige est molle) et 45 centimètres de haut ; tandis qu'en glace vous pourrez vous contenter de 30 centimètres de large et 15 centimètres de haut.
Si vous avez un morceau de tissu, coincez-le entre la corde et la neige sur le côté du bollard qui en supporte le poids. Il répartira la pression sur la corde et l'empêchera de s'effilocher sur la glace ou la neige. Voyez grand... inutile que votre corde passe à travers. Tentez également de planter plusieurs bouts de bois robustes à l'horizontale. Ils serviront d'ancre à la corde qui serpentera autour. N'oubliez pas de mettre un peu de tissu pour répartir le poids.

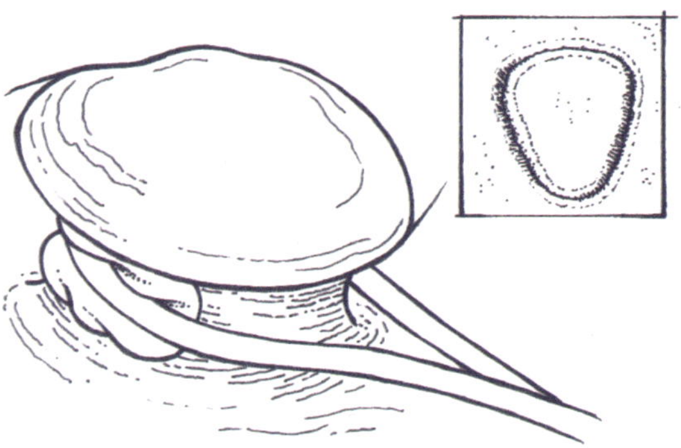

Technique de la corde nouée

En montagne, j'ai testé et utilisé une technique qui n'est employée que depuis très récemment par les guides. Il faut faire des nœuds sur une corde (dans mon cas les suspentes de mon parachute) que vous laissez traîner derrière vous en traversant le glacier. À l'autre extrémité de la corde se trouve un contrepoids : en l'occurrence mon parachute, lesté de neige. Sur terrain solide et égal, la corde et le contrepoids glissent derrière vous, mais si vous tombez dans une crevasse, ils vont immédiatement mordre dans la neige et interrompre votre chute. Je peux vous confirmer que cette technique marche.

SORTIR D'UNE CREVASSE

Ne vous faites pas d'illusion : si vous tombez dans une crevasse profonde, que vous êtes seul, et pas encordé, vos chances d'en sortir s'avèrent très minces. Si vous survivez à la chute et que vous n'avez aucun moyen de grimper, essayez de descendre. C'est mieux que de rester les bras croisés en attendant la mort. Vous aurez peut-être la chance de trouver une rampe un peu plus bas ou sur le flanc du glacier. Aller au plus profond de cet abîme de glace vous paraîtra sans doute effrayant, mais il s'agit peut-être de votre unique option. Joe Simpson l'évoque dans sa célèbre aventure sur le Siula Grande, narrée dans *La Mort suspendue*.

Astuce : toujours prêt ! Lorsque vous traversez une zone parsemée de crevasses, soit grâce à un système d'arrêt ou avec d'autres grimpeurs, munissez-vous toujours de quelques petites longueurs de corde que vous pourrez utiliser en Prusik (voir la section sur les nœuds au chapitre 1, page 53). Elles vous aideront si vous chutez. Se hisser tout seul sur une corde très fine s'avère presque impossible, mais des Prusik pourraient vous sauver la vie en créant des prises de pieds. Elles vous permettront de grimper sur la corde sans glisser. Si vous n'avez pas de corde, vos lacets peuvent très bien faire l'affaire.

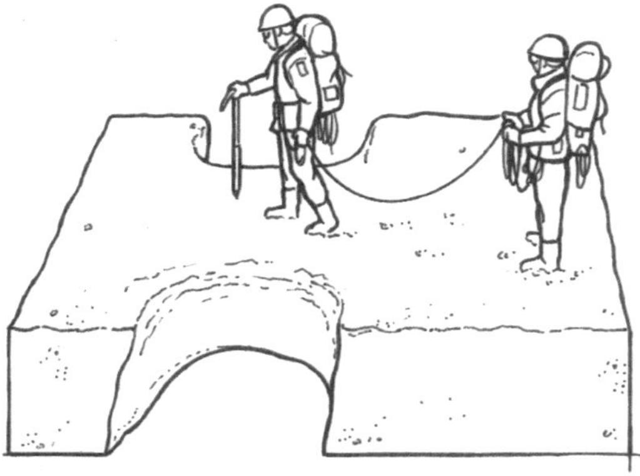

Et n'oubliez pas…

- Ne traversez jamais une crevasse sauf si vous ne pouvez pas faire autrement. Une seule erreur et votre voyage risquerait de se terminer brutalement… et pour toujours.
- Déplacez-vous si possible tôt le matin quand la température est plus froide. Le soleil bas dans le ciel vous permet également de mieux repérer les signes révélateurs d'une crevasse, en particulier de légères dépressions dans la neige d'une couleur plus sombre et d'une texture différente.
- Si vous trouvez un pont de glace, veillez à le sonder très précautionneusement à l'aide d'un bâton. Au moindre signe de faiblesse, ne l'empruntez pas !

• Répartissez votre poids au maximum lorsque vous traversez un pont de glace en vous accroupissant ou en rampant. Traversez la crevasse à angle droit.
• Ne sautez par-dessus une crevasse que si vous êtes certain de bien voir ses vrais bords.
• Si vous tombez dans une crevasse, tendez les bras et les jambes pour essayez d'interrompre votre chute en vous coinçant entre les parois.

RISQUES NATURELS L'ARCTIQUE

Glace mince

« S'aventurer en terrain glissant » n'est pas qu'une expression. Comme tout meneur de chiens de traîneau vous le dira, une couche de glace trop mince attire les catastrophes. Si vous la traversez, vos chances de revenir sur la terre ferme resteront très minces, elles aussi, et si vous n'y arrivez pas, c'est l'hypothermie en quelques minutes. Dans l'Arctique, l'épaisseur de glace se révèle très variable. En outre, elle rompt facilement. Les fissures qu'elle laisse en se brisant s'appellent les chenaux. Ils sont potentiellement mortels si vous chutez.

Dans cette hypothèse : nagez vers le bord d'où vous êtes tombé et avancez sur la glace en rampant comme un phoque : maintenez votre centre de gravité le plus bas possible et répartissez votre poids. La glace sur le bord sera d'autant plus fine, glissante et susceptible de casser que vous exercerez une pression dessus en essayant de remonter. Si ce cas de figure se produit : continuez d'avancer et de casser la couche de glace jusqu'à ce que vous n'y arriviez plus. Elle sera alors assez solide pour supporter votre poids quand vous vous hisserez.

J'ai déjà eu la malchance de traverser quatre fois la glace. L'hiver en montagne, les lacs gelés sont de véritables tueurs. Mais vous trouverez toujours, ou presque, un autre chemin. Surtout empruntez-le ! Les dangers d'une immersion en milieu à température négative comprennent de prime abord ce choc qui coupe le souffle : instinctivement, on cherche l'air et on boit la tasse avant de se noyer. Ensuite, il y a l'arrêt cardiaque, provoqué par la température de l'eau. Et enfin, le véritable assassin, l'engourdissement causé par le froid. Au bout d'une ou deux minutes, le corps perd toutes sensations et vous prive de la coordination et de la force nécessaires pour vous hisser hors de l'eau.

La clé pour survivre à une telle chute dans un lac glacé consiste à agir vite pendant que l'adrénaline travaille encore à votre avantage. Essayez de rester calme (plus facile à dire qu'à faire !) et maîtrisez votre respiration. Ôtez votre sac à dos. Faites demi-tour – vers le seul chemin où vous êtes certain que la glace vous portera – puis sortez tout objet pointu (couteau, pointe de bâton de ski), plantez-le dans la glace et hissez-vous en vous tortillant et en

Je teste un système d'arrêt conçu à partir d'un parachute et d'une corde à nœuds.

gardant votre centre de gravité le plus bas possible tant que vous ne serez pas en sécurité. J'ai déjà réussi à mains nues… mais c'est beaucoup plus difficile.
En priorité : ôtez vos vêtements humides et séchez-vous. Si vous n'avez pas d'autres vêtements, déshabillez-vous, roulez vos habits dans la neige poudreuse qui absorbera en partie leur humidité, essorez-les, remettez-les et marchez pour combattre l'engourdissement. Une fois réchauffé, trouvez un abri, puis continuez de vous activer tant qu'ils ne seront pas secs. Ces longues heures vous sembleront très dures. Lorsque je l'ai fait dans les Alpes, j'avais préparé un feu à l'avance afin de pouvoir sécher immédiatement mes affaires. Autre technique, vous pouvez tenter de « lyophiliser » vos vêtements : ôtez-les, laissez-les geler, puis enlevez toute la glace quand ils seront devenus bien raides.
L'un des membres de l'équipage Shackleton glissa un jour du petit morceau de banquise sur lequel il dormait. Il marcha en rond pendant une douzaine d'heures afin d'éviter de mourir de froid. Mais il survécut.

Oui, c'est vraiment aussi froid et épouvantable que ça en a l'air.

Amas de glace et crêtes

On voit souvent en Arctique de vastes champs de glace qui ressemblent à la version enneigée de chantiers abandonnés parsemés d'énormes amas de glace et de neige. Ils apparaissent lors des chocs entre morceaux géants de banquise. Ce qui peut survenir à l'improviste. Des explorateurs arctiques ont déjà installé leur campement de nuit sur terrain plat pour se réveiller le matin cernés par des blocs de glace.
Les crêtes ressemblent à ces amas, mais elles sont provoquées par des fractures qui se referment et dont les bords se chevauchent. La pression pousse les plaques vers le haut. Mieux vaut éviter ces deux types de formation : quand on traverse des terrains escarpés, on risque de se fouler une cheville ou pire... Efforcez-vous de trouver des zones dégagées. Si vous n'avez d'autres choix, soyez patient et avancez prudemment.

Brouillard

Il y a beaucoup de brouillard en Arctique, surtout au printemps. Il survient quand les fractures proches du bord de la banquise s'élargissent et que de vastes zones d'eau libre provoquent un énorme différentiel de température entre l'air plus chaud du sud et la température de surface de la mer qui se condense en brume. Dans ces conditions, fissures et couches de glace mince s'avèrent très difficiles à remarquer... sauf quand vous vous trouvez dessus.

Bref, en cas de brouillard, déplacez-vous encore plus prudemment.

En haute montagne, l'hiver, les lacs gelés sont des tueurs. Mais il y a presque toujours un autre chemin. Alors, trouvez-le... et surtout empruntez-le !

RISQUES NATURELS L'ANTARCTIQUE

La plupart des risques naturels rencontrés dans l'Arctique ou dans les milieux montagneux à température négative posent également un problème en Antarctique. Toutefois, il existe une caractéristique très particulière de ce terrain qui en fait un véritable tueur : le refroidissement éolien ou facteur vent. Les conditions topographiques de l'Antarctique divisent ce continent en plusieurs zones climatiques très distinctes. À part l'intérieur, au temps relativement calme, les autres zones sont parmi les plus venteuses de la planète et comptent la plus tourmentée de toutes : le cap Denison, dans la baie du Commonwealth où le vent souffle en moyenne annuelle à plus de 80 kilomètres par heure. Quand vous vous déplacez, votre principale préoccupation demeure de pouvoir échapper au vent, très rapidement s'il le faut.

PROBLÈMES DE SANTÉ

Dans n'importe quel environnement, le froid représente l'un des plus grands ennemis du survivant. L'hypothermie s'établit quand le corps perd progressivement plus de chaleur qu'il ne peut en générer et que la température baisse de 37°C à 35°C ou moins. Les effets du froid s'avèrent plus dangereux à haute altitude où les montagnards sont particulièrement vulnérables, mais l'hypothermie peut parfaitement s'installer quand la température ambiante dépasse de loin zéro. Lorsqu'elle demeure en permanence négative, le risque augmente d'autant.

Le froid est un ennemi mortel et ses effets doivent être combattus. C'est la clé de la survie dans ce genre de climat : régler le problème avant qu'il ne soit trop tard. Parfois, on se tient chaud grâce à l'activité physique et les engelures ne surviennent que lorsque la détermination flanche, qu'on ne veut plus remuer ses orteils ou agiter ses mains. Dans

J'atteins enfin l'extrémité d'un glacier dans l'Alaska.

des conditions si pénibles, réchauffer son corps se révèle une bataille opiniâtre : la volonté de garder ses membres et ses extrémités en mouvement, en action, c'est résister à la tentation d'abandonner et au fait qu'ils s'engourdissent.

De nouveau, je le répète : la clé consiste à reconnaître les symptômes et agir avant qu'il ne soit trop tard – avant qu'il devienne impossible de se réchauffer. Si vous commencez à avoir froid aux mains, fourrez-les sous votre pantalon ou vos aisselles. Si vous n'êtes pas seul, emmitouflez vos pieds contre le ventre d'un compagnon. Je l'ai fait une fois. Cette méthode lui a sûrement sauvé les orteils. Adoptez-la le plus tôt possible et, surtout, avant d'en avoir vraiment besoin.

Hypothermie

Conserver la chaleur s'avère toujours une bien meilleure stratégie que la perdre. Dès lors, en premier lieu, il faut comprendre les cinq façons de la dissiper : rayonnement, conduction, convection, évaporation et respiration. En d'autres termes, nous perdons de la chaleur comme un radiateur qui essaie de réchauffer une pièce (rayonnement) ; en entrant directement en contact avec une surface froide, comme de la neige (conduction) ; par les échanges thermiques avec l'environnement, généralement composé d'air froid (convection) ; en transpirant (évaporation) ; et, tout simplement, en respirant : quand l'air froid entre dans notre corps et que l'expiration prélève chaleur et humidité (respiration).

Si la température ambiante reste la principale cause d'hypothermie, c'est souvent les effets amplificateurs de l'eau et le facteur vent qui provoquent les vrais dégâts. Comme nous l'avons vu, l'eau draine la chaleur du corps près de cinquante fois plus vite que l'air ; donc, le moyen le plus simple d'éviter l'hypothermie consiste à rester au sec. Au même titre qu'un plongeon involontaire dans une rivière, la sueur doit être traitée comme un danger. Lorsque la transpiration refroidit et finit par geler, elle conduit très vite la chaleur hors de votre corps. Enlevez vos vêtements pendant que vous vous réchauffez et remettez-les dès que vous vous refroidissez. Faites attention à votre température. Cette vigilance s'avère critique pour réussir à survivre dans les froids extrêmes.

Garder ses membres et ses extrémités en mouvement, en action, c'est résister à la tentation d'abandonner et à l'engourdissement.

La chaleur quitte le corps très vite aux extrémités, où elle entre en contact direct avec l'environnement et où un grand volume de sang approche de la surface du corps. Environ 30 % de la chaleur du corps se perd au niveau de la tête et du cou, du fait de l'irrigation du cerveau. Inutile de dire que ces zones doivent être couvertes et protégées.

Lorsque la température de votre corps chute, votre thermomètre interne va laisser vos mains se refroidir, car elles ne sont pas vitales, mais pas votre cerveau qui, lui, l'est. Vous continuerez donc à perdre de la chaleur par la tête, jusqu'à l'inconscience et la mort. Je le répète : n'oubliez surtout pas de protéger et de couvrir votre tête !

La capacité de votre corps à réguler sa température dépend également de la déshydratation, de la faim et du manque de sommeil. Soyez donc toujours vigilant. Lorsque vous êtes déshydraté, la quantité de sang disponible pour réchauffer vos doigts et vos orteils diminue et augmente aussi le risque d'engelures.

SIGNES DE L'HYPOTHERMIE

Le frisson est le premier signe que le corps refroidit trop vite ; c'est également un mécanisme instinctif de survie par lequel il essaie de générer de la chaleur en contractant et relâchant très vite les muscles. Si rien

Une mer de glace : plus froide que la glace normale, sans cesse mouvante, et ultra-dangereuse quand il s'agit de la traverser.

n'est fait pour le réchauffer, le frisson va s'amplifier, la peau va devenir bleu et votre cerveau ne sera plus capable de réfléchir. Une fausse sensation de chaleur peut parfois s'ensuivre. Elle sera prolongée par la perte de conscience, le coma et la mort. Un état mental confus est un signe fiable d'hypothermie, mais votre cerveau devrait être capable de fonctionner normalement pour le reconnaître et c'est pourquoi il demeure si important, quand vous vous trouvez seul, de réagir vite et d'apprendre à reconnaître ces signes précoces.

Engelures

Les engelures surviennent quand, afin de conserver sa chaleur, le corps réduit la quantité de sang vers les extrémités (en commençant par les pieds et les mains) et que les tissus gèlent. Après l'engourdissement, puis le fourmillement, les parties affectées deviennent blanches et cireuses. La peau tourne ensuite au rouge, enfle, avant d'être marquée de taches noires, puis elle noircit entièrement. Le membre mort, septique, peut infecter le reste du corps.
Des engelures mineures sur les couches superficielles de l'épiderme sont traitées facilement si on intervient assez tôt, mais quand les couches les plus profondes gèlent, le problème devient beaucoup plus grave. En situation de survie, si des engelures sévères surviennent, comme déjà expliqué plus haut, mieux vaut ne pas toucher au membre gelé jusqu'à ce que les secours arrivent. Des survivants ont marché des jours entiers sur leurs pieds gelés, ce qu'ils n'auraient jamais pu faire s'ils avaient dégelé. Ils ont été amputés, ils ont parfois perdu leur nez… mais ils sont vivants.

Les engelures surviennent quand, afin de protéger sa chaleur interne, le corps réduit la quantité de sang vers les extrémités.

Songez à cet alpiniste, Beck Weathers, laissé pour mort sur l'Everest à 8 000 mètres. Assis, à l'agonie, il savait que s'il fermait les yeux, jamais il ne se réveillerait. À travers ses paupières gonflées, il vit une faible lueur qui miroitait. S'il voulait revoir sa famille, il fallait se relever et bouger. Il parvint à se redresser en chancelant sur ses pieds, des moignons de chair congelée, et se mit à marcher. Il se jura de marcher et de trouver les tentes ou de tomber dans un ravin. Il trouva les tentes.
Sa volonté, son feu intérieur, avait fait obéir ses membres gelés. Il perdit ses mains, ses pieds et son nez, mais survécut à cette épreuve.

ET COMMENT LES ÉVITER…

Lorsque vous êtes mouillé, même les meilleurs vêtements et chaussures videront votre corps de sa chaleur. Alors, avant tout, gardez votre équipement et vos habits au sec.

Les pieds se révèlent particulièrement vulnérables au froid et à l'humidité car les chaussures sont en contact permanent avec la neige. Il faut dont s'efforcer de garder bien au sec les chaussettes (et intérieur des chaussures), même si pour cela il vous faut en changer et les sécher régulièrement. Dans les SAS, une fois nos chaussettes ôtées, nous les fourrions au fond de notre pantalon pour les sécher. Assurez-vous que vos chaussures ne sont pas trop serrées, ce qui gênerait la circulation et accélérerait les risques d'engelures.
La nuit, ne laissez pas vos chaussures exposées aux éléments. Si vous ne les portez pas quand vous dormez, prenez-les dans votre abri et gardez-les à côté de votre corps. Gardez vos gants en permanence et tenez-les au sec. Ne touchez pas de métal (quart, crampons, piquets de tente) à mains nues : votre peau s'y collerait instantanément.
Évitez la présence de neige sur vos vêtements, car l'air plus tiède de votre abri la ferait fondre et les humidifierait. Secouez-les avant d'entrer. Utilisez n'importe quelle herbe ou mousse pour isoler vos affaires et votre abri. Fougères, aiguilles de pin, feuilles de hêtre sont tous de bons isolants.
Votre objectif principal, à part rester au chaud et au sec, consiste à maintenir votre circulation sanguine. Tout ce qui fluidifie le sang, dont les omégas 3 présents dans les poissons, améliore la circulation. Bougez vos membres très fréquemment. Il faut acquérir cette discipline et vous y tenir religieusement dans les froids extrêmes : n'oubliez aucune des parties mobiles de votre corps.

Photokératite cécité des neiges

Le reflet du soleil sur la neige amplifie les dégâts provoqués par ses rayons et peut provoquer la cécité des neiges. Elle survient quand les U.V. brûlent la cornée. Parmi les symptômes, on notera : rougeur, irritation et larmoiement jaunâtre, maux de tête, vision floue, puis cécité temporaire. J'ai vu un alpiniste dans l'Himalaya, sur le Lhotse, devenir complètement aveugle en raison des effets simultanés de la cécité des neiges et des brûlures causées par le froid à ses yeux.
Vous pouvez facilement fabriquer des lunettes de protection à l'aide d'une bande d'écorce, ou de tissu, dans lesquels vous pratiquerez deux fentes minces. (Un trait de charbon sous les yeux permet également de limiter le rayonnement.) Ne les ôtez surtout pas par temps couvert – quand elles semblent inutiles : vous avez toujours besoin de protection. C'est souvent dans cette situation que survient la cécité des neiges.

Ne touchez pas à mains nues des surfaces métalliques (quarts, crampons ou piquets de tente) ; votre peau s'y collerait instantanément.

SUR LE « GRYLLS » : SURVIVRE EN MILIEUX À TEMPÉRATURE NÉGATIVE

Règle 1
CONSERVEZ LA CHALEUR, RESTEZ AU SEC

L'hypothermie est l'ennemi public numéro un dans les milieux extrêmement froids. Toutefois, ce n'est pas la température normale extérieure qui vous tue, mais ses effets combinés avec le vent et l'humidité. Il faut donc vous protéger du vent et rester bien sec. Faites attention à vos membres, votre tête et vos extrémités comme à vos propres enfants : surveillez-les et protégez-les.

Règle 2
FABRIQUEZ UN ABRI EN NEIGE

Utilisez l'environnement pour vous abriter. La neige peut devenir votre plus grande alliée et non votre pire ennemie. Les abris en neige les plus simples sont faciles et rapides à fabriquer. N'oubliez pas que la neige est le meilleur isolant naturel. Après tout, les ours hibernent dedans… ce n'est pas si mal !

Règle 3
FABRIQUEZ UN BÂTON DE MARCHE

Un accessoire vous offrant support, protection, et vous permettant de sonder le terrain est indispensable sur terrain neigeux ou glacé. Il vous évitera de traverser une couche de glace mince, de tomber dans une crevasse, de dévaler une pente, et vous aidera à vous déplacer plus vite et facilement en montagne.

Règle 4
IMPROVISEZ DES RAQUETTES

Il faut répartir votre poids quand vous marchez sur une épaisse couche de neige. Il est possible de concevoir des raquettes à partir de n'importe quel matériau flexible et résistant que vous attacherez à vos pieds. C'est plus facile à faire que vous ne le pensez !

Règle 5
NE CESSEZ JAMAIS D'Y CROIRE

À tout prix, il faut résister à la tentation de vous rouler en boule et d'abandonner. Survivre à des températures extrêmes nécessite une détermination constante. Mais, au plus profond de vous, vous avez les ressources nécessaires. N'oubliez pas que lorsque vous avez été conçu, vous avez remporté une course contre 500 millions de concurrents, vous avez gagné une bataille difficile, dans l'obscurité la plus totale. Vous avez toujours été un champion dans l'âme. Il faut y croire et vous survivrez.

« La plus grande découverte de ma génération, c'est qu'un être humain peut modifier sa vie en modifiant sa façon de penser. »

William JAMES

JUNGLES

CHAPITRE 4

Le simple mot «jungle» exprime une menace sous-jacente. «Les jungles urbaines» portent ce nom en raison d'un sentiment effrayant qui nous étreint : nous sommes à la merci d'une force écrasante, complexe et sinistre, totalement insensible aux besoins d'un être humain isolé.

Ce qui s'avère une description assez juste du sentiment qui s'empare de nous une fois perdu, seul, dans une vraie jungle. Car bien loin de créer ou de maîtriser notre propre « zone de confort », nous sommes soudain projetés dans l'écosystème le plus complexe de la planète.

On peut définir la jungle comme une forêt, parfois vierge de toute présence humaine, et située sous les tropiques. Des conditions climatiques diverses, en raison des latitudes, altitudes et zones géologiques, créent à leur tour différents types d'écosystèmes tropicaux : forêts tropicales humides, dont l'Amazonie en Amérique du Sud et le Congo en Afrique, forêts humides intertropicales localisées dans une bande de 10 degrés au nord et au sud de l'équateur, parmi lesquelles l'Amérique du Sud et l'Amérique centrale, et une grande partie de l'Asie du Sud-Est.

La vie dans la jungle se caractérise par des températures élevées, des précipitations importantes et une humidité oppressante. Lorsque la pluie tombe, c'est souvent un vrai déluge, accompagné de tonnerre et de foudre, capable de provoquer des inondations massives. Au lieu des variations saisonnières classiques des zones tempérées (hiver/été), on assiste à une alternance entre « saison sèche » et « saison des pluies ». Il pleut même lors de la saison sèche, tandis que la saison humide rappelle la mousson. Orages et averses disparaissent aussi vite qu'ils sont apparus. Jour et nuit ont la même durée. La nuit tombe aussi vite que le soleil se lève.

Grâce à une combinaison optimale de tous les catalyseurs primaires de la vie (à savoir : l'eau, des températures élevées constantes et le soleil), les jungles contiennent plus d'organismes vivants au centimètre carré que les autres milieux terrestres. Ce qui explique pourquoi cet environnement semble aussi intimidant. Il s'agit d'une véritable couveuse pour tous les animaux et les insectes imaginables... mais aussi pour tous ceux que l'homme n'a pas encore découverts.
Nous devons apprendre à vivre au sein de cette nature généreuse si nous voulons avoir la moindre chance de survie dans cet environnement auquel nos ancêtres ont tourné le dos jadis. Ce n'est plus notre territoire naturel et il nous faut apprendre des règles que d'autres nous imposent.

Dans la jungle, vous devez apprendre à suivre les règles que d'autres édictent.

La vrai clé pour survivre dans la jungle consiste à adapter sa façon de penser : ralentissez, ne vous laissez pas distraire. Comprenez qu'il y a ici une profusion de vie à la fois merveilleuse et magnifique. Et non, comme on pourrait le croire de prime abord quand on se met à transpirer à grosses gouttes et à être mordu par des insectes, un cloaque terrifiant couvert de boue et abritant des monstres venimeux.
Dans la jungle, vous trouverez en abondance tout ce qu'il vous faut pour survivre : nourriture, abri, eau, feu et outils. Laissez-vous porter par ce milieu, ne le combattez pas. Vous faites désormais partie de la chaîne alimentaire, mais rappelez-vous qu'avec votre cerveau, vos aptitudes et votre force, s'ils sont correctement utilisés, vous resterez à son sommet.
Même les serpents venimeux ou les jaguars affamés se contentent en règle générale d'un régime précis et n'en dérogent guère. D'habitude, les serpents n'attaquent que s'ils sont surpris et acculés. Vous pouvez devenir le roi de la jungle si, plutôt que de la craindre, vous apprenez à l'utiliser, à l'aimer. Grâce à cette attitude, vous aurez plus de chance de rentrer chez vous en un seul morceau.
D'abord, l'ampleur, la taille et l'abondance de la faune et de la flore, de la

petite bestiole rampante jusqu'aux arbres gigantesques, paraissent intimidants. J'ai même connu des soldats qui en sont sortis complètement fous. Songez à l'histoire du jeune Marcos Martínez Herrera, dix-sept ans, séparé de son oncle au Costa Rica dans le parc national Corcovado en 2003. Il est resté seul… pendant treize jours.

Lorsqu'il a été secouru, après avoir parcouru plus de 40 kilomètres dans la jungle, il a parlé de ses nuits terrifiantes où les cris des animaux le tenaient éveillé. Les sauveteurs de la Croix-Rouge tenaient pour miraculeux qu'il ait survécu. Mais quelque chose en lui avait conservé sa flamme intacte et après coup, il a décrit comment il avait continué de prier, de suivre son instinct et comment il avait refusé de perdre tout espoir.

Certes, il y a probablement des techniques qui lui auraient permis de rendre cette épreuve moins pénible ou moins déplaisante. Pourtant, l'expérience de Marcos démontre clairement qu'en fin de compte, le savoir n'est pas l'ingrédient primordial pour survivre dans les environnements extrêmes. Si la connaissance des méthodes de survie se révèle un avantage énorme, en dernier ressort, c'est la volonté de survivre et la capacité d'adaptation qui font la véritable différence.

Comme Marcos Martínez Herrera l'a vite découvert, la peur s'avère la réaction initiale la plus courante chez les novices en matière de jungle. Mais elle ne vous aidera pas ; contrairement à la vigilance et à la prudence. Réfléchissez à deux fois avant d'agir. Avant de vous asseoir dessus, inspectez donc cette souche. Avant de vous allonger, nettoyez le sol à l'aide d'un bâton. Avant d'uriner dans un cours d'eau… avant de prendre appui sur une branche… cogitez. Observez. Une morsure infligée par la mauvaise créature peut vous tuer. Toute action dans la jungle entraîne une conséquence : sur un animal, sur une plante ou sur vous.

On dit de la jungle qu'on l'aime ou qu'on la déteste, mais en situation de survie… pas le choix ! Apprenez à l'aimer. Laissez-vous porter et rappelez-vous qu'avec un peu de jugeote et les techniques présentées dans ce chapitre, vous vous en sortirez vivant.

Comme Marcos Martínez Herrera l'a découvert, la peur s'avère une réaction initiale très courante chez le novice. Mais elle ne vous aidera pas ; au contraire de la vigilance et de la prudence.

CONSTRUIRE UN ABRI

Fabriquer un abri : la première solution tangible qu'il faudra apporter à votre situation fâcheuse. Ce refuge vous aidera à calmer votre sentiment de panique et vous remontera le moral. Dans un milieu où l'inconfort provoqué par la chaleur et l'humidité s'avère majeur, en plus des assauts conjugués de créatures mordantes, rampantes et glissantes de toutes tailles et de toutes formes, un abri vous donnera l'impression que vous maîtrisez la situation. Vous, et non la jungle.

Il vous soutiendra également dans la bataille mentale que j'ai évoquée dans le chapitre 1 (voir pages 15-20), vous maintiendra concentré sur les tâches quotidiennes nécessaires à la survie, tout en renforçant votre détermination à triompher des épreuves qui vous seront envoyées.

Étudier le terrain

Comme la nuit tombe vite et brusquement sous les latitudes tropicales, il est important d'utiliser les heures du jour à votre avantage. Prenez le temps d'étudier le terrain autour de vous quand vous en avez encore la possibilité. Comprendre que vous avez gâché vos forces et de précieuses heures à bâtir un abri au mauvais endroit sapera à la fois votre énergie et votre volonté. Or dans la jungle, la topographie des lieux demeure vitale.

La jungle peut vous fournir tout ce dont vous avez besoin pour survivre : nourriture, eau et abri.

Réfléchissez soigneusement à l'endroit où vous allez installer votre refuge. Tirez profit de la topographie. Restez en hauteur, assurez-vous de vous tenir à une distance raisonnable (au moins deux cents mètres) de tout point d'eau, afin de vous protéger des crues causées par les pluies soudaines et torrentielles. Elles vous balaieraient, vous et votre abri, comme des fétus de paille. Quand il pleut en forêt tropicale « humide », c'est un véritable déluge. Il faut s'y habituer, le prévoir, laisser la pluie vous apaiser plutôt que vous ébranler.

Rester en hauteur signifie aussi que vous aurez moins de chance de vous trouver sur le chemin d'un animal qui va s'abreuver. Vous éviterez également les marais et l'eau stagnante qui attirent souvent les moustiques.

Vous avez besoin non seulement d'un abri pour rester au sec, mais aussi pour vous protéger des assauts venus du sol et lancés par toutes sortes de créatures rampantes, glissantes, grouillantes et affamées ; donc votre première tâche devrait consister à trouver une fraction de jungle qui abrite peu de cachettes pour de telles bestioles.

Tenez-vous loin des zones herbeuses où les tiques se concentrent en grand nombre, et veillez à ce qu'il n'y ait pas de fourmis se déplaçant sur le site choisi. Car si vous êtes le roi de la jungle, les fourmis en sont les reines. D'ailleurs, sans elles, la jungle suffoquerait sous ses propres feuilles et mourrait en moins de six mois. Elles travaillent vingt-quatre heures sur vingt-quatre, jour et nuit, toute l'année et, quand une colonie se met en marche, elle dévaste tout sur son passage : mieux vaut pour vous qu'il ne s'agisse pas de votre campement.

Lorsque vous vous installez, n'oubliez pas de regarder au-dessus de vous, dans la canopée de ces gigantesques arbres qui vous surplombent. C'est fou ce qui en tombe régulièrement : branches mortes, noix de coco ou sangsues. Les chutes de bois mort tuent plus de personnes dans la jungle que les autres causes. Moi-même, je n'y croyais pas... jusqu'à mon premier séjour. Faites-moi confiance quand vous vous déplacez, les singes vous entendent. Ils se précipitent alors pour vous observer, ils se balancent dans les lianes et les branches mortes se mettent à pleuvoir. Soyez très prudent... il y a des façons de mourir plus spectaculaires ! Enfin, trouvez un long bâton et débarrassez le sol de toutes feuilles et débris végétaux.

Lorsqu'il pleut dans les forêts tropicales « humides », c'est un véritable déluge. Il faut s'y habituer, le prévoir, et laisser la pluie vous apaiser plutôt que vous ébranler.

Matériaux

BOIS, LIANES ET BAMBOU

Dans la jungle, il y a profusion de matériaux de construction pour un abri. Vous tomberez facilement sur de jeunes arbrisseaux flexibles qui serviront de montants pour votre refuge et votre lit. Les bambous colonisent la plupart de ces milieux et sont disponibles en toute taille : de la badine de proviseur à des monstres de 25 mètres.
Vous dénicherez également ces lianes sur lesquelles Tarzan aimait à se balancer. Vous pourrez les employer pour attacher vos matériaux et monter une structure, tandis que les grandes feuilles serviront pour la couvrir. Mousse et toute végétation rampante rembourreront efficacement votre « literie ».
Astuce : en raison de sa robustesse, de sa légèreté et de sa flexibilité, le bambou est un matériau très apprécié. Méfiez-vous cependant quand vous le cueillez. Il croît souvent en touffes, sous tension : il peut se fendre brusquement et causer des blessures sérieuses. À la base, ses poils piquants sont également une source majeure d'irritation.

FEUILLES

Vous trouverez une profusion de feuilles de toutes tailles, formes et textures. Vous pouvez les poser sur une structure de branchages (commencez toujours la couverture par le bas) afin de réaliser toits ou parois qui vous protégeront de la pluie.
La feuille de nypa – alias la « liane qui retient », parce qu'elle s'accroche au corps à l'aide de minuscules barbillons et vous ralentit que vous le vouliez ou non – est l'une des feuilles les plus couramment utilisées par les peuples autochtones. Le nypa possède une longue tige sur les côtés de laquelle poussent des feuilles effilées, un peu comme une plume géante. Coupez la tige en deux de haut en bas, mais faites attention car les extrémités des feuilles sont acérées. Sous cette forme, vous pouvez facilement les tresser sur la structure du toit ou des parois. Il ne faut pas plus de trente minutes pour couvrir votre abri et plus les feuilles seront grandes, plus le travail deviendra simple.

HERBES À ÉLÉPHANT ET FEUILLES DE PALMIER

Des plantes possédant des feuilles longues et larges, comme les herbes à éléphant, dont les tiges ressemblent au bambou et mesurent jusqu'à quatre mètres, font de bons matériaux de couverture pour toit, parois et réflecteurs. Les feuilles de palmier avec leurs grandes tiges s'avèrent également de bons candidats. Quant aux feuilles des plantes naturellement divisées (comme le philodendron devenu plante d'appartement), on peut facilement les tresser dans une structure.

Types d'abris

Le type d'abri que vous allez bâtir dépend en grande partie de la durée de votre séjour et des matériaux disponibles. En règle générale, les jungles sont moites, donc il n'y a pas beaucoup de vent. Par conséquent, vous aurez besoin en priorité d'une protection contre l'humidité.
Tout matériau que vous pourrez sauver vous sera utile dans la construction de votre abri : bâche, toile en plastique, ou simplement un peu de corde et un couteau. Ils seront très pratiques pour monter un abri improvisé efficace, à la fois étanche et bien aéré.
En de nombreuses occasions, j'ai choisi de me rendre dans la jungle équipé seulement d'un couteau et d'une gourde d'eau. Pas de machette, pas de moustiquaire, ni hamac ni bâche – pas même le nécessaire à feu que j'emporte souvent avec moi. Ce qui rend tout beaucoup plus complexe – surtout, évidemment, pour allumer un feu. Toutefois, j'ai réussi à faire des abris assez efficaces grâce uniquement à des lianes, du branchage et des feuilles. Je me répète : il faut improviser et se souvenir que dans la jungle, plus que dans tous les autres

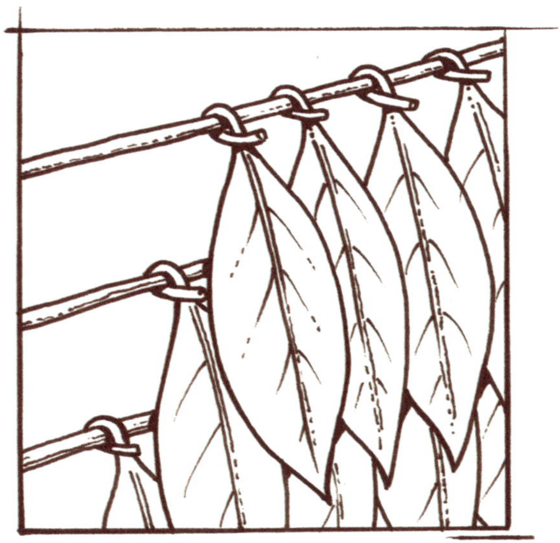

milieux, tout ce dont vous avez besoin se trouve à portée de main, si vous savez où chercher et si vous vous habituez à improviser.

Les débris végétaux sur le sol paraissent confortables, mais ils abritent une profusion d'insectes et d'autres petits animaux. Dans tout abri, vous devrez vous mettre hors de portée de ces créatures affamées qui feront de votre vie un enfer... et de vos nuits un vieux souvenir.

Une plate-forme en bois ou en bambou tapissée de feuilles ou de palmes se révèle l'option la plus simple pour des abris montés à la hâte, mais privilégiez une plate-forme surélevée qui vous éloignera du sol et permettra à l'air de circuler.

Vous devez vous mettre hors de portée de ces créatures affamées qui feront de votre vie un enfer... et de vos nuits un vieux souvenir.

Ralentissez et apprenez à faire corps avec la jungle – ne la combattez pas, laissez-vous porter par elle.

Abris temporaires : un gîte pour la nuit

Un abri simple, facile à construire et monté en quelques minutes, c'est toujours mieux que rien. Il vous fournira également une protection adéquate contre un orage tropical. Rappelez-vous : construisez-le avant la nuit – quand la lumière baisse, à 45 mètres sous la canopée, ça va très vite. Tenez-vous prêt.

ABRIS BÂCHES

À l'aide d'une corde ou d'une liane, reliez deux arbres ou deux arbrisseaux. S'ils ne conviennent pas, plantez deux pieux dans le sol, distants de deux mètres. Tendez votre bâche sur la corde ; une section doit également couvrir le sol. Vous aurez ainsi un plancher et un toit. Lestez la bâche avec des pierres et si l'autre bout n'atteint pas le sol, reliez les coins grâce à de la ficelle et des piquets qui serviront de « sardines ».

Enfin, ajoutez aux deux extrémités du toit du cordage que vous nouerez aux montants pour l'empêcher de s'affaisser.
Cette structure très simple vous protégera de la pluie et, en milieu humide, permettra à l'air frais de circuler. L'armée australienne utilise toujours ce « hootchie » – cette structure – lors de ses opérations dans la jungle.
Astuce : assurez-vous de garder la toile bien tendue à un angle aigu par rapport au sol. La pluie s'écoulera d'autant plus vite et pénétrera moins dans le tissu.

ABRIS DANS UN ARBRE COUCHÉ

Vous pouvez également nettoyer le sol autour du tronc pourrissant d'un arbre couché et vous y abriter. Creusez une cavité le long du tronc et n'oubliez pas une petite tranchée qui servira à drainer l'eau hors de votre nouveau « dortoir ».
Le bois pourrissant d'un gros tronc peut facilement être creusé afin de fabriquer un abri parfait contre la pluie.
Lorsque vous bâtissez un tel refuge, attention aux serpents et aux scorpions qui aiment aussi nicher au creux des arbres. Nettoyez parfaitement la zone, d'abord avec un bâton, et si possible, maintenez allumé un feu à bûches longues (voir page 33). Il est possible d'ajouter une protection en posant contre le tronc des branches que vous couvrirez de feuillage.
Astuce : avec ces deux abris, veillez à couvrir le sol de palmes tressées

pour votre confort et votre protection. Vous pouvez également utiliser du bambou et du branchage un peu plus souple pour vous surélever davantage.

Home sweet home : des abris faits pour durer

PLATE-FORME EN A

La plate-forme en A se monte assez facilement et peut également s'adapter comme abri de long terme. Attachez ensemble deux perches en forme de V inversé. Plantez cette structure dans le sol, la pointe vers le haut : vous avez le premier pignon de votre abri. Réunissez ensuite deux cannes de la même taille pour constituer la deuxième extrémité. Nouez une longue perche au sommet des deux V inversés. Créez ensuite une plate-forme de couchage en tissant des végétaux (écorce et lianes) entre deux longs bâtons, comme une civière d'hôpital. Reliez-la aux deux structures... vous avez la barre du A.
Tendez une bâche sur le sommet pour créer un toit imperméable à la pluie. Sinon, disposez des branches tressées de feuilles.
Astuce : faites dépasser les perches de la plate-forme de couchage de chaque côté de la structure. Vous pourrez y suspendre vos vêtements et vos chaussures loin du sol pendant la nuit, ou vous en servir de table.

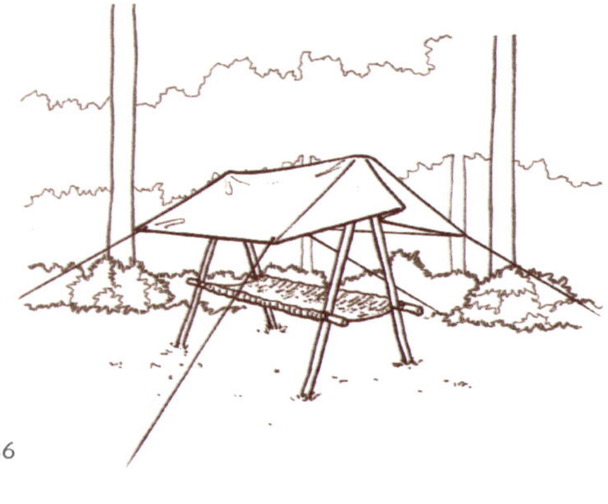

STRUCTURE EN APPENTIS

Attachez une perche au tronc, à hauteur d'épaule, environ. Laissez reposer l'autre extrémité sur le sol. Deux mètres plus loin, sur un autre arbre, nouez une deuxième perche parallèle à la première. Entre les deux, placez

une traverse de bois pour les relier. Entrecroiser des bâtons entre les deux montants de la structure. Posez des feuilles, les plus grandes possibles, au sommet de la structure.
Vous pouvez construire un lit surélevé en disposant du bambou ou du bois à l'intérieur de l'abri. Couvrez-le de palmes plus fines ou de feuilles. Comme toutes les structures en appentis, un tel abri fonctionne très bien avec un réflecteur et un feu à longues bûches (voir chapitre 1, pages 27-33).
J'ai souvent utilisé ce type de refuge dans la jungle et, à mon avis, c'est le plus simple. Vous pouvez en faire une version temporaire ou élaborée. Quoi qu'il en soit, il reste sobre et, dans le monde de la survie... la simplicité gagne à tous les coups. Alors, surtout, n'oubliez pas : faites simple !
Astuce : si vous disposez de bambous, vous pouvez réaliser une couverture de toit très efficace : fendez les tiges en deux (dans le sens de la longueur) puis reliez-les comme des tuiles, côté convexe dans côté concave et ainsi de suite. Vous créez ainsi des gouttières naturelles qui draineront l'eau très efficacement.

PRINCIPES DE L'ABRI DANS LA JUNGLE

- Ôtez une couche de vêtements quand vous commencez à travailler. Si elle est humide et mouillée, vous aurez au moins quelque chose de sec à porter une fois votre refuge terminé. J'ai cependant connu une expérience dans la jungle où il pleuvait si fort que je n'avais plus rien de sec et aucun vêtement de rechange. Au bout de quelques jours, malgré mes tentatives pour me sécher auprès du feu, j'ai commencé à avoir des plaies sérieuses. Si vous le pouvez, essayez de garder des vêtements au sec : c'est bon pour le moral et pour la santé. (On exige d'ailleurs des soldats qu'ils gardent à tout prix des vêtements de rechange secs. Ils doivent donc les mettre à l'abri. Une fois le refuge érigé, le soldat les enfile et passe la nuit avec. Le matin, il remet ses vêtements humides pour la journée.)
- Conservez à portée de main des matériaux supplémentaires pour réparation et ajouts ultérieurs – par exemple, un tas de feuilles pour la couverture du toit.
- Vérifiez toujours l'absence d'insectes et de serpents avant de vous mettre au travail et ne dormez jamais à même le sol de la jungle. Si vous n'avez pas le temps de construire une plate-forme surélevée, assurez-vous de poser du bambou ou des branches par terre ; vous les couvrirez de mousse et de feuilles pour votre confort.
- Veillez à ce que le sol soit bien sec et que la pluie soit drainée loin de votre abri.
- Restez éloigné des pistes laissées par les animaux. Elles pourraient mener à des trous d'eau très fréquentés.
- Regardez en l'air. Assurez-vous que rien dans la canopée – branche morte ou créature rampante – ne puisse vous tomber dessus.
- La nuit, faites couver votre feu, en y brûlant des mousses ou autre matériaux à combustion lente sur ses braises. Gardez une bonne quantité de bois mort à proximité.
- Les termitières se révèlent parfaites comme combustibles la nuit. Elles m'ont sauvé la peau, dans la jungle, alors que je n'avais pas de moustiquaire. Certes vous incinérez des excréments de termite, mais la termitière se consume lentement et éloigne les insectes.
- Prolongez votre abri vers votre foyer. Votre petit bois et votre feu devront eux aussi être protégés de la pluie. On y pense rarement... sauf quand on essaie de l'allumer sous un orage tropical !
- Une façon efficace de nouer une liane ou une corde à une bâche sans qu'elle glisse consiste d'abord à envelopper un caillou dans le textile, puis à nouer le cordage autour de la pierre. La bâche ne s'échappera pas de votre nœud.
- Le meilleur bois mort que vous pourrez collecter – en copeaux, il servira également d'initiateur – se trouve en hauteur, suspendu à des branches ou à des buissons. Il sera plus sec que le bois humide qui traîne par terre.
- Enfin, contrairement aux milieux à température négative ou aux déserts, comme ici la nuit dure douze heures, une fois votre abri érigé, vous aurez suffisamment de sommeil. Profitez-en : soyez consciencieux dans votre construction et reposez-vous bien !

TROUVER DE L'EAU

Quelle que soit la saison, la pluie et l'humidité seront en permanence vos adversaires dans la jungle. Les averses torrentielles peuvent vous tomber dessus à n'importe quel moment et quand le ciel s'éclaircit enfin, un torrent de sueur va bientôt inonder votre corps en raison du taux d'humidité extrêmement élevé.

Comptez en moyenne 80 % dans la journée, susceptible de culminer à 95 % la nuit. Il n'est pas rare que la pluie, réglée comme une horloge, tombe à heure fixe, souvent au crépuscule, et pendant la même durée. Apprenez à anticiper le climat local : déplacez-vous et abritez-vous en fonction de ces prévisions.

Dans la jungle, votre problème sera moins de trouver de l'eau que de l'obtenir sous une forme utile. Toutes les créatures se reproduisent à une vitesse stupéfiante dans cet environnement et, en particulier : toxines, virus, kystes, bactéries et parasites divers susceptibles de vous retourner les intestins.

Bref, ce n'est pas parce qu'il y a beaucoup d'eau autour de vous que vous devez éprouver un sentiment de sécurité. Ce serait totalement fallacieux. Dans la jungle, la règle consiste à supposer que l'eau est contaminée sauf si elle provient d'une averse récente, d'un arbre ou d'une plante que vous avez identifiés avec certitude.

Signes indiquant la présence de l'eau

Cours d'eau et eau de pluie sont le principal approvisionnement dans la jungle, mais vous ne pouvez pas toujours compter dessus. Selon les variations saisonnières ou géographiques et le type de jungle dans lequel vous vous trouvez, il est possible qu'il ne pleuve pas pendant des jours, voire des semaines, et que vous ne trouviez ni rivière ni même cours asséché.

Dans cette situation, il vous faudra suivre les indications que vous donne la nature. Rappelez-vous : vous n'êtes pas le seul en quête d'eau. En fait, tout l'écosystème autour de vous, des plus grands arbres aux insectes les plus minuscules, en cherchent aussi. Utilisez alors vos yeux pour voir ce que font vos concurrents et les indices vous apparaîtront très clairement.

Et puis sinon, descendez : vous trouverez toujours un cours d'eau.

ANIMAUX ET OISEAUX

Animaux et oiseaux ont besoin de boire régulièrement, tout comme nous. L'observation de leurs déplacements le matin et le soir, moments où ils aiment s'abreuver, vous indiquera souvent la présence d'eau. Si vous ne pouvez les suivre physiquement ou même du regard dans la végétation dense, traquez-les et ils vous y conduiront sans doute. Vous aurez une chance supplémentaire d'en dénicher si plusieurs pistes convergent.

Supposez que l'eau est contaminée, sauf si elle provient d'une averse récente, d'une plante ou d'un arbre positivement identifiés.

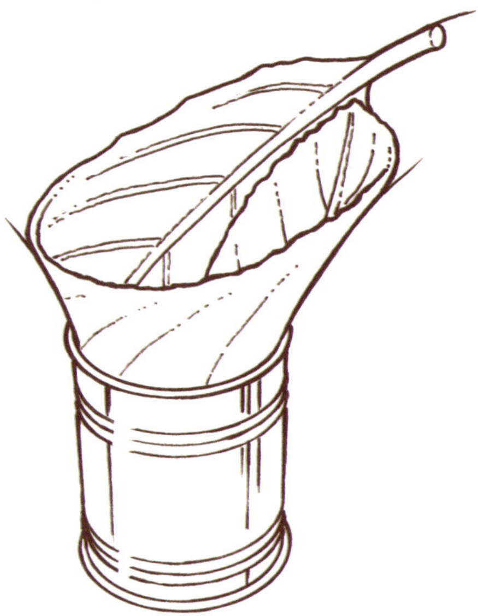

INSECTES

Toutes les créatures volantes et rampantes qui grouillent dans la jungle ont besoin d'eau : examinez les fourmis qui grimpent aux arbres vers des anfractuosités humides, les abeilles qui disparaissent dans la cavité d'un tronc (assurez-vous que la ruche est loin) et les essaims de mouche. Elles vous indiqueront probablement une direction prometteuse.

Approvisionnement en eau : pièges à pluie

BÂCHE

Recueillir l'eau de pluie s'avère de loin le moyen le plus facile, le plus rapide et généralement le plus sûr d'obtenir de l'eau potable dans la jungle. Si vous avez une bâche, attachez-la à des arbres pour former une pente naturelle. En quelques minutes d'une bonne averse, vous collecterez une grande quantité d'eau que vous pourrez conserver à l'aide d'une gourde ou d'un quart. Si vous n'avez pas de récipients, avec un peu d'imagination, vous transformerez vite une feuille en « verre » ou en contenant pour stocker l'eau en surplus. Généralement, l'eau de pluie est potable sans purification.

FEUILLES TROPICALES

Pliez des grandes feuilles trouvées dans la jungle en forme d'entonnoir pour guider l'eau dans vos récipients. Plus vous laissez d'entonnoirs, plus vous collecterez d'eau.

TROUS D'EAU

Les sols où l'eau a été manifestement présente par le passé en contiennent toujours près de la surface. Lorsque vous repérez un endroit prometteur, creusez jusqu'à ce que la terre devienne humide, voire mouillée, et laissez l'eau remonter toute la nuit. Il faudra ensuite la filtrer et la purifier en la faisant bouillir. Si l'humidité ne permet pas de lancer un feu et de la faire bouillir, essayez de la clarifier à travers une chaussette remplie de charbon prélevé dans un ancien foyer.

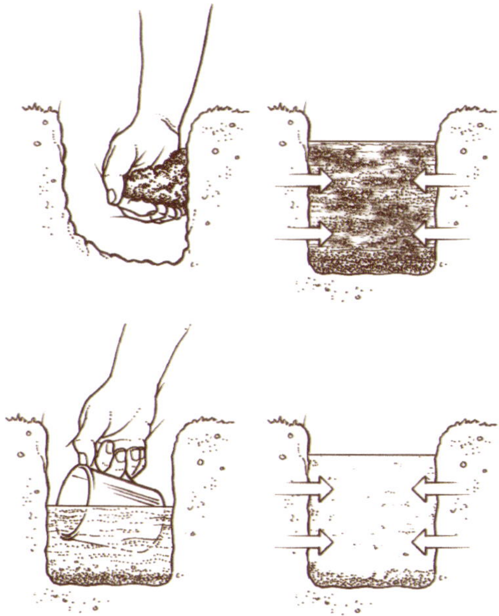

PIÈGES À ÉVAPORATION

Un piège à évaporation (voir pages 99 et 100) peut recueillir de petites quantités d'eau issues de la « respiration » des plantes tropicales.

Approvisionnement en eau : les plantes

Autour de vous dans la jungle, la végétation, comme tout autre être vivant, dont vous-même, est constituée en grande partie d'eau. Plantes et arbres deviennent une source d'eau primordiale quand la pluie cesse temporairement de tomber.

LIANES

De nombreux types de lianes contiennent de l'eau, mais il faut rester prudent quant à nos choix. Grâce à un système de capillaires, elles font remonter l'eau des racines jusqu'au sommet de la plante qui cherche le soleil. En incisant au pied et à la tête, le

De nombreux types de lianes contiennent de l'eau, mais il faut rester prudent dans votre choix.

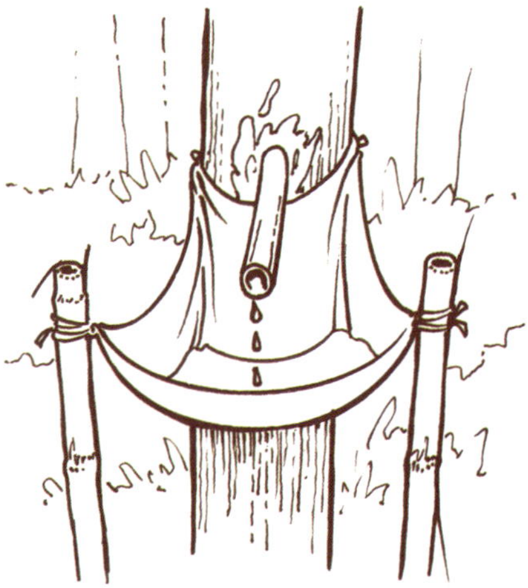

liquide irriguant les capillaires est libéré. Vous trouverez le maximum d'eau dans la journée, quand l'extrémité en pleine croissance en a le plus besoin. D'abord, incisez profondément le haut de la liane. Puis coupez-la, au pied, près des racines. Le système de capillaires qui attire l'eau vers le sommet ne fonctionnera plus, la gravité prendra le dessus et la fera redescendre. Tenez la plante au-dessus de votre bouche et une fois certain que le liquide est pur et clair, laissez-le ruisseler sur votre langue.
Veillez à ce que la liane ne touche pas votre bouche en raison des irritations de contact toujours possibles. Quand vous n'obtenez plus d'eau, incisez 5 centimètres un peu plus haut et recommencez. Attention : si la sève est rouge, jaune ou laiteuse, si elle est collante ou amère, évitez-la. Dans la jungle, quand je me déplace, je bois souvent le liquide tiré des lianes. Pur, on le trouve facilement. Il me permet de me réhydrater sans m'arrêter.

BANANIER, PLANTAIN ET FIGUIER

Excellentes sources de liquide. Coupez le « tronc » du bananier ou du plantain et creusez une cavité qui se remplira de l'eau présente dans les racines. Jetez les premiers bols de liquide un peu amer, la qualité s'améliorera par la suite. Un seul arbre peut fournir jusqu'à quatre jours de consommation. N'oubliez pas de couvrir la souche, car les insectes rôdent. Les figuiers – capables de procurer des litres et des litres d'eau – doivent être percés,

puis munis d'un robinet. Un simple morceau de bambou fera l'affaire.

BAMBOU

Les bambous, surtout les plus gros et les plus vieux, passés du vert au jaune, contiennent souvent de l'eau. Secouez-les ou tapez dessus : si vous entendez de l'eau, forez des trous, section après section, pour la recueillir. Vous pouvez également couper une section entière et l'emporter avec vous.

NÉPENTHES

Les jungles d'Asie du Sud-Est sont réputées pour les népenthes, ces végétaux dont les feuilles, qu'on prend souvent pour leurs fleurs, ont une forme de pichet et recueillent l'eau de pluie. Elles collectent également les nutriments vitaux pour cette plante carnivore – en particulier des insectes. N'oubliez pas d'ôter toutes les bestioles mortes et faites bouillir le liquide.

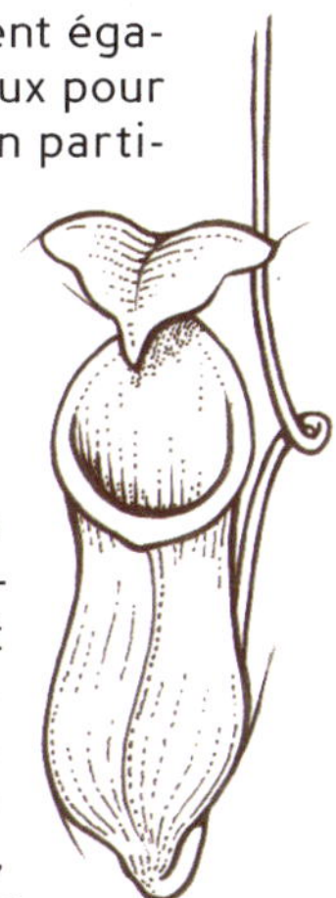

RACINES

Lorsqu'il devient difficile de trouver de l'eau, souvenez-vous que les racines sont les réservoirs de toutes les plantes, de tous les arbres et qu'elles abritent une bonne quantité de liquide, quoique que plus complexe à extraire. Broyez les racines sous forme de pulpe et recueillez l'humidité. Les tiges de nombreuses plantes contiennent également de l'eau. Procédez de la même façon.

EXCRÉMENTS D'ÉLÉPHANT

Les crottes d'éléphant sont en grande partie végétales, car constituées de végétation à demi digérée ! Dans les savanes de l'Afrique et les forêts de l'Ouganda, où des pachydermes vivent toujours dans la jungle, les excréments d'éléphant représentent une source non négligeable de liquide. Au Kenya, j'ai bu régulièrement de l'eau obtenue en pressant ces bouses bien fraîches. En effet, le système digestif des éléphants s'avère d'une inefficacité rare et les crottes (récentes) sont suffisamment stériles pour être consommées. Dans les régions très arides, elles auront séché mais, souvent, elles restent assez humides pour être « bues ». D'accord, ça ne sent pas la rose, mais le caca d'éléphant peut vous sauver la vie ! En revanche, comme je l'avais remarqué à l'époque… il n'est pas inutile de se boucher le nez !

Pour récupérer ces noix (de coco) vertes, les miennes ont bien souffert !

Sources d'eau : arbres

PALMIERS

Les nypas et corryphas contiennent un liquide laiteux et sucré, délicieux. Le secret consiste à inciser l'inflorescence près du sommet et à la replier pour en exprimer la sève. Vous pouvez le faire deux fois par jour ; en vingt-quatre heures, il est possible d'en recueillir près d'un litre. En fonction de l'arbre, l'inflorescence se trouvera au sol ou un peu plus haut, auquel cas, il vous faudra faire un peu de grimpette.

Les noix de coco représentent une excellente (et exquise) source de liquide et de nutriments. Attention de ne boire que le lait de la noix de coco verte (pas mûre), car celui de la noix de coco mûre est laxatif et vous déshydraterait. Plutôt contre-productif, non ?

BAOBAB

Cet arbre très caractéristique se trouve dans les plaines sableuses du nord de l'Australie et en Afrique ; il collecte de l'eau dans son tronc en forme de bouteille au cours de la saison des pluies. Après des semaines de sécheresse, vous pourrez peut-être y recueillir encore un peu d'eau claire et potable.

Purification et filtration

Dans la jungle, traitez toutes les sources d'eau d'un œil soupçonneux. Malgré les précautions, il est difficile d'éviter les diarrhées dans la jungle, comme je l'ai découvert à mes dépens dans la forêt tropicale du Costa Rica. J'ai fait très attention à l'eau et pourtant, cette « courante » m'a laissé sur le carreau pendant vingt-quatre heures. Vous savez qu'elle est grave quand vous n'avez même plus la force de repartir ! Bref, soyez très prudent avec ce que vous buvez.

Faites bouillir l'eau pendant au moins dix minutes si vous avez le moindre doute. Cette méthode suffira à tuer toutes les bestioles connues.

L'eau peut également être purifiée en restant vingt-quatre heures au soleil. Les particules de matière en suspension se déposeront et les U.V. du rayonnement solaire tueront certaines bactéries. L'eau purifiée doit ensuite être filtrée par un textile au tissage assez fin... un t-shirt par exemple.

Pour une technique de filtration encore plus efficace, construisez un trépied à l'aide de bâtons et créez des plates-formes sur trois niveaux différents. Couvrez la première de mousse, la deuxième de sable et la troisième de charbon de bois issu d'un précédent foyer. Versez l'eau par-dessus afin qu'elle coule à travers chaque filtre, puis dans un récipient. Souvenez-vous qu'un tel système enlèvera les débris, améliorera le goût de l'eau et en réduira l'odeur, mais ne tuera pas les micro-organismes. En l'absence de produits chimiques tels que le chlore ou l'iode, faire bouillir l'eau reste le moyen le plus sûr et le plus efficace de purification.

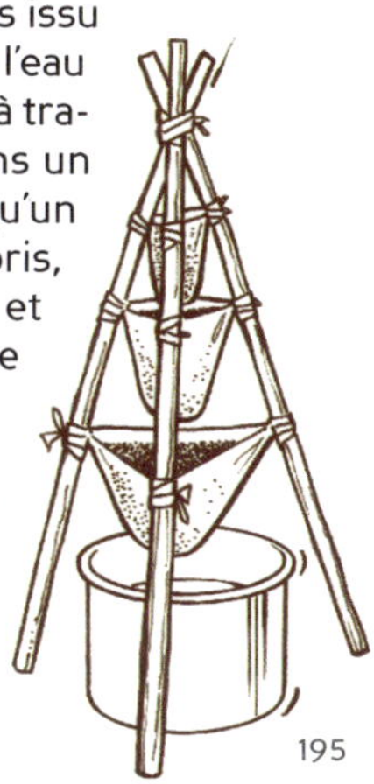

TROUVER DE LA NOURRITURE

Difficile de mourir de faim dans la jungle… mais toujours possible. J'ai récemment entendu parler d'une tribu amazonienne qui a découvert les corps des pilotes d'un avion accidenté dans la forêt vierge. On s'est rendu compte qu'ils avaient survécu uniquement en mangeant leurs rations, au bord d'un cours d'eau. Une fois celles-ci épuisées, de désespoir, ils en sont venus à boire le carburant de l'avion et à manger le rembourrage des sièges. On les a retrouvés morts, en plein milieu d'une nature qui leur offrait de la nourriture et de l'eau à profusion… si seulement ils avaient su où les chercher.

En règle générale, la nourriture est abondante dans la jungle. Toutefois, alors que chasser des animaux tels que rongeurs, oiseaux ou singes fait partie du quotidien de nombreux peuples autochtones, il ne s'agit pas de votre priorité. En effet, ils se révèlent très difficiles à attraper et vous gâcherez beaucoup d'énergie et de temps à fabriquer pièges ou collets (voir chapitre 1, pages 57-59). Mieux vaut rechercher des ressources plus rapidement disponibles… à savoir : les plantes.

Les animaux se révèlent difficiles à attraper et vous gâcherez beaucoup d'énergie et de temps à fabriquer pièges et collets.

Si les végétaux ne parviennent pas à équilibrer un régime en matière de protéines et de glucides, ils vous suffiront à court terme. Comme nous l'avons vu dans le chapitre sur la montagne, la plupart des noix, graines, racines, feuilles, tiges et fruits se révèlent extrêmement nutritifs et il en existe un large éventail. En règle générale, vous pouvez les récolter au sol et vous épargner le risque et la difficulté de grimper à un arbre gigantesque ou d'essayer de l'abattre. Soyez attentif, cependant, à bien ôter tous les insectes ainsi que les traces de pourriture.

L'identification demeure la clé. Donc si vos réserves de nourriture s'amenuisent et que vous n'avez d'autre choix, employez le test de sécurité alimentaire expliqué à la page suivante. N'oubliez surtout pas qu'il ne fonctionne pas pour les champignons ; évitez-les ! (En voici la raison : certaines des toxines les plus mortelles des champignons ne font effet qu'au bout de quarante-huit heures.)

Dans la forêt primaire, la plupart des fruits se trouvent très haut dans la canopée, mais certains poussent plus bas ou tombent en grand nombre, hors de portée des singes. Le meilleur endroit pour vos récoltes : les bords des rivières et des cours d'eau ; il s'agit également des zones les plus accessibles. Si vous cueillez les fruits directement sur l'arbre, ne prenez que ce qu'il vous faut. En climat tropical, la nourriture pourrit vite. Mieux vaut donc les laisser sur les plantes et les manger frais.

À moins de pouvoir identifier à coup sûr des plantes moins connues, commencez d'abord par les palmiers, les bambous et les fruits classiques. Soyez attentif à ce que mangent les autres créatures de la forêt, en particulier les singes. Si leur régime n'est pas forcément adapté, il l'est tout de même en grande partie ; en cas de doute, employez le test de sécurité alimentaire.

Palmiers

BANANES ET PLANTAINS

Ces palmiers qui, comme nous l'avons vu, s'avèrent également de bonnes sources d'eau, poussent sous les tropiques et atteignent parfois neuf mètres de haut. Les fruits, les bourgeons, les pousses et la pulpe sont comestibles.

PALMIERS

De nombreuses parties des palmiers sont comestibles, dont les fruits, les fleurs, les bourgeons et la pulpe du tronc. Toutefois, la cuisson améliorera souvent leur goût. Dans les jungles du Costa Rica, j'ai apprécié le cœur moelleux des palmiers à Panama (*Carludovica palmata*). Vous pouvez également manger la chair de la noix de coco qu'elle soit mûre ou non.

ROTIN

Ces palmiers ressemblent davantage à des lianes et peuvent être coupés avant d'être ramenés au niveau du sol. Ôtez la partie extérieure des tiges, découpez et faites griller.

ARBRE À PAIN

Parfois cultivé dans nos appartements. Le fruit est riche en féculent. On peut le manger cru après avoir ôté l'enveloppe extérieure.

BAMBOU

Les pousses, très nourrissantes (demandez aux pandas), ne sont réellement digestes qu'après cuisson.

Fruits et baies

Dans les régions tropicales où la température reste à peu près stable tout le long de l'année, on trouve

Ne sous-estimez pas la valeur des arbres qui vous entourent.

des fruits et des baies en abondance. En cas de doute, essayez le test de sécurité que je vous propose plus bas.

FIGUES

De nombreuses variétés poussent dans les forêts tropicales et subtropicales. Ces arbres irréguliers produisent des racines aériennes et des feuilles luisantes et persistantes à la base arrondie. Le fruit, en forme de poire, peut être consommé cru.

TEST DE SÉCURITÉ ALIMENTAIRE

On parle souvent des jungles comme de « la pharmacie du monde », mais à côté des substances qui soulagent la douleur ou les rhumatismes, soignent les infections et guérissent les diarrhées et les maux d'estomac, on en trouve autant qui sont capables de tuer. Le fruit du mancenillier, qui paraît délicieux, s'avère empoisonné et les Indiens l'utilisent pour tuer les poissons. Même la fumée que son bois produit est toxique. Quant à sa sève, elle se révèle urticante.

Voilà pourquoi vous ne devez pas manger ce que vous ne savez pas identifier. Tester la sécurité d'une nourriture issue de la jungle est inutile (et potentiellement dangereux) à moins de le faire avec prudence et méthode. Il faut du temps – jusqu'à trente-six heures – et chaque étape se révèle cruciale pour découvrir si une substance toxique provoque oui ou non une réaction.

Choisissez uniquement une source potentielle de nourriture abondante que vous pourrez utiliser comme aliment de base : quel est l'intérêt de tester la comestibilité d'un fruit quelconque s'il est rare ?

Divisez la plante en fruit, tige, racine, etc. Testez un morceau à la fois. Gardez de l'eau potable à portée de main si jamais une réaction se déclenchait. Le charbon prélevé dans un foyer est un puissant émétique si vous avez l'impression d'avoir été empoisonné. Avalez-en, il vous aidera à vomir le poison en question. De la pâte de cendre blanche soulagera vos maux d'estomacs.

Si la sève est blanche, si ce que vous convoitez est vieux ou visiblement malade : ne buvez pas ! Ne mangez pas !

Les lianes peuvent contenir une grande quantité d'eau potable.

Du charbon de bois prélevé dans un précédent foyer est un puissant émétique. Avalez-en, il vous aidera à vomir le poison.

LES SEPT ÉTAPES POUR UNE NOURRITURE SÛRE

- Sentez d'abord les différentes parties de la plante : si vous percevez une odeur amère ou une odeur d'amande ou de pêche... jetez. Par exemple, le vomiquier – principale source de strychnine – avec ses fruits qui ressemblent à des oranges, pousse sous les tropiques. À éviter...
- Broyez la plante et frottez l'huile qui en sort sur votre poignet, à l'endroit où la peau est la plus tendre. En cas d'irritation ou de douleur... jetez.
- Si tout va bien, faites de même avec un peu de sève que vous passerez à l'intérieur de vos lèvres et de vos gencives. Laissez cinq minutes et jetez si vous constatez tout effet secondaire.
- Ensuite, mâchez une toute petite quantité de la plante et avalez le liquide qui en coule, mais recrachez la pulpe. Attendez huit heures et assurez-vous de ne rien boire ou manger qui pourrait invalider le test.
- Si tout va bien, répétez la même opération avec une quantité plus importante et patientez cinq heures.
- Enfin, mangez une pleine poignée de la plante et attendez vingt-quatre heures.
- Si vous ne constatez aucun problème, alors cette plante est comestible.

Insectes

LARVES

On trouve ces grandes larves blanches au corps gonflé – un peu comme des asticots géants – dans l'écorce pourrissante des sagoutiers et autres palmiers. Elles sont considérées comme un mets succulents par de nombreux peuples autochtones. Je n'oublierai jamais la première fois que j'en ai croqué une... de la taille d'une petite pomme – ah, ce pus dégoulinant ! Pour extraire les larves, incisez le bois tendre du palmier et mangez-les crues ou cuites. Elles sont à la fois très nutritives et très digestes, ainsi qu'une bonne source de protéines. Une fois que vous vous êtes régalé, récupérez-en quelques-unes pour en faire des appâts.

TERMITES

À poids égal, les termites sont plus nourrissants que les légumes et contiennent plus de protéines et de lipides que le bœuf ou le poisson. Ils ont un goût de noix de muscade,

alors ne manquez pas une termitière si vous avez la chance d'en voir une. Dans la jungle du Costa Rica, un jour, je suis resté assis pendant une heure sur une termitière et je me suis régalé d'une centaine de termites alors qu'ils mettaient le nez dehors. Ils sont si petits que vous n'avez pas la même sensation de dégoût qu'avec les larves !

La pêche

Les poissons apportent une variété bienvenue à un régime exclusivement végétarien et de nombreuses techniques ont déjà été évoquées dans le chapitre sur les montagnes (voir pages 106-109).
Dans la jungle, j'ai pratiqué la pêche en attachant mon couteau au bout d'une perche et en fabriquant une torche à l'aide de fibres d'écorce trempées dans la résine d'un shorea. J'ai ensuite essayé d'harponner les poissons dormants à la lueur de mon lamparo improvisé. Les écrevisses et les poissons se reposent face au courant dans les eaux peu profondes. Une fois repérés à moins de 25 centimètres sous l'eau à l'aide de votre torche enflammée, vous pouvez les frapper à la tête avec votre lame. Morts, ils viendront flotter à la surface. Mieux vaut cependant avoir une machette (qui pénètre très vite dans l'eau), mais j'ai tout de même réussi à pêcher poissons et écrevisses en suivant cette méthode.
Un soir, j'ai perdu le poisson que j'avais pêché en le faisant tomber dans l'eau vive au moment où ma torche s'éteignait. C'est la vie… Quant aux écrevisses, je les capture parfois à main nue : par derrière et à contre-courant. Quel délice !

ORIENTATION ET DÉPLACEMENT

S'orienter dans la jungle s'apparente à un vrai défi. En l'absence de repères et vu la densité de la végétation, l'orientation est souvent difficile. Progresser devient pénible et très lent… quant à se déplacer en ligne droite, mieux vaut oublier. L'épaisseur de la canopée empêche de voir les étoiles, donc les utiliser s'avère impraticable (voir chapitre 1, pages 40-44).
Alors que faire ? Comme toujours, c'est l'attitude que vous adopterez pour affronter ces problèmes qui vous livrera probablement une solution. Avant tout, essayez de considérer la jungle comme une amie avec des lubies particulières, plutôt que comme une ennemie implacable qui vous en veut à mort. De même que sur tous les autres terrains, réfléchissez avant d'agir. Mieux vaut trouver de l'eau et un abri avant de songer à se déplacer.
Lorsque vous avez décidé d'avancer, ne vous précipitez pas. La jungle connaît de nombreux moyens pour vous ralentir et plus vous insisterez plus elle vous repoussera. Après tout, les myriades de formes de vies qui vous environnent mè-

nent elles aussi une bataille au ralenti pour leur propre survie. Plantes et arbres se grimpent les uns sur les autres en quête de lumière et s'étouffent au passage.

Pour monter, l'évolution les a équipés de tout un arsenal d'épines, de crochets, d'ancres et de ventouses susceptibles de vous piéger comme n'importe lequel de vos concurrents. Ne les aidez pas en plongeant les yeux fermés dans leurs mécanismes de défense. La peau est notre organe le plus grand et, dans la jungle, le plus vulnérable. Si les insectes ne l'attaquent pas, la végétation s'en chargera. Protégez-la à tout prix !

Lors de mes premières incursions dans la jungle, j'ai souvent bataillé contre une petite liane de rien du tout ou une racine sur laquelle j'avais trébuché et qui m'avait arrêté net. Je tirais, je poussais, j'essayais de me frayer un chemin de force. Les lianes ont toujours tenu bon. Ni elles ni les racines ne méritent cette lutte acharnée. Apprenez à garder votre énergie dans la jungle – vous en aurez besoin.

D'abord, il faut se rendre compte qu'il y a très peu de milieux naturels aussi désorientants que la jungle tropicale. En premier lieu, vous devez trouver un bâton. Il vous aidera à marcher et à sonder le terrain devant vous. Marchez comme les non-voyants, en déplaçant votre canne devant vous au niveau du sol. Vous avertirez ainsi les serpents qui se reposent : mieux vaut qu'ils frappent le bâton plutôt que votre pied. Progressez toujours à l'aide de cet outil, surtout dans la végétation la plus dense. Mieux vaut prévenir que guérir.

La peau est votre plus grand organe et, dans la jungle, le plus vulnérable. Si les insectes ne l'attaquent pas, la végétation s'en chargera. Protégez-la à tout prix.

Marchez toujours d'un pas lourd. On enseigne exactement le contraire aux soldats, mais dans la jungle, ce rituel pourrait vous sauver la vie. Les serpents fonctionnent aux vibrations : avertissez-les au maximum pour qu'ils vous cèdent le passage. Avancez de jour. La nuit, non seulement la jungle est dangereuse en raison des animaux et des serpents qui chassent et se déplacent, mais l'obscurité quasi impénétrable rendrait toute marche inutile. Désorienté, vous allez vous perdre et sans doute vous blesser.

À première vue, il n'y a pas énormément d'indications vous montrant la direction la plus prometteuse. Suivez la ligne de moindre résistance vers le bas. Le principe consiste à descendre pour trouver un cours d'eau. Celui-ci vous mènera à une rivière ou à un fleuve qui vous conduira sûrement à des habitations humaines.

Néanmoins, tous les chemins (en pente) ne mènent pas à un cours d'eau et il existe un gros inconvénient : se retrouver coincé au fond d'une vallée et se voir obligé de faire un peu de grimpette pour rebrousser chemin. Donc, si possible, suivez d'abord les crêtes ou les niveaux les plus élevés de la pente afin d'embrasser le paysage du regard et de localiser les repères naturels, une rivière ou une piste qui vous mèneront en sûreté.

L'une des plus remarquables histoires de survie dans la jungle illustre précisément ce point. Noël 1971, une adolescente allemande, Juliane Koepcke survole l'Amazonie péruvienne avec sa mère à bord d'un petit avion de ligne. Elles rejoignent le père de Juliane pour les vacances. Lors d'un orage effrayant, l'aile prend feu et Juliane se réveille trois heures plus tard, par terre, dans la jungle, toujours attachée à son siège. Elle est l'unique survivante parmi quatre-vingt-douze passagers et membres d'équipage.

Choquée, la clavicule fracturée, aveugle d'un œil, elle se souvient pourtant du conseil de son père : « Descends vers la rivière, car la rivière te mènera à la civilisation ». Après avoir passé onze jours dans la jungle, elle sera sauvée par un groupe de chasseurs péruviens. Elle avait survécu équipée uniquement d'une minijupe déchirée et d'une seule sandale, mais avec un cœur énorme.

J'ai suivi cette méthode dans la jungle d'Amérique centrale. Après avoir grimpé sur un arbre pour mieux voir le paysage, je me suis dirigé vers une dépression dans la végétation, en supposant qu'elle signalait une rivière. Bingo. Elle m'a ramené vers la mer. Dans la jungle, les cours d'eau jouent le même rôle que les routes pour la civilisation – en suivre un vous guidera normalement vers un centre d'activité humaine. Réfléchissez bien, assurez-vous une vue dégagée, faites un plan, et c'est parti !

Les ruisseaux descendent vers les rivières et les rivières vous conduiront sûrement vers une habitation humaine.

Regarder, voir, se déplacer

Voyager à travers la jungle requiert un sixième sens. La façon dont vous la « percevez » vous aidera ou vous handicapera énormément. Si vous vous concentrez trop sur les obstacles qui apparaissent immédiatement devant vous, vous serez incapable d'avoir une vue globale de ce qui vous attend ; n'oubliez pas le proverbe : « L'arbre cache la forêt ». Le secret consiste à tenter de voir à travers la végétation et non de la voir elle-même. Ce qui vous permettra de développer un sens du relief et de la densité. Avec cette sorte de vision périphérique, vous aurez plus de chance de repérer les pistes des animaux et vous pourrez alors les suivre.

Les mouvements de votre corps devront se rapprocher du pas d'un danseur se déplaçant au ralenti, plutôt que de la balourdise d'un éléphant dans un magasin de porcelaine. Foncez comme un légionnaire ivre et vous ne récolterez que coupures et égratignures qui bientôt s'infecteront. Baissez les épaules, pivotez les hanches, inclinez votre corps, allongez ou raccourcissez le pas afin de glisser littéralement dans la jungle. Pas étonnant si ce milieu s'avère l'habitat naturel des serpents : leur façon d'avancer, lente, silencieuse, ondulante représente le summum de la progression efficace dans ce genre d'environnement.

Portez toujours des manches longues pour éviter coupures et égratignures. Vos mouvements doivent être lents mais résolus. Pas de grands gestes avec votre machette ou votre bâton : vous allez vous épuiser en vain. Visez l'efficacité. N'utilisez pas vos mains nues pour écarter la végétation ou vous serez très vite

Parfois, on dirait que la nature essaie de vous prendre au piège – mais, c'est la vie! Et il faut toujours continuer.

coupé ou entaillé. Tenter de réguler votre température et de maintenir un rythme régulier en vous reposant aux heures les plus chaudes de la journée. Veillez constamment à vos mains et à vos pieds ; évitez ampoules et plaies. Assumez la responsabilité de vous-même et de votre bien-être.

Obstacles

DENSITÉ DE LA VÉGÉTATION

On divise les jungles en forêt primaire et secondaire. La deuxième est un véritable cauchemar ! C'est la forme de végétation la plus dense qui pousse là où la jungle primaire a été éclaircie par la nature (glissement de terrain ou feu de forêt) ou par l'activité humaine (abattage ou culture). Quelle qu'en soit la cause initiale, le soleil frappe soudain le sol de la jungle et en quelques années la végétation basse, les mauvaises herbes, racines, lianes et buissons épineux deviennent fous... C'est la fête à tous les étages ! Avec tant de soleil, la végétation pousse à une allure extravagante.

Difficile de décrire la bataille engagée pour se frayer un chemin dans la jungle secondaire, mais essayez de vous représenter le buisson épineux le plus dense que vous ayez jamais vu, puis imaginez qu'il se répande sur des centaines de kilomètres. N'oubliez pas les serpents et les moustiques. Il s'avère presque impossible de progresser dans une telle végétation – si votre chemin ou la piste d'un animal vous y mène, battez en retraite vers la jungle primaire, moins dense. En tout cas, vous pourrez vous y déplacer.

Qu'elle soit primaire ou secondaire, la jungle semble d'abord un obstacle impénétrable et immense. L'astuce consiste à traiter chaque obstacle comme il vient et d'avoir la patience de le contourner plutôt que d'essayer de passer par-dessus, par dessous... ou de foncer à travers. Il faut toujours tenter de contourner une végétation très dense, ainsi que les marais, les lacs et les marécages.

Vouloir se tailler un chemin dans la plupart des jungles se révèle extrêmement épuisant. Même si vous vous déplacez assez vite, vous couvrirez rarement plus de cinq kilomètres par jour... Alors guettez les pistes et les cours d'eau qui accéléreront votre progression.

TOURBIÈRES, MARÉCAGES, MARAIS ET SABLES MOUVANTS

Tous ces obstacles se trouvent près des cours d'eau, des côtes et de tout endroit où l'eau se confond avec l'orée de la jungle. Il s'agit d'un mélange épuisant d'eau, de boue, de végétation et de sable. Non seulement, ces épreuves posent un problème d'orientation, mais elles menacent également votre vie, ou au moins vos membres, car les crocodiles rôdent. Si possible, contournez-les et ne vous mouillez pas inutilement.

Si vous devez les traverser, utilisez toutes branches, morceaux de bois ou feuillage que vous avez sous la main pour répartir votre poids. Si vous coulez, essayez de vous allonger au maximum et nagez la brasse vers la terre ferme la plus proche.

N'utilisez pas vos mains nues pour écarter la végétation devant vous, sinon vous serez très vite coupé ou entaillé.

J'ai passé de longues heures très pénibles à patauger dans une mangrove afin de trouver un raccourci vers la côte. C'est du boulot. Très dur. J'ai fini par battre en retraite. Réfléchissez-y à deux fois avant de vous lancer dans une bataille contre les marais. J'ai vu plein de crocos... j'étais enfoncé jusqu'au cou dans un magma infâme... j'avoue avoir très vite perdu mon sens de l'humour ! Trouvez un meilleur plan. Si vous échouez dans un marécage, dormez au-dessus de l'eau, dans les racines et les lianes entremêlées.

Rivières

Les rivières peuvent être soit un obstacle soit une vraie chance, en fonction de ce que vous en ferez : les traverser ou les suivre. Dans la jungle, les cours d'eau sont généralement le moyen le plus rapide de se déplacer ainsi qu'un instrument d'orientation éprouvé qui vous mènera en définitive à la mer. Pendant des millénaires, ces cours d'eau ont été utilisés comme principal itinéraire... ce n'est pas pour rien qu'on les surnomme « les autoroutes de la jungle ».

CONSTRUIRE UN RADEAU

Si vous comptez suivre une rivière vers l'aval, vous avez deux options : marcher le long, ce qui implique un déplacement assez lent et des détours constants pour éviter marais et tourbières ; ou bien construire un radeau, un canot. L'un des avantages de la jungle, c'est que les matériaux dont vous avez besoin se trouvent à portée de main tout autour de vous : bambou (le matériau parfait pour construire un radeau), balsa, lianes pour relier le tout, du feuillage afin de s'asseoir et des branches comme rames.

Vous penserez d'abord à concevoir un canot ou une pirogue, mais à l'instar des igloos dans l'Arctique, ils sont difficiles à construire. Mieux vaut les laisser aux experts. Un radeau offrira quant à lui une plus grande surface et chavirera moins souvent.

TYPES DE RADEAUX

La conception de votre radeau dépendra des matériaux disponibles. Ne gâchez pas d'énergie à traîner des troncs lourds. Cherchez sur la rive et assurez-vous qu'ils flottent bien avant de construire votre embarcation. Si vous avez une bâche, enroulez-la autour des rondins afin de créer des poches d'air et d'ajouter de la flottaison. En tout état de cause, les matériaux naturels que vous trouverez dans la jungle devront suffire.

RADEAU EN BALSA

J'ai fabriqué des radeaux en balsa dans la jungle. C'est un bois idéal : léger, facile à couper et à travailler,

il flotte très bien. L'écorce du balsa se détache facilement et forme des lanières idéales pour relier vos rondins.
Trouvez et coupez six troncs d'environ trois mètres de long et d'une dizaine de centimètres de diamètre. Posez-les par terre l'un à côté de l'autre. Récupérez ensuite deux troncs plus fins que vous placerez à chaque extrémité de la structure à angle droit. Attachez-les à l'aide de l'écorce que vous aurez découpée en lanières.

RADEAU EN BAMBOU

Le bambou qui associe souplesse, robustesse et le fait d'être creux, constitue un autre matériau de choix pour fabriquer un radeau. La technique de construction s'avère assez simple. Choisissez les plus gros bambous que vous trouverez et abattez-les. Coupez-les vers le sommet, quand leur diamètre se réduit (visez une longueur de 3 à 3,5 mètres). Récupérez-en suffisamment pour qu'une fois assemblés à blanc, ils soient assez larges pour vous emporter confortablement sur le cours d'eau. Prenez votre couteau, ou n'importe quel objet pointu, afin de percer des trous assez larges pour y passer une liane à chaque extrémité et au milieu. Veillez à ce qu'ils soient alignés. Attachez-les entre eux à l'aide d'une liane forte qui courra de part et d'autre de la structure. Il faudra au moins deux couches de bambous pour vous assurer une bonne robustesse.

RADEAU « FAUTEUIL »

C'est l'embarcation flottante la plus simple et la plus efficace. Choisissez deux branches ou le tronc de jeunes arbres aussi droits que possible et d'au moins 45 centimètres de diamètre. Attachez-les ensemble avec des lianes à chaque extrémité, mais laissez environ 60 centimètres de mou entre les deux morceaux de bois. Couvrez ce vide d'une bâche ou asseyez-vous directement entre les deux troncs, comme dans un fauteuil. Vous voici prêt à flotter. Utilisez une longue perche comme gouvernail ou propulsion.

DIRIGER UN RADEAU

Le meilleur moyen pour diriger un radeau consiste à l'équiper d'une barre. Commencez par fabriquer une structure en A que vous attacherez à l'arrière. Liez ensuite une longue perche au sommet du A. Son

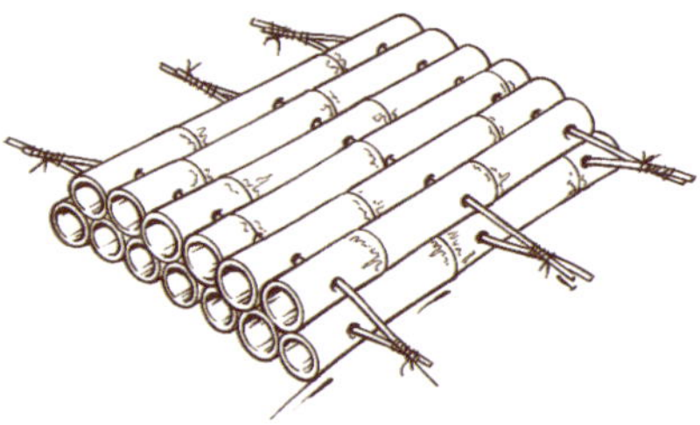

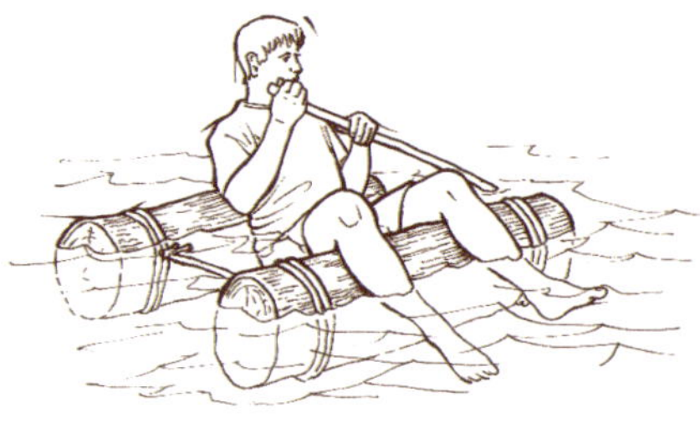

mouvement dans l'eau orientera votre embarcation. Si possible, suivez le courant, mais dans l'hypothèse où l'eau est particulièrement calme et peu profonde, utilisez la perche pour vous propulser. Ne l'employez pas en eaux vives, capables de vous projeter par-dessus bord. Servez-vous plutôt d'une pagaie et n'oubliez pas ces conseils :

- Testez votre radeau d'abord en eau peu profonde.
- Assurez-vous qu'il soit robuste. S'il rompt ou coule... c'est mal parti. Attachez davantage de lianes ou d'écorces que vous ne le croyez nécessaire. Enroulez une longueur supplémentaire autour des liens pour les renforcer et les maintenir en place.
- Attachez-vous au radeau avec une corde et un nœud de chaise (voir page 52). Faites de même avec votre pagaie.
- Ne laissez rien traîner à l'arrière.
- Restez près de l'intérieur des courbes de la rivière où le courant sera moins rapide.
- Restez également le plus près possible de la rive... au cas où !

J'essaie d'échapper à une équipe de tournage...

- Tendez l'oreille à l'affût de rapides ou de chutes d'eau. Dirigez-vous immédiatement vers la rive si vous percevez un risque.
- Ne naviguez pas de nuit.
- Ne naviguez pas sur des rapides : si le radeau se retourne, vous risqueriez d'être écrasé. Dans l'hypothèse où c'est la seule option, quittez le radeau que vous laisserez descendre seul et contournez à pied pour le rejoindre.

TRAVERSER UNE RIVIÈRE

Les rivières peuvent paraître superficielles et, soudain, devenir très profondes. Paresseuses, mais dissimuler des courants sous-marins très rapides. Ou bien encore très larges et se rétrécir soudain à la faveur d'une courbe. Soyez prudent avec les cours d'eau les plus larges : prévoyez toujours un plan de secours si vous devez sortir en vitesse et préparez votre traversée en mettant votre matériel au sec, si possible, et en concevant l'équipement le plus efficace.
Avant même d'essayer de franchir un fleuve ou un cours d'eau, étudiez-le minutieusement. Estimez sa vitesse et sa profondeur en obser-

Ah, les joies du nautisme !

vant la surface. Jetez un bâton dans le courant. Un point de vue surélevé constitue un énorme avantage. De là, vous pourrez choisir le meilleur endroit pour traverser et déceler les éventuels obstacles.

Ces derniers (rochers ou troncs d'arbres) provoquent des tourbillons et des vagues à la surface. Des troncs à moitié submergés peuvent créer des « passoires » : ils laissent passer l'eau... mais pas vous. Ils vous coincent et la force du courant vous écrase. Restez à l'écart de ces pièges et surveillez tous les débris flottants. Lorsque vous traversez, veillez à ne pas trébucher en amont d'un obstacle submergé : vous vous retrouveriez projeté contre lui ou votre cheville pourrait se coincer entre deux rochers. Ne sous-estimez jamais la force du courant. Dans la jungle, l'eau, souvent boueuse, ne ressemble guère aux ruisseaux cristallins des montagnes. Vase et limon peuvent devenir très dangereux si vous coulez. Ôtez pantalon et chaussettes – vous serez ravis d'avoir des vêtements secs à vous mettre et vous donnerez moins de prise au courant – et assurez-vous que votre équipement de survie le plus important, notamment celui vous permettant d'allumer un feu, restera bien au sec. Si vous avez des sacs en plastique ou tout autre matériau étanche enveloppez-les autour de votre kit et utilisez les comme flotteur. Gardez vos chaussures pour négocier les fonds rocheux et protéger vos pieds. Si vous êtes déjà mouillé, enlevez votre pantalon et utilisez-le comme un gilet de sauvetage improvisé : nouez les chevilles et gonflez d'air les jambes.

Servez-vous d'une perche pour vous aider. Il s'agit de la technique du tripode : grâce à vos deux jambes et à la perche, vous aurez toujours deux points de contact avec le fond. L'astuce consiste à se déplacer de profil, face au courant afin de pouvoir observer tous les débris qui pourraient flotter vers vous. Attention aux eaux peu profondes, parfois plus rapides et dangereuses que celles qui le sont davantage.

Pour franchir une rivière rapide et profonde, nagez avec le courant selon un certain angle : n'essayez jamais d'aller à contre-courant. Tentez de maintenir votre corps le plus horizontal possible afin de réduire le danger d'être entraîné sous l'eau.
Dans les rapides peu profonds, restez sur le dos, les pieds vers l'aval, les mains le long des hanches, comme des ailerons. Vous augmentez ainsi votre flottabilité tout en manœuvrant entre les obstacles. Gardez les pieds à la surface pour parer les rochers, mais également pour éviter qu'ils se prennent dans des racines ou des arbres submergés. Évitez de traverser près des tourbillons : ils apparaissent en aval des obstacles tels que des rochers. La force du courant autour de ce véritable piège provoque un effet de succion qui pourrait facilement vous entraîner sous l'eau. Même si l'eau est tiède, faites un feu et séchez-vous vite de l'autre côté.

RISQUES NATURELS

Le confort n'est pas la qualité première d'une jungle. Vous serez souvent confronté à la moiteur, à l'humidité et aux odeurs. Si vous êtes perdu, seul, les bruits inconnus vous intimideront. Vous partagerez d'ailleurs votre nouveau foyer avec plus de créatures que partout ailleurs sur la planète. Ces bestioles qu'elles mordent ou qu'elles piquent, de la fourmi, à l'abeille et au moustique, en passant par les mille-pattes et les scorpions vous attaqueront de tous les côtés. Inutile d'évoquer l'œstre, cette mouche dont les œufs incubent et éclosent... sous votre peau.
Et puis, il y a les serpents. Si la plupart ne sont pas venimeux et restent à l'écart de l'homme, la peur que ces créatures engendrent peut avoir un effet puissamment négatif sur votre sentiment de bien-être. Pas étonnant que la paranoïa vous guette. Mais celle-ci provient uniquement d'un manque de connaissance. Les serpents sont généralement de grands timides. Quant à la jungle, elle se montre effrayante surtout en raison de son étrangeté pour le non-initié.
En vérité, elle constitue un environnement où l'on survit facilement. Si, au préalable, vous connaissez les menaces et les risques, vous aurez d'excellentes chances de survie. La majorité des dangers qui pèseront sur votre bien-être seront d'ailleurs d'ordre psychologique et non physique.
De petites blessures, souvent causées par des piqûres ou des morsures, s'avèrent la plus grande menace à long terme sur votre santé et les prévenir se révèle, comme toujours, plus facile que les guérir. Il est beaucoup plus probable de mourir à cause de milliers de coupures que de faim, de soif ou attaqué par un animal. Alors, restez constamment couvert pour minimiser les assauts visant votre peau. Dans les jungles fertiles, la vie prolifère, exubérante. Votre peau abritera vite bactéries, champignons et microbes provoquant irritations et rougeurs.

Il est dangereux de traverser des rivières : prenez le temps d'étudier d'abord les courants et évitez les rapides.

Combattez-les avant qu'elles dégénèrent et s'infectent et vous aurez gagné la moitié de la bataille. Sous les tropiques, la moindre égratignure peut s'infecter très gravement.

Insectes : quand mini n'est pas mimi

Très peu d'insectes possèdent une morsure ou une piqûre suffisamment toxique pour tuer un adulte en bonne santé, mais l'effet à long terme des parasites, infections, septicémie et réactions allergiques peut être très déplaisant, voire... mortel. La clé, donc, c'est la prévention.

Il est beaucoup plus probable de mourir à cause de milliers de coupures que de faim, de soif ou attaqué par un animal.

S'HABILLER

S'il existe de nombreux moyens prophylactiques – du DEET pur, ce répulsif chimique, en passant par la citronnelle – qui connaissent des succès divers pour éloigner les insectes, votre sueur (en raison des sels qu'elles transportent) finira par les attirer. Il faut donc garder votre peau couverte jour et nuit. N'oubliez pas de rentrer le bas de votre pantalon dans vos chaussettes et de baisser vos manches car les insectes trouvent toujours votre ligne de défense la plus faible. Souvenez-vous de vous déshabiller au moins une fois par jour à la recherche de sangsues ou de tiques (voir page 220).

FAIRE UN FILET DE TÊTE

Un filet protégeant votre tête peut vous sauver la vie. N'importe quel tissu fera l'affaire à condition qu'il soit assez grand pour la couvrir. D'abord, trouvez le feuillage ou l'écorce qui constituera une plate-forme audessus de votre crâne : le tissu flottera autour de votre visage et ne sera pas en contact direct avec votre peau. Pratiquez deux fentes afin d'y voir quelque chose. Rentrer le filet sous votre col.

TENIR LES BESTIOLES À DISTANCE

- Secouez toujours vos vêtements et vos chaussures avant de les enfiler. De nombreuses créatures ont pu les utiliser comme nid. Faites de cette « inspection » une habitude.

• Enduisez toute partie de votre peau nue avec de l'huile, de la boue ou de la graisse. Désagréable et malodorant… mais valant toujours mieux que d'être mordu à mort.
• L'huile de coco (grattez la chair à l'aide d'un couteau, laissez au soleil, l'huile va monter à la surface) constitue un répulsif efficace. Elle soulagera également votre peau en cas d'irritations désagréables dues à l'eau de mer.
• Utilisez la fumée produite par votre feu pour éloigner les insectes et la cendre pour créer un cercle « magique » autour de votre abri. Elle dissuadera les bestioles qui vivent dans le sol.
• Le matériau constituant les termitières (il ressemble à de la boue séchée, alors qu'en réalité, il s'agit de bois digéré) produit une fumée brûlant toute la nuit et éloignant les insectes mordeurs.
• Résistez à la tentation de gratter les piqûres. Le bref répit apporté à la démangeaison pourrait se solder par une blessure grave.
• Pour les soulager, utilisez plutôt une compresse froide ou une pâte apaisante faite de boue et de cendres.

SERPENTS

Nous avons presque tous la trouille des serpents ; moi-même, j'en avais peur jusqu'au moment où je les ai connus un peu mieux et m'y suis habitué. C'est la clé pour ces reptiles : remplacer une peur irrationnelle par une compréhension de leur façon de vivre.

Sous les tropiques, les chutes de noix de coco causent généralement plus de morts que les morsures de serpent et s'ils ne sont pas les créatures les plus câlines de la planète, ils font le maximum pour vous éviter à partir du moment où ils vous entendent arriver. Il existe des exceptions à cette règle : le cobra royal en Asie du Sud-Est ; le lachesis (maître de la brousse), le fer de lance et les crotales d'Amérique du Sud et centrale ; et le mamba en Afrique. Ils sont connus pour avoir parfois un comportement agressif et attaquer l'homme.

Le risque d'être mordu par un serpent est beaucoup plus faible que vous ne le pensez et si vous l'êtes, il y a plus de 50 % de chances que la morsure ne soit pas venimeuse. En outre, si elle l'est, il y a encore 25 % de chances que le serpent n'ait pas injecté le venin (morsure sèche ou blanche). Les serpents ne l'injecteront qu'en dernier recours chez un humain, qui n'est pas une proie.

En règle générale, ils aiment les endroits chauds quand il fait frais et les endroits frais quand il fait chaud. La plupart des espèces chassent la nuit… une autre bonne raison de ne pas vous déplacer quand le soleil a disparu.

Sous les tropiques, les chutes de noix de coco causent généralement plus de morts que les morsures de serpent.

ESPÈCES DE SERPENTS VENIMEUX

Les serpents venimeux ont des glandes spécialisées dans la production d'un venin toxique et de longs crochets creux pour l'injecter. La plupart se rangent dans deux catégories qu'on distingue par ces crocs si particuliers.

Serpents à crochets fixes (toujours dressés à l'avant de la mâchoire supérieure) : généralement neurotoxiques, leur venin attaque le système nerveux central, paralyse les poumons et suffoque la victime. Il s'agit des protéroglyphes.

Les solénoglyphes disposent quant à eux de crochets mobiles (qui se dressent pendant l'attaque). Ces serpents possèdent d'habitude des toxines qui empoisonnent le sang et affectent le système sanguin, altèrent les tissus, détruisent les globules rouges et causent des hémorragies internes.

En réalité, cependant, la plupart des serpents venimeux portent ces deux types de toxines dans leur venin, même si l'une des formes s'avère prédominante. Ils injectent également des cytotoxines qui attaquent les tissus et provoquent des nécroses.

Quoiqu'il en soit, une envenimation n'a rien d'une bonne nouvelle ! Mieux vaut donc éviter d'être mordu.

ÉVITER LES SERPENTS

- Ne dormez pas près des broussailles, herbes hautes, rochers ou grosses racines. Tous susceptibles d'abriter des serpents.
- Je me répète : vérifiez toujours l'intérieur de vos vêtements et de vos chaussures avant de les enfiler.
- Ne glissez pas vos mains dans des endroits obscurs, crevasses, buissons ou troncs évidés, sans les avoir au préalable sondés à l'aide d'un bout de bois.
- Ne franchissez pas d'un bond un arbre abattu. Grimpez d'abord dessus et vérifiez qu'un serpent ne se repose pas de l'autre côté. (Attention également aux serpents camouflés sur le tronc !)
- Ne franchissez pas de broussailles denses ou d'herbes hautes sans être muni d'un bâton et regardez toujours le sol.

N'essayez jamais d'inciser la blessure ou de la faire saigner pour en extraire le venin.

- Ne saisissez pas un serpent fraîchement tué sans l'avoir d'abord décapité. Le système nerveux peut encore être actif et un serpent mort peut encore mordre.
- Si vous entendez un serpent, immobilisez-vous jusqu'à ce que vous le localisiez. Quand vous le voyez, reculez lentement, sans jamais lui tourner le dos, au cas où il avancerait pour vous frapper.

Le meilleur moyen de tuer un serpent consiste à le frapper à l'aide d'un gourdin ou d'un bâton. Visez les os, le plus près possible de la tête et brisez la colonne vertébrale. Clouez-le d'abord au sol à l'aide d'un bâton, frappez, puis coupez la tête.

Une fois la tête ôtée, brûlez-la ou enterrez-la, videz le serpent et préparez la chair comme indiqué au chapitre 2 (voir page 111).

QUE FAIRE EN CAS DE MORSURE DE SERPENT ?

Le type de morsure, savoir si elle est venimeuse ou non, peut être généralement identifié par son aspect. Tous les serpents, venimeux ou non, laissent une marque pointillée d'une forme ovale, mais il y aura en plus chez les porteurs de venin, une à quatre piqûres provoquées par les crochets, au-dessus de l'ovale. Autre indice plus manifeste : un gonflement qui peut survenir jusqu'à deux heures après l'attaque.

Si vous êtes mordu, efforcez-vous de ne pas paniquer, ce qui accélérerait pouls et circulation sanguine et donc faciliterait l'absorption du venin. Ôtez tout les objets qui peuvent gêner la circulation : montre, bagues, bracelets et essayez d'appliquer un garrot entre la blessure et le cœur. Tenter d'aspirer le venin en le suçant ne fonctionne pas, car il est très épais. (En outre, les capillaires de la bouche l'absorberaient encore plus vite.) Pressez la morsure pour en extraire le poison risque de le faire pénétrer plus facilement.

Couchez-vous et maintenez la blessure plus basse que le cœur. Buvez le plus possible. N'essayez jamais d'inciser la blessure ou de la faire saigner pour en extraire le venin. Créer une hémorragie ne ferait qu'accélérer l'absorption des toxines directement dans votre système sanguin.

Une fois que l'effet du poison s'est dissipé, à long terme le problème le plus probable qui surgira concernera les dégâts provoqués aux tissus autour de la blessure. Ils peuvent en effet facilement s'infecter en raison des bactéries présentes dans la gueule du reptile. Ce qui explique pourquoi les morsures de serpents non venimeux sont également dangereuses.

Ne prenez pas de risques avec les serpents… N'essayez pas de les attraper à moins d'être un expert.

Si vous êtes mordu, efforcez-vous de ne pas paniquer, ce qui accélérerait votre pouls et donc la vitesse de propagation du venin.

DES SERPENTS QUI GAGNENT... À NE PAS ETRE CONNUS !

Amerique centrale et latine

Lachesis (maître de la brousse ou grage grands carreaux, en Guyane) : grosse tête et robe marron rosâtre, avec des losanges (carreaux) marron sur tout le dos. Jusqu'à 2,5 mètres de long. Hémotoxique.

Fer de lance : robe marron et marque beige. Jusqu'à 1,8 mètre de long. Hémotoxique.

Crotale tropical : robe dorée, marques en forme de losange et deux rayures sombres sur la nuque. « Sonnette » très distincte. Hémotoxique.

Afrique et Asie

Mamba : effilé et fin, petite tête. Les mambas arboricoles sont souvent verts et ceux qui vivent au sol, noirs. Jusqu'à 2 mètres de long. Neurotoxique.

Cobra : sur le qui-vive, il gonfle son cou. Jusqu'à 1,8 mètre de long. Neurotoxique.

Serpent corail : bandes rouge et noir, avec petites rayures jaunes intercalaires, très caractéristiques. Jusqu'à un mètre de long. Neurotoxique.

Australasie

Taïpan du désert : robe marron foncée à beige et ventre brun jaunâtre. Jusqu'à 2,7 mètres de long. Neurotoxique.

Serpent-tigre : corps épais caractéristique avec une tête large et des bandes allant du marron olivâtre jusqu'au beige. Très courant. Très agressif. Jusqu'à 1,8 mètre de long. Neurotoxique.

Pseudonaja textilis (« Australian brown snake ») : fin et marron avec un ventre plus pâle. Agressif. Jusqu'à 1,8 mètre de long. Neurotoxique.

ARAIGNÉES ET SCORPIONS

Certaines personnes sont très allergiques au venin d'araignée. Toutefois, il n'est guère probable qu'il puisse vous tuer. Mieux vaut tout de même les éviter. Voici la liste des pires...

Mygale

Distribution : tropiques d'Amérique centrale et latine.

Aspect : généralement grande, velue et noire.

Habitat : vit souvent dans des terriers ou dans les arbres.

Symptômes : les mygales ont de puissants crochets. Si vous êtes mordu, la douleur est intense. Il s'ensuit généralement un saignement et une probable infection. Traitez la morsure comme n'importe quelle blessure ouverte (nettoyez et protégez) et tentez de prévenir l'infection.

Atrax

Distribution : Australie.

Aspect : massif, robe brune ou marron. Agressive quand est elle dérangée.

Habitat : bois, jungles, broussailles. Sa toile a une forme d'entonnoir d'où son nom anglais « funnel-web spider ».

Symptômes : douleur, vertiges et fièvre. La seule araignée capable de tuer un adulte en bonne santé.

Veuve noire

Distribution : désigne plusieurs espèces d'araignées répandues dans le monde entier. Veuve noire en Amérique du nord, rouge au Moyen-Orient et brune en Australie.
Aspect : noire avec un sablier rouge sur le ventre de la femelle qui contient une neurotoxine.
Habitat : sous les troncs, les rochers, les débris divers.
Symptômes : la douleur initiale n'est pas très forte, mais elle devient vite localement insupportable. Elle se répand alors dans tout le corps et se fixe dans l'abdomen et les jambes. Faiblesse, tremblements et extrême salivation peuvent également se produire.

SCORPIONS
(VOIR CHAPITRE 5, PAGES 247-248)

Distribution : tous les climats chauds.
Aspect : on reconnaît immédiatement les scorpions à leurs pinces de crabe et à leur queue, prête à frapper.
Habitat : variable. Des forêts pluvieuses, jusqu'aux plaines en passant par les montagnes les plus élevées.
Symptômes : la piqûre du scorpion est très douloureuse, mais rarement fatale chez un adulte en bonne santé. Le gonflement et l'engourdissement peuvent durer plusieurs jours.
Des scorpions m'ont grimpé dessus une nuit dans la jungle. C'est à ce moment que ces chasseurs nocturnes sont le plus actifs. Mais ils n'ont rien fait d'autre : inoffensifs, ils va-

quaient à leurs occupations sans s'occuper de moi. Ils ne piquent que s'ils sont provoqués. En règle générale, plus le scorpion est petit, plus il est venimeux. J'ai déjà capturé des scorpions en les pinçant de chaque côté du dard. J'ai brisé les pinces… et mangé le reste.

ABEILLES, GUÊPES ET FRELONS

De nombreuses personnes sont mortes dans la jungle après avoir accidentellement dérangé une ruche. Une fois attaquée, elles ont succombé au choc anaphylactique. Un essaim agressif peut être extrêmement dangereux. La clé pour éviter d'être assailli consiste à comprendre le comportement de ces insectes. Les abeilles réagissent au mouvement, aux couleurs sombres ou éclatantes et au dioxyde de carbone que nous exhalons en respirant. Elles construisent leur ruche près de monticules ou de cavités, cavernes, cactus évidés, troncs, et près de trous d'eau. Soyez toujours prudent dans ces zones et si vous tombez sur un essaim, ne paniquez pas, ne vous mettez pas à écraser tout ce qui bouge, vous ne feriez qu'attirer les autres et, avant de pouvoir dire ouf, elles vous tomberaient dessus. Non… battez plutôt en retraite calmement et essayez de traverser des broussailles épaisses pour les dissuader de vous suivre.

Si vous êtes piqué par une abeille, essayez d'ôter précautionneusement le dard barbelé et le sac à venin à l'aide de votre ongle ou de la lame d'un couteau. Évitez de presser la plaie au risque d'y répandre le venin. Lavez consciencieusement la blessure pour réduire les risques d'infection.

Les piqûres d'abeilles peuvent être soulagées à l'aide des préparations suivantes : compresse froide ; pâte de boue et de cendres froides ; sève des pissenlits ; chair de la noix de coco.

Les piqûres d'abeille peuvent être soulagées à l'aide des préparations suivantes : compresse froide ; pâte de boue et de cendres froides ; sève du pissenlit ; chair de la noix de coco.

MOUSTIQUES

Les moustiques sont vecteurs du paludisme, de la dengue et peuvent également transporter des œufs d'œstre sur leur trompe : ils présentent une menace sérieuse sur votre santé à long terme. Les symptômes de ces fièvres incluent : brusque pic de température, maux de tête, douleurs musculaires et articulaires ; bref, toutes choses dont vous n'avez pas besoin en plus de tout ce qui vous attend déjà. Restez toujours couvert.

CHENILLES

De nombreuses espèces dangereuses pour la peau provoquent irritations et réactions allergiques. Si vous en repérez une sur vous : brossez-la en direction de sa tête ; elle relâchera plus facilement ses poils urticants. Les chenilles représentent un danger plutôt surprenant dans la jungle.

ŒSTRES

Les larves d'œstre sont transportées par les moustiques et se tapissent sous la peau où elles grandissent en formant des furoncles. On peut les extirper manuellement ou les étouffer en bouchant leur trou respiratoire grâce à de la sève ou de la vaseline. Juliane Koepcke, cette adolescente allemande dont j'évoquais l'édifiant récit de survie un peu plus tôt, a connu cette épreuve. Elle a raconté le sentiment terrifiant de se réveiller la nuit et d'avoir l'impression que sa propre peau est vivante et bouge toute seule... Attention aux œstres ! Dans la jungle, armez-vous d'une mentalité de guérillero et inspectez attentivement chaque partie de votre corps dès que vous en avez la possibilité.

TIQUES

Les tiques ont huit pattes et des pièces buccales qui pénètrent sous la peau afin de sucer le sang. Inspectez votre corps tous les jours ; les tiques sont malignes et trouvent généralement des endroits inaccessibles (en particulier poilus ou chevelus !). On les repère parfois difficilement. Elles peuvent transmettre des infections telles que la maladie de Lyme et doivent être ôtées dès qu'elles sont détectées. Le problème consiste à le faire sans laisser leurs pièces buccales susceptibles de pourrir et de s'infecter.
Sel, alcool et braises leur font lâcher prise (mais ne les brûlez pas trop longtemps au risque de les tuer et de les laisser accrochées). Essayez également de les étouffer grâce à de la sève ou de l'huile que vous répandrez sur elles. Ne pressez pas le corps de la tique et lavez-vous les mains après l'avoir ôtée. Nettoyez souvent la plaie.

SANGSUES

Dans les zones marécageuses, il est presque impossible de les éviter, même si vous êtes bien protégé. Elles cherchent la chaleur et possèdent une capacité stupéfiante à trouver la plus petite partie découverte de peau. Les morsures ne font pas mal, mais tendent à démanger. Elles peuvent également causer des saignements importants en raison de l'anticoagulant qu'elles injectent.
Comme avec les tiques, elles lâcheront normalement prise si vous appliquez sel, alcool ou chaleur ; elles peuvent être étouffées avec de la vaseline ou la sève d'un arbre. Ne les arrachez pas au risque de voir la blessure s'infecter.

CROCODILES

Il existe deux types de crocodiles : d'eau de mer ou d'eau douce. Les crocodiles marins sont plus gros, plus forts et plus agressifs que leurs cousins. Le problème, c'est qu'ils hantent également les estuaires et les fleuves. On a trouvé des spécimens énormes, jusqu'à 6 mètres, et parmi eux un crocodile marin surnommé « Sweetheart », qui terrorisait les pêcheurs dans le Territoire du Nord en Australie, durant les années 70 ; plus récemment, en 2006, des alligators auraient attaqués et dévorés des hommes dans les Everglades ; ils se sont en effet habitués à la présence humaine... et parfois même à être nourris.

La technique favorite des crocos et des alligators consiste à noyer leur proie et à la coincer sous un rocher ou un tronc submergé. Ils la laissent ensuite faisander suffisamment pour pouvoir la déguster. Dans les Everglades, j'ai croisé des alligators de bonne taille et j'ai même dû franchir un cours d'eau qui en était rempli. Comme ils peuvent rester près de quarante-cinq minutes sous l'eau, je me suis assis et j'ai attendu pour vérifier que la voie était libre. J'ai ensuite traversé en nageant sous l'eau (oui, ça fait peur !). Ainsi mon corps et ma tête ressemblaient moins à une tortue ou un canard... le plat principal des alligators. Bref, s'il y a des crocos ou des alligators dans le coin, restez hors des flots et faites attention en recueillant de l'eau sur la rive. Les crocos chassent

Des prédateurs effrayants parmi les survivants les mieux équipés de la planète. On comprend pourquoi !

en repérant l'endroit où leur proie vient boire. Ils attendent ensuite patiemment la prochaine visite. Faites que ce ne soit pas la vôtre.

FOURMIS LÉGIONNAIRES

Les fourmis légionnaires se rassemblent en colonie comptant plusieurs millions de membres. Elles sont nomades en raison des destructions qu'elles opèrent sur leur habitat quand elles y résident trop longtemps. Carnivores, elles mangent tout ce qui se trouve sur leur chemin, de l'insecte jusqu'au crocodile, qu'elles apporteront en petites bouchées à leur reine. Les fourmis légionnaires ne changeront pas de route ni pour vous ni pour aucun autre être vivant. Alors, faites preuve d'un peu de respect !

Restez hors de l'eau si vous soupçonnez la présence de crocodiles ou d'alligators.

GRENOUILLES VENIMEUSES

Vous verrez souvent des petites grenouilles dans les cours d'eau de la jungle. Si elles possèdent des couleurs brillantes, évitez-les. Ces couleurs indiquent à coup sûr la présence d'un poison. Il s'agit d'une évolution permettant de dissuader leur prédateur. Le venin peut être toxique, voire mortel. Alors, en cas de doute, ne les mangez pas. Les toxines de ces grenouilles sont parfois employées par les Indiens pour enduire leurs fléchettes ou pour assommer les poissons dans un trou d'eau.

ET LA CERISE SUR LE GÂTEAU… LE CANDIRU

Ce poisson-chat amazonien mesure à peine 2,5 centimètres de long. De la forme et la taille d'un cure-dent, il est transparent ce qui le rend très difficile à repérer. La plupart du temps, il se contente de sucer le sang des autres poissons en s'accrochant à leurs branchies ; mais il est également capable de remonter un jet d'urine afin de se loger dans l'urètre. (Il est attiré par le sel présent dans la vessie humaine.) De là, en raison de sa nageoire dorsale épineuse, on ne peut le retirer que par la chirurgie. Bref, éviter d'uriner dans les rivières.

SUR LE « GRYLLS » : SURVIVRE DANS LA JUNGLE

Règle 1
AMIE PAS ENNEMIE

S'adapter à un environnement aussi étranger se révèle une bataille qu'il vous faut remporter. Pensez à la jungle comme à votre amie et non votre ennemie. Elle vous fournira tout ce qu'il vous faut pour survivre.

Règle 2
RALENTISSEZ

La vitesse ne sied guère à la jungle. Plus vite vous irez, plus tôt vous chuterez. Avancez lentement. Contournez les obstacles. Inspectez les broussailles en chemin.

Règle 3
RESTEZ COUVERT

Le plus grand danger dans la jungle, c'est de mourir à cause de « milliers de petites coupures ». Dès le départ, évitez piqûres, morsures, égratignures et protégez votre peau.

Règle 4
DORMEZ EN L'AIR

Le sol abrite toutes sortes de bestioles. Essayez toujours de dormir sur la plate-forme surélevée d'un lit en A.

Règle 5
LES AUTOROUTES DE LA JUNGLE

Le chemin le plus sûr dans la jungle reste ses cours d'eau. Ils finiront par vous mener à l'abri et à la civilisation.

« Si le Créateur nous a dotés d'un cou,
c'est sûrement qu'il a voulu
que nous gardions la tête haute. »
Martin Luther KING

DÉSERTS

CHAPITRE 5

Quand j'etais militaire, j'ai passé beaucoup de temps dans les déserts d'Afrique du Nord. D'abord avec les SAS, lors de deux rotations, mais également pour suivre l'entraînement de base de la Légion étrangère, dans le Sahara occidental. Ces expériences ont renforcé ma conviction selon laquelle on ne badine pas avec des environnements aux températures si rudes. Faites-moi confiance, les déserts sont des endroits hostiles ; peut-être les plus hostiles sur la planète. Car la caractéristique primaire qui les définit est le manque de la substance dont les êtres humains ont le plus besoin pour survivre : l'eau.

Les déserts se définissent par la rareté des précipitations – moins de vingt-cinq centimètres de pluie par an selon la norme admise. Le désert d'Atacama, au nord du Chili, s'avère le plus sec. Il y pleut moins d'un centimètre par an et certaines zones n'ont, de mémoire d'être vivant, jamais connu une seule goutte.

L'autre caractéristique du désert, c'est une chaleur accablante. Durant les mois d'été, des températures dépassant 50°C ne sont pas rares. Le peu d'eau qui tombe s'évapore très vite et laisse le paysage en proie à une érosion maximale. Ces chaînes montagneuses et ces anciens fonds marins, sculptés depuis des millions d'années par le vent, se classent parmi les panoramas les plus sublimes sur terre.

Quand vous étudiez la carte des déserts du monde, vous constatez que dans l'hémisphère Nord, ils occupent de larges bandes entre l'équateur et le tropique du Cancer. J'y inclus le plus grand d'entre eux, le Sahara, en Afrique du Nord, et ses voisins les plus proches : déserts d'Arabie et du Moyen-Orient.

Dans l'hémisphère Sud, l'Atacama au nord du Chili, le Kalahari et le désert côtier du Namib au sud de l'Afrique ainsi que les déserts australiens, se situent tous sous le tropique du Capricorne. Enfin, on trouve les

déserts dits « froids » : le Gobi en Asie centrale et certaines régions désertiques d'Amérique du Nord. Soumis à des températures caniculaires l'été, ils connaissent en outre un froid polaire durant l'hiver.
Un cinquième de la surface de la planète est un désert. Si certains se caractérisent effectivement par des dunes de sable sans fin, comme on se les représente généralement, les autres affichent des environnements très contrastés. Selon leur localisation, leur latitude et leur altitude, on trouve des montagnes, des plateaux rocheux, des canyons, des plaines salées, des graves sableuses ponctuées d'une végétation rare et de cours d'eau asséchés.
Ces différents types de terrain ont un profond impact sur l'expérience esthétique et spirituelle qu'un voyageur retirera de son séjour dans le désert. Ils influencent également la façon de s'en sortir indemne dans une situation de survie. Les principes de base restent les mêmes, mais rien ne peut remplacer le savoir accumulé par les innombrables générations d'habitants du désert com-

Tous les déserts ne sont pas sableux et plats !

me les Aborigènes d'Australie, les Touaregs du Sahara, les Bédouins des déserts d'Arabie et les Amérindiens. Sans leurs connaissances, et dépourvu de la technologie moderne dont nous dépendons tant, aucun aventurier du XXIe siècle ne pourrait y survivre très longtemps.

Les déserts sont peut-être les régions les plus hostiles sur la planète.

Types de désert

DÉSERTS DE SABLE OU DE DUNE

L'archétype du désert... les dunes de sable sculptées par le vent s'étendent jusqu'à l'infini et surplombent une minuscule caravane de chameaux. On pense immédiatement au film de David Lean, *Lawrence d'Arabie*. Ce type inclut de larges zones du Sahara et du désert du Namib, dans lequel on remarque des dunes de plus de 365 mètres de haut et de 30 kilomètres de long.

DÉSERTS MONTAGNEUX

Le désert montagneux est caractérisé par des canyons, des ravines et des ravins. Il s'agit d'anciennes chaînes montagneuses érodées pendant des millénaires, sculptées par les vents en cathédrales surréalistes. Un paysage qui évoque le Grand Bassin, ce désert qui s'étend sur le Nevada et l'Utah aux États-Unis. C'est là, près de Moab, que j'ai filmé l'épisode consacré au désert pour la série *Face à la nature*. La température y dépasse souvent 50°C... j'avais toujours l'impression de marcher sur des braises !

PLATEAUX ROCHEUX

Il s'agit de vastes zones relativement plates, mais très découpées, parsemées de profonds canyons où, autrefois, coulaient des rivières. On y classe le Grand Canyon, désert caractéristique de l'Ouest américain.

DÉSERTS SALÉS

Les plus difficiles et les plus dangereux pour un survivant. Une couche de sel alcalin laissée par

C'est parti ! Marche dans le désert du Sahara occidental.

l'évaporation les caractérise. Hautement corrosive, elle rend imbuvable toute l'eau rémanente. De nombreux déserts du Moyen-Orient comprennent des zones de ce type.

DÉSERTS DE CRÊTES

Labyrinthe de cours d'eau asséchés zébrant le paysage balafré de crêtes et de sillons et créant des méandres dans le sable. On les trouve partout dans le monde, notamment en bordure de la plupart des déserts.

TROUVER UN ABRI

Il y a une bonne raison de trouver un abri dans un milieu désertique où les différentiels de température entre l'ombre et la lumière directe du soleil peuvent atteindre 17°C : se protéger du rayonnement solaire. Alors que de nombreuses personnes craignent plus le froid que la chaleur, l'hyperthermie s'avère aussi mortelle que l'hypothermie. Déshydratation et brûlures sont également de vraies tueuses. Une augmentation de 3,5°C de votre température interne provoque un coup de chaleur.

Pour compliquer le problème, il ne s'agira pas seulement de trouver un abri contre la chaleur... il faudra aussi vous protéger du froid. Si durant le jour la température dépasse parfois 65°C, il peut geler la nuit. Il n'est pas rare de mourir de froid dans le désert.

La chaleur du corps augmente de la même façon qu'elle diminue : par conduction (contact direct) et par convection (à travers l'air). Tout abri doit viser à réduire leurs effets au maximum.

Ainsi – comme toujours dans une situation de survie – il faut avoir les bonnes priorités.

S'habiller dans le désert

Le premier type d'abri, mais aussi le plus basique, reste celui que vous portez sur vous : vos vêtements. Assurez-vous que tête, nuque, peau et yeux sont protégés du

soleil. L'idéal consiste à revêtir des habits amples : chemise à manches longues et pantalon laissant circuler l'air, mais empêchant la sueur de s'évaporer trop vite. Le système de refroidissement naturel du corps doit fonctionner efficacement et maintenir la déshydratation au minimum. Respirer par le nez (et non par la bouche) réduira la déshydratation provoquée par l'évaporation engendrée elle-même par la vaste muqueuse qui tapisse votre palais. Ne vous aventurez jamais dans le désert sans un chapeau à large bord ou, pour suivre les conseils de tous les habitants du désert dans le monde entier, d'un foulard. Il agira comme un bouclier afin de repousser la chaleur et comme un écran contre le vent et le rayonnement solaire. Même si cette technique ne vous rend guère populaire… urinez sur votre foulard pour rafraîchir votre tête. Après quelques jours, la puanteur se révélera méphitique, mais l'humidité vous aidera à combattre la férocité du soleil. N'oubliez pas que

Un chameau (à gauche !) et moi dans le Sahara occidental. Les chameaux sont l'exemple parfait du survivant du désert.

dans une situation de survie, vous devez utiliser toutes les méthodes susceptibles de vous protéger. Or il n'y a rien de plus crucial que de garder son cerveau au frais... après tout, c'est votre outil le plus important !
Si vous n'avez pas de crème solaire, enduisez-vous de charbon de bois ou de terre pour protéger la peau de votre visage et de vos mains. Sous les yeux, un trait de charbon vous aidera à combattre la cécité provoquée par les U.V. et à réduire les reflets sur votre rétine. (C'est la raison pour laquelle les joueurs de football américain étalent des crèmes colorées sous leurs yeux.) Si vous avez perdu ou cassé vos lunettes de soleil, protégez vos yeux au maximum à l'aide d'un foulard. Une minuscule fente dans le tissu suffit généralement à voir.
Une vieille technique inuit pour remplacer vos lunettes de soleil : pratiquez deux fentes dans un morceau d'écorce d'*Hibiscus tiliaceus*. Vous pouvez ensuite l'attacher devant les yeux grâce, par exemple, à des feuilles de yucca.
De nombreux désaccords existent encore quant aux couleurs qu'il faut porter dans le désert. Les partisans du clair remarquent qu'il reflète la chaleur, alors que les tissus sombres l'absorbent et réchauffent le corps. Inconvénient : les teintes claires peuvent laisser passer le rayonnement solaire et donc brûler la peau et augmenter la vitesse d'évaporation de la sueur. Les vêtements sombres, s'ils chauffent plus vite, arrêtent les dangereux U.V. ; amples, ils permettent à l'air de circuler afin que le système de refroidissement naturel du corps fonctionne.
Bref, la solution idéale, privilégiée depuis longtemps par les habitants du désert consiste à porter une couche légère de tissu clair sur une couche légère de tissu foncé.

Dans le désert, si la température dépasse les 65°C pendant le jour... la nuit, il peut geler.

Localiser un abri

Chercher les formes les plus simples d'abris avant de penser à en bâtir un ou à creuser. « La fin justifie les moyens » : construire un refuge élaboré sapera votre énergie et vous risquez de perdre beaucoup de liquide et de sels minéraux au cours de l'opération.
Dans le désert, la clé consiste à trouver de l'ombre, que ce soit sous la forme d'affleurements rocheux, d'éboulis, de monticules de sable, de cavités à même le sol ou encore d'un cactus géant. Mais rappelez-vous que toutes les ombres ne procurent pas la même protection contre le soleil.
Pendant la journée, un abri fourni par la végétation (arbre ou buisson) se révèle préférable aux rochers qui stockent la chaleur et rayonnent comme un vrai four. Dans le désert de Moab, j'ai réussi à faire frire un œuf de corbeau sur les

rochers chauffés à blanc. Il grésillait au bout de deux secondes !
Les végétaux fournissent aussi une certaine humidité à l'air ambiant grâce à leur évaporation. La nuit, en revanche, la faculté de la roche à stocker la chaleur joue à votre avantage. Si vous avez une couverture de survie, un poncho ou une voile de parachute, déployez-les sur ce relief naturel.
En cas de panne de votre véhicule, souvenez-vous de ne pas vous en éloigner. C'est la meilleure option : vous aurez en effet plus de chances d'être repéré depuis les airs ou le sol. Toutefois, ne restez pas à l'intérieur : la journée, vous grilleriez et la nuit, c'est le gel assuré. Employez son ombre et creusez le sol, capable de perdre jusqu'à 17°C à 15 centimètres sous la surface. Érigez des murs de sable des deux côtés du châssis : ils serviront de brise-vent et refroidiront l'abri.
S'éloigner de son véhicule, un abri tout prêt, est une folie que démontre tragiquement l'histoire arrivée à un couple britannique en 1989, Andrew et Jane Hughes. En vacances en Tunisie, aux confins du Sahara, ils voulaient passer une journée au marché de Douz avec leurs deux jeunes enfants.

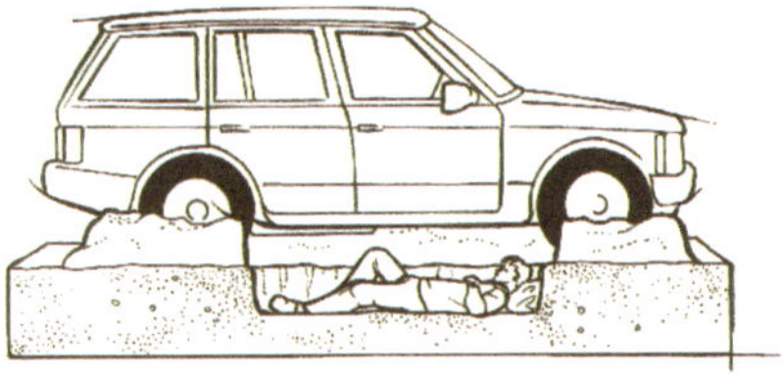

En chemin, ils accumulent du retard en raison des mauvaises routes et d'une signalisation catastrophique. Comble de malchance, leur voiture tombe en panne. Croyant que la ville ne se trouve plus très loin, ils partent à pied. Mais après une heure de marche, ils ne voient toujours rien. Andrew décide de renvoyer sa femme et ses enfants vers le véhicule car il a vu des citernes sur la route. Ils portent 1,5 litre d'eau. Quant à lui, il continue vers la ville.
Sans eau, accablé par la chaleur, Andrew s'effondre et passe la nuit par terre. Le lendemain matin, un fermier le secourt et le conduit jusqu'à son véhicule. Jane et les enfants n'y sont pas. Après d'autres mésaventures, le fermier repart en laissant Andrew avec sa voiture réparée... de nouveau, elle tombe en panne. Enfin, des militaires tunisiens le retrouvent. Mais ils lui apportent de terribles nouvelles. Sa femme et ses enfants ne sont jamais arrivés ni aux citernes ni au véhicule. Sans eau, sans abri sous le soleil impitoyable, ils sont morts au bout de deux jours. Cette tragédie aurait pu connaître une conclusion différente s'ils étaient tous restés, au moins jusqu'à la nuit, près de leur voiture.

Construire un abri

Certes, la fin justifie les moyens : alors toute construction qui requiert un travail manuel devrait être entreprise tôt le matin ou en début de soirée, quand il y a suffisamment de lumière mais que la température

reste acceptable et la déshydratation minimale. Dans le désert, la clé consiste à user de son imagination et à improviser, en tirant profit de tous les matériaux à votre disposition.
Il vous faut un toit capable de vous protéger du soleil. En vérité, personne ne s'aventure dans le désert sans une protection d'urgence : couverture de survie, poncho, bâche ou même ombrelle ; dans un milieu où les alternatives du type feuillage ou branchage sont rares, ils représentent la seule option viable. Si vous avez effectivement un tissu permettant de vous abriter, pliez-le en deux. Il vous offrira une meilleure protection. La partie supérieure arrêtera les rayons solaires et l'air présent entre les deux couches aidera à dissiper la chaleur par convection.

Type d'abri

VÉGÉTATION

Selon le type de milieu désertique, des arbustes et des buissons pourront vous fournir un ombrage efficace. Si vous avez suffisamment de tissu, auvent et constructions en A (voir chapitre 2, pages 91 et 94) vous protégeront du soleil. Une plateforme végétale faite de racines et de branchages vous préservera également de la chaleur du sol dans la journée et du froid durant la nuit.

SURPLOMB ROCHEUX ET CAVERNES

Il s'agit potentiellement des meilleures options, si vous êtes dans un désert montagneux. Leur profondeur permet à l'air de circuler et donc de dissiper la chaleur des roches. Soyez cependant très attentif aux serpents, araignées, scorpions – aux pumas, également – qui auraient eu la même idée que vous (se protéger des ardeurs du soleil) et y logeraient. (Au fait : un serpent, sans ombre, ne tient pas plus d'une heure au soleil en pleine journée. Comme vous, tous les animaux ont besoin d'ombre.)

OMBRE ARTIFICIELLE

Les matériaux artificiels – couverture de survie, poncho ou bâche – fournissent une protection efficace contre le soleil. En outre, la couverture de survie offre également une surface réfléchissante, inestimable dans la chaleur accablante du désert. En dernier recours, posez-la par terre et enveloppez-vous

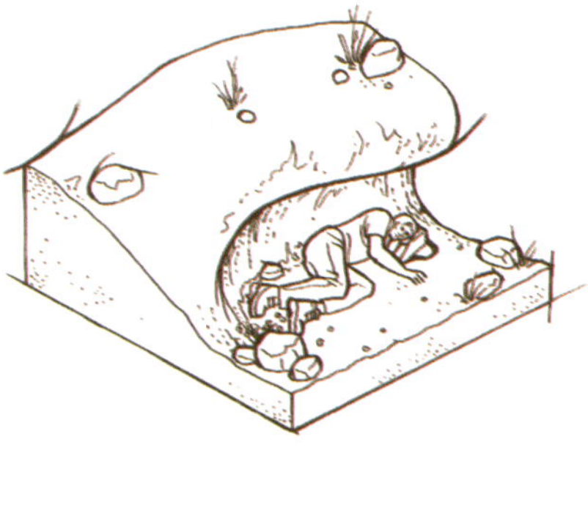

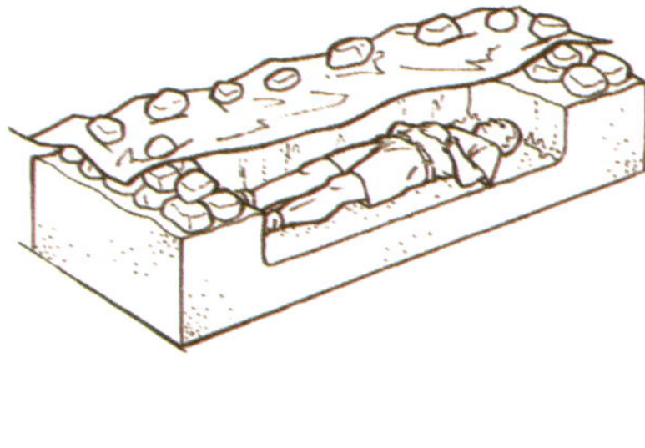

dedans. Si possible, laissez l'air circuler en la plaçant sur un rocher ou sur un buisson. Un toit en deux couches séparées de 60 à 90 centimètres réduit considérablement la température.

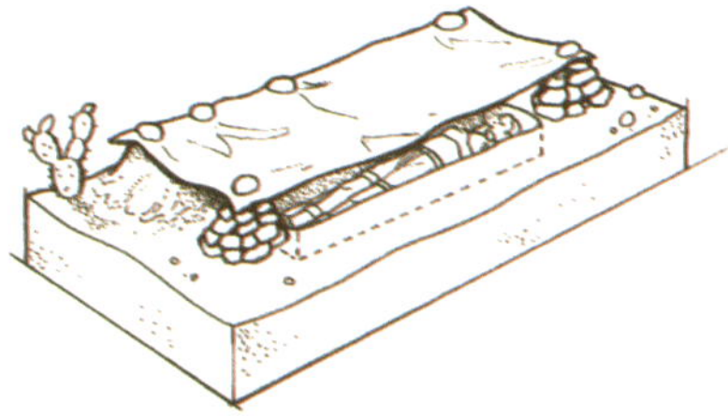

TRANCHÉES

Trouvez n'importe quel monticule au-dessus du niveau du sol et creusez une tranchée superficielle dans son ombre ; elle ne doit pas faire plus de 60 centimètres de large. Utilisez les matériaux excavés pour créer un mur pare-soleil autour de la tranchée. Essayez de localiser l'abri sur un axe nord-sud afin que le soleil projette le maximum d'ombre durant sa course est-ouest. Si vous en avez une, déployez une bâche ou une couverture de survie au-dessus de la tranchée. Vous la maintiendrez

Se frayer un chemin dans le Sahara.

grâce à des cailloux. Sinon, utilisez des galets plats montés en forme de pyramide. Comme de telles tranchées requièrent du temps et de l'énergie, travaillez uniquement tôt le matin ou en début de soirée, quand la chaleur est supportable.

TROUVER DE L'EAU

Dans le désert, c'est la déshydratation l'ennemi public numéro un. Non seulement on perd ses fluides corporels à une vitesse alarmante (près d'un litre par heure à midi), mais les chances de trouver des points d'eau pour les remplacer s'avèrent très minces. Le corps humain peut survivre jusqu'à trois semaines sans nourriture, mais sans eau, dans le désert, comme la famille Hughes l'a tragiquement appris, vous aurez énormément de chance si vous tenez plus de deux jours. Les équipes de recherche avec lesquelles j'ai travaillé dans l'Utah se basent sur un principe simple pour tous les infortunés dépourvus d'eau, échoués dans le désert : « Épuisé en douze heures, mort en vingt-quatre. » Faites que ce ne soit pas vous !

Dans le désert, avec des températures supérieures à 29°C, les experts conseillent un apport d'eau minimum d'environ 4,5 litres.

Parce que l'eau est volumineuse et lourde, toute personne s'aventurant dans le désert sans véhicule ou sans chameau ne peut en transporter suffisamment pour survivre plus de quelques jours. Ce qui explique pourquoi retrouver son chemin vers la civilisation ou être secouru se révèle beaucoup plus urgent dans le désert que dans tout autre environnement naturel.

Arrêtez-vous un instant sur ces chiffres : dans le désert, avec des températures supérieures à 29°C, les experts s'accordent à dire qu'un apport d'eau minimum et réaliste par jour devrait atteindre 4,5 litres. Et ceci, à l'ombre. Avec une température de 50°C et si vous vous déplacez, la consommation passe à plus de 13,5 litres par jour. D'où le chiffre : un litre par heure en pleine journée.

Dans la plupart des déserts qui connaissent des conditions climatiques normales (précipitations et végétations rares), vos chances de trouver une telle quantité de liquide s'avèrent très maigres. Pour cette raison, économiser l'eau reste la priorité la plus urgente et la plus immédiate. Souvenez-vous : chercher désespérément de l'eau sans réfléchir mènera certainement à une perte de fluide, par transpiration, plus importante que la quantité que vous pourriez dénicher par hasard.

Dans toute situation de survie désertique, il faut avant toute chose trouver de l'ombre et réduire les efforts. C'est le seul moyen d'avoir une chance de garder un excédent d'eau...

Des ravines comme celle-ci peuvent vous sauver la vie. Apprenez à reconnaître les signes qui vous guideront jusqu'à l'eau.

Au cas où il vous reste des réserves, les experts se disputent pour savoir s'il faut les rationner ou non. Le bon sens suggère qu'il est inutile de boire tout, d'un seul coup, si vous urinez la même quantité. D'un autre côté, aucun intérêt de conserver votre eau, si vous vous évanouissez à cause d'une insolation. Faites preuve de discernement : si vous êtes déjà très déshydraté, buvez ; sinon, le rationnement peut être la meilleure réponse.
Des quantités importantes de fluides corporels sont perdues simplement en respirant : l'air chaud aspiré dans les poumons ressort chargé d'humidité. De nombreux peuples du désert, dont les Bédouins, se couvrent la bouche. C'est également la raison pour laquelle vous devez toujours respirer par le nez.
J'ai employé une technique pratiquée par une tribu mexicaine, les Tarahumara, capables de parcourir 80 kilomètres par jour dans le désert avec une quantité ridicule d'eau. Ils y parviennent en la conservant dans la bouche, sans l'avaler, et en respirant uniquement par le nez. Donc l'air inspiré est constamment humide.
Cette méthode marche, mais il faut une volonté de fer pour résister à l'envie d'ingurgiter l'eau. La prochaine fois que vous mangerez des beignets couverts de sucre… essayez donc de ne pas vous lécher les lèvres ! Moi-même je me fixais une période de quinze minutes avant de déglutir. Le trajet passe plus vite et cette technique m'a maintenu hydraté.
Astuce : imitez les chameaux. Leurs longues jambes laissent l'air circuler sous eux (donc, pendant la journée, reposez-vous sur un tas de branches). Quand ils s'arrêtent, ils s'orientent de façon à minimiser le rayonnement solaire sur leur corps. (Idem : évitez le soleil, couvrez-vous.)

Signes indiquant la présence d'eau

Prendre quelques minutes pour examiner le désert autour de vous à la recherche de signes indiquant la présence d'eau n'est jamais du temps perdu. Rappelez-vous que chaque pas vous déshydrate. Un œil entraîné repère parfois ces signes de très loin. Or, un peu d'observation, et de perspicacité valent toujours mieux qu'un parcours à tâtons.
Les signes naturels que je vais mentionner se révèlent tous de bons indicateurs de la présence d'eau de surface ou près de la surface :

VÉGÉTATION

Dans un paysage désertique, une concentration de végétation se voit de loin. Si des buissons, des cactus ou un peu d'herbe ne garantissent pas une eau immédiatement accessible, ils signalent la présence d'humidité à moins de 45 centimètres de la surface.

CARREFOUR D'EMPREINTES ANIMALES

Les animaux ont autant besoin d'eau que les humains. Or ces créatures ont des habitudes bien ancrées et retournent jour après jour à la même source. Les empreintes se rejoignent souvent pour former une unique piste susceptible de vous y guider. Les animaux boivent généralement tôt dans la matinée et en début de soirée, donc un mouvement coordonné à ces moments vous indiquera peut-être la présence du précieux liquide.

EXCRÉMENTS ANIMAUX

À l'instar des empreintes, une concentration d'excréments signale un endroit où les animaux se rassemblent régulièrement et donc, la plupart du temps, une source d'eau.

VOL D'OISEAU

Les oiseaux boivent également tôt le matin ou le soir et, si vous apercevez un vol, ce dernier se dirige sans doute vers une source. Dans l'hypothèse où vous repérez colombes ou pigeons, il y a certainement de l'eau. Comme les autres oiseaux, ils volent plus haut en allant s'abreuver et plus bas lorsqu'ils reviennent. Souvenez-vous, tout de même, que cette règle ne s'applique pas aux carnivores, tels que vautours, aigles ou faucons, qui s'hydratent grâce à la chair de leur proie.

ABEILLES ET ESSAIMS D'INSECTES

Les abeilles, en règle générale, restent dans un rayon de 800 mètres autour d'un point d'eau vers laquelle elles volent en ligne droite à l'aller comme au retour. Attention à ne pas les déranger ! (Voir page 258). Les mouches ne s'éloignent pas non plus de l'eau et si vous voyez des moustiques, bingo ! Vous avez sûrement trouvé ce que vous cherchiez.

DUNES LITTORALES

Sur les côtes, la mer s'infiltre souvent dans les terres et laisse derrière elle une eau de salinité tolérable en surface ou qui peut être distillée grâce à un distillateur improvisé (voir pages 241-242). Dans les dunes, près de la ligne de marée haute, vous trouverez des mares où l'eau de surface se révélera potable.

J'achève enfin mon entraînement avec les légionnaires.

Approvisionnement en eau

L'eau, à l'instar de tout ce qui se trouve sur notre planète, est soumise à la gravité. Quel que soit l'endroit où elle tombe, elle coulera, elle gouttera ou ruissellera vers le bas. Ainsi, vous aurez beaucoup plus de réussite dans les vallées, les lits asséchés, les ravines, les petits canyons et à la base des falaises ou des formations rocheuses qu'au sommet d'une crête ou d'une dune. Dans le désert, les sources se forment quand une couche de roche poreuse s'intercale entre deux couches non poreuses, souvent à la base d'une falaise ou d'un affleurement. L'eau coule dans la couche poreuse et s'écoule lentement… comme une source.

Soyez très attentifs où que vous vous trouviez. La pluie disparaît très vite dans le sable ou la terre desséchée, mais elle peut former des mares sur une surface rocheuse et, parfois, des cavités calcaires ombragées retiennent l'eau pendant des mois.

Dans les déserts soumis aux pluies saisonnières ou à des crues éclair,

On surestime généralement les cactus en tant que source d'eau… mais en dernier recours, ils peuvent vous sauver la vie.

les cours d'eau asséchés – dont il existe de nombreuses variétés en fonction de leur profondeur et de leur largeur – contiennent parfois de l'eau à moins d'une trentaine de centimètres de la surface, dans le sable humide. Lorsque le cours serpente, explorez le point le plus bas de la courbe extérieure, à l'endroit où l'eau s'écoule le plus lentement et reste le plus longtemps quand elle s'évapore.

On peut extraire de l'eau du sable humide ou de la boue en imbibant un chiffon ou un foulard et en l'essorant dans un récipient. Il est également possible de creuser afin de créer un puits ou un distillateur solaire (voir pages 241-242). Gardez toujours un œil attentif sur le temps si vous vous aventurez dans des zones sujettes à des crues éclair car, dans les cas les plus extrêmes, un lit asséché peut se transformer en torrent impétueux en quelques minutes (voir page 252). J'ai entendu parler de ravines atteignant 25 mètres de profondeur en quelques secondes. Les crues éclair tuent !

En raison de sa rareté et de l'absence d'un renouvellement régulier, l'eau du désert s'avère particulièrement vulnérable à la pollution. En outre, elle est souvent stagnante et peut contenir des cadavres de petits rongeurs. Employez filtration et techniques de purification (voir chapitre 4, pages 190-195) afin d'éviter les maladies et une perte supplémentaire de fluides corporels. Lorsque vous soupçonnez une contamination et que vous ne pouvez faire bouillir l'eau, la distiller fonctionne, mais l'effort physique dépassera peut-être le gain escompté.

Sources naturelles d'eau

CACTUS

On surestime généralement la capacité des cactus à fournir de l'eau. Même les habitants du désert n'utilisent ce liquide qu'en dernier recours. Un problème supplémentaire réside dans l'identification : certains cactus sont empoisonnés ou si désagréables au goût qu'ils font vomir. Un autre se rapporte à l'extraction du liquide. Néanmoins, dans les déserts américains, l'« Arizona Barrel », *Ferocactus wislizeni*, facilement reconnaissable à sa forme de tonneau et ses piquants ressemblant à des hameçons, se révèle une bonne source de fluide en situation d'urgence.

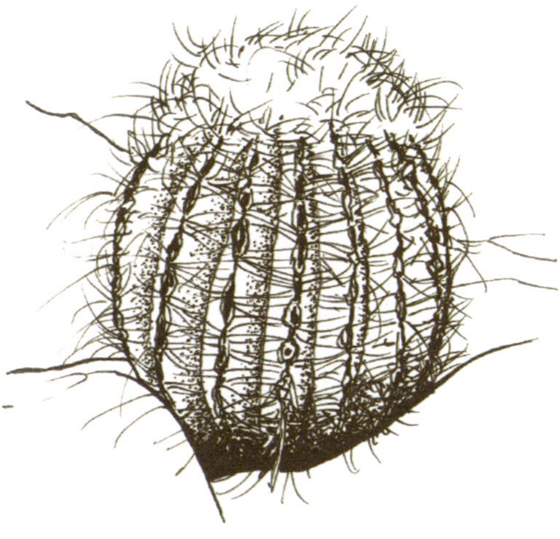

FIGUIER DE BARBARIE

Les fruits issus de ces cactus peuvent être broyés en pulpe afin d'en extraire le liquide. Le tronc est également rempli d'eau, mais ne la buvez pas si vous la trouvez blanche et d'aspect visqueux : il ne s'agit pas d'un figuier de Barbarie et ce liquide est empoisonné. Le *Stenocereus thurberi*, cactus typique du désert de Sonora au Mexique, possède également un fruit à la fois sucré et gorgé d'humidité.

AGAVES

Les agaves sont cultivés depuis des siècles dans tous les jardins tropicaux d'Europe et on les reconnaît facilement à leurs longues feuilles épaisses retombantes qui présentent des bords épineux et poussent en rosette autour de la hampe florale. On trouve souvent de l'eau à la jonction des feuilles et de la tige. L'agave américain possède une tige florale qui peut atteindre 10 mètres... elle se voit donc de loin. Cette plante recueille l'eau de pluie à sa base et on peut récupérer de l'humidité dans sa tige et ses feuilles.

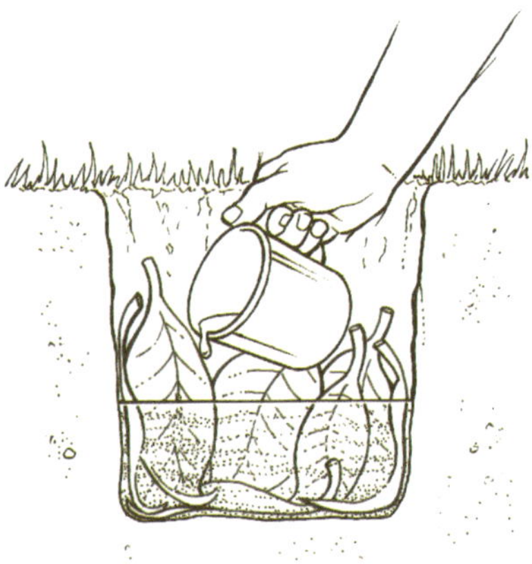

ARBRES, PLANTES ET RACINES

En cas de problème, dans tous les déserts de la planète, une grande variété d'arbres et plantes sont de bonnes sources de liquide : le tronc du baobab en Afrique et en Australie, les racines de l'hakea en Australie, les pousses de la coloquinte dans le Sahara, ou l'agave et le yucca dans le désert d'Atacama en Amérique du Sud. En Australie, certains

arbres, dont le baobab, *Allocasuarina decaisneana*, le filao ou le niaouli conservent de l'eau sous leur écorce. On peut alors la siphonner. Les racines du baobab, du kurrajong (*Commersionia*), de l'acacia et de certains gommiers, une fois coupées en petites lanières, peuvent être stockées à la verticale dans un récipient afin que l'humidité s'écoule lentement.
Astuce : alors que les cactus survivent grâce à de minuscules apports d'eau chaque année, certains arbustes du désert, tels les tamaris, pompent plusieurs litres par jour dans la nappe phréatique. Si vous en voyez, cherchez les dépôts minéraux laissés par l'évaporation. Ils proviennent généralement d'une « fuite », un petit filet d'eau suintant de la roche. Après en avoir trouvé un dans le désert de Moab, j'ai utilisé la tige creuse d'une trompette du désert (*Eriogonum inflatum*) comme paille pour aspirer cette eau riche en minéraux. La minuscule mare se remplissait en quelques secondes.
La nature vous offre souvent tout ce qu'il faut pour survivre, même dans le désert le plus aride. Un exemple classique : une espèce de sumac possède des baies rouges riches en sels minéraux. Elles sont comestibles crues, contiennent de la vitamine C et remplacent les minéraux évaporés par la transpiration. Quand les Amérindiens se déplacent, ils en cueillent pour cuisiner et les utilisent pour saler leur nourriture. À propos : vous savez que vous manquez de sel quand la sueur qui tombe dans vos yeux ne pique plus.

PUITS INDIEN

Si vous avez la chance de trouver un sol saturé près d'un lit asséché, creusez un petit puits loin de l'eau stagnante. L'eau environnante va y pénétrer. Si elle est boueuse, videz-le et remplissez de nouveau. Essayez la courbe externe du lit de la rivière. Creusez à 50 centimètres maximum. Plus, c'est sûrement un gaspillage de temps.

EAU PAR CONDENSATION

L'eau est présente même dans les milieux les plus arides. Peut-être ne la verrez-vous jamais – pourtant elle est bien là : dans l'air sous forme de vapeur, d'humidité dans la terre, dans les feuilles et les racines des arbres et des plantes. Toutefois, le véritable défi, c'est de la condenser dans des proportions supérieures à celle que vous perdez par transpiration.

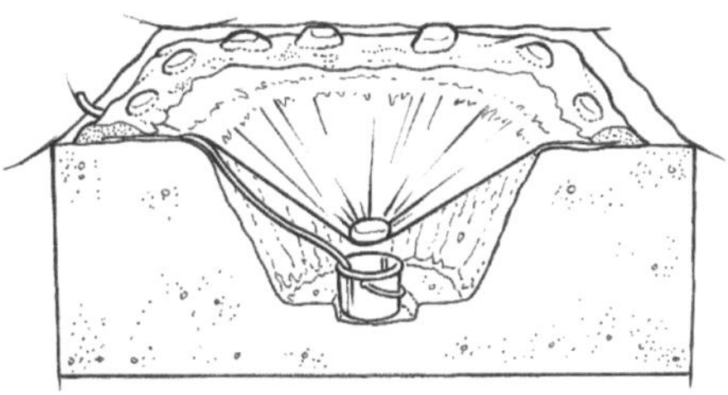

DISTILLATEUR SOLAIRE (PUITS SOLAIRE)

Le débat fait rage autour de l'utilité du puits solaire. Son principe consiste à condenser l'humidité piégée dans le sol grâce à un puits et un film en plastique clair. La différence de

température entre le film et la terre condense l'humidité qui coule ensuite dans un récipient.
Certains experts de la survie affirment pouvoir produire près de 0,5 litre en 24 heures, mais tout dépend de l'humidité du sol. En vérité, vous n'obtiendrez cette quantité que dans le lit humide d'une rivière où vous auriez de toute façon pu vous contenter de la méthode du foulard. L'effort requis pour creuser le puits – y compris la nuit, lorsqu'il fait plus frais – ne vaut pas forcément les quelques gorgées d'eau qu'il vous rapportera.
Pour cette raison, il faut considérer le puits solaire uniquement comme un complément. Néanmoins, il faut connaître cette technique qui peut également être utilisée dans des zones très humides pour distiller de l'eau polluée ou saumâtre. Si vous avez suffisamment de récipients et de film plastique et que vous prévoyez de rester un certain temps au même endroit, il s'avérera intéressant d'installer plusieurs puits autour du campement.

Si la sueur qui coule dans vos yeux ne vous pique plus, c'est le signe que vous manquez de sel et que vous avez besoin de minéraux.

Creusez dans le sol une cuvette de 60 à 120 centimètres de profondeur et de 90 à 120 centimètres de diamètre. Les parois doivent former un angle avec le sol afin que la terre ne s'éboule pas au fond. Assurez-vous également que la circonférence est plane, sinon le puits ne fonctionnera pas efficacement. Ensuite, creusez un trou afin d'y loger le récipient qui recueillera l'eau. Si vous en avez un, plongez-y un tube que vous ferez courir à l'extérieur du puits, vous permettant ainsi de boire sans démonter toute l'installation.
Passez ensuite l'une des faces du film plastique au sable – l'eau s'y condensera mieux – et tournez-la vers le sol. Posez un caillou qui pèsera sur le plastique et formera un cône au-dessus du récipient. Enfin, coincez les bords de la bâche à l'aide de terre ou de cailloux pour rendre le puits étanche. Assurez-vous que le plastique ne touche pas les bords de la fosse, ce qui empêcherait l'eau de couler.

PIÈGE À ROSÉE

Creusez une fosse d'environ 45 centimètres de profondeur et tapissez-la d'un tissu quelconque qui évitera que la terre n'absorbe l'eau. Remplissez de pierres. Le matin, léchez la rosée avant le lever du soleil. Il

s'agit d'une variante de la technique bédouine qui consiste, au point du jour, à retourner des cailloux à demi enterrés afin que leur surface plus fraîche condense la rosée.

Astuce : afin d'augmenter la quantité d'eau produite par vos puits, tapissez le fond de cailloux que vous recouvrirez de la végétation environnante : feuilles, cactus, broussaille... votre urine, ou n'importe quelle eau souillée, peut également être ajoutée au mélange. (J'ai déjà utilisé mon urine dans un puits semblable afin d'augmenter la quantité d'humidité... et ça marche parfaitement : apprenez donc à ne pas la gâcher.) Si vous avez un chiffon, urinez dessus : le liquide s'évapore bien mieux sur un tissu détrempé que sur la végétation.

PIÈGES À ÉVAPORATION

Dans les zones à végétation dense, les pièges à évaporation (ou à transpiration) s'avèrent très efficaces et beaucoup plus faciles à installer qu'un distillateur solaire. Placez un sac clair sur la partie feuillue ou charnue d'une plante ou d'un arbre (non toxique) et attachez-le soigneusement afin que l'air ne pénètre pas. Assurez-vous qu'il soit placé à la lumière directe du soleil. Les plantes aux racines renflées contiennent généralement plus d'humidité que celles aux racines effilées. Le soleil fera évaporer l'humidité des feuilles qui tombera au fond du sac. Piquez-le pour boire et nouez-le pour le réutiliser. Ne le laissez pas plus de deux heures : les feuilles, même si elles contiennent encore de l'humidité, cesseront de produire. Recueillez l'eau et recommencez ailleurs. Multipliez ces pièges pour plus d'efficacité.

Faites preuve de bon sens : si vous êtes déjà très déshydraté, buvez. Sinon, le rationnement peut se révéler un bon choix.

Des crues éclair peuvent ennoyer des ravines asséchées en quelques minutes.

TROUVER DE LA NOURRITURE

Trouver de la nourriture dans le désert ne doit jamais être votre priorité. D'ailleurs, tant que vous n'avez pas accès à une source d'eau, évitez de manger. La digestion consomme de précieuses réserves de fluide et accélère la déshydratation, en particulier si la nourriture est grasse ou salée. Les glucides – fruits, racines, feuilles – contiennent souvent de l'humidité, alors que les lipides et les protéines – viande, noix, par exemple – nécessitent des liquides pour être digérés.

Règle d'or : évitez de manger, même des végétaux, si vous possédez moins de 0,5 litre d'eau ; évitez la viande, à moins d'1,5 litre. Si vous avez des rations de survie déshydratées, ne les consommez pas sans eau.

Dans de nombreuses régions désertiques vivent des plantes dont les fruits, les racines, les feuilles ou les tiges sont comestibles. La plupart du temps, vous aurez l'impression de manger du carton, mais elles vous nourriront. Rappelez-vous également que la chair des mammifères, reptiles, insectes, larves, volatiles est comestible à condition de les vider et d'ôter la tête ainsi que toute glande venimeuse.

En premier lieu, cherchez d'abord des végétaux ou des larves d'insecte avant d'envisager de chasser. En effet, la perte d'énergie et d'eau n'en vaudra généralement pas la peine. Quelques reptiles, comme les lézards, représentent parfois une exception à cette règle, car on peut les attraper à la main ou au collet. Les techniques de piégeage décrites dans le chapitre 1 (voir pages 57-62) deviennent alors utiles dans les milieux désertiques.

La « bush tucker », la nourriture issue du désert comme on l'appelle en Australie, se trouve un peu partout de nos jours. On y découvre la base de l'alimentation aborigène : fourmis, lézards, sauterelles et serpents ; ils apparaissent maintenant sur la carte des meilleurs restaurants. Alors, si la nourriture vous paraît rare (en particulier dans les dunes du Sahara ou de l'Atacama), il en existe cependant des sources beaucoup plus éprouvées que vous ne le pensez.

Plantes et arbres

La plupart des plantes du désert se classent en deux catégories : annuelles, elles poussent uniquement à la faveur de la saison des pluies ; et vivaces – elles ont évolué pour survivre à de longues périodes de sécheresse en retenant l'eau dans leur système racinaire, leur feuillage ou leur tige. De nombreux déserts abritent des arbres, des broussailles et des plantes comestibles. Néanmoins, cette végétation doit souvent être bouillie... problématique, voire irréaliste, si l'eau manque. Évitez toutes les sèves laiteuses, certainement empoisonnées. Dans le doute, ne mangez pas ou appliquez le test de sécurité alimentaire décrit au chapitre 4 (voir pages 198-199).

PALMIERS

La plupart des parties du palmier sont comestibles – fruits, fleurs, bourgeons et chair du tronc – mais, au niveau gustatif, mieux vaut les cuire... Les feuilles de nypa peuvent atteindre 6 mètres et les graines, rassemblées près de la tige, sont comestibles, comme les noix de l'arenga, qui culmine à 15 mètres. Les dattiers poussent dans tout le Moyen-Orient et sont considérés comme un luxe dans le désert. Consommez également les feuilles cuites. La chair de la noix de coco est évidemment comestible et nutritive ; elle peut être dégustée quel que soit le degré de maturité de la noix. En revanche, buvez uniquement le lait de la noix verte... celui de la noix mûre est laxatif.

FIGUIERS DE BARBARIE

La figue de Barbarie pousse autour des raquettes de ce cactus. Elle devient rouge vif une fois mûre.

Faites tomber les figues à l'aide d'un bâton afin d'éviter les poils urticants, roulez le fruit dans le sable pour l'en débarrasser, puis fendez-le, absorbez l'humidité et mangez la chair. Si vous n'avez rien d'autre sous la main, elle peut se manger verte. Pour atteindre la chair comestible du cactus, ôtez les épines les plus grosses en les brûlant ou en les pelant. Les *Stenocereus*, genre de cactus colonnaires, et les saguaro, si reconnaissables car visibles dans tout western qui se respecte, possèdent des fruits comestibles. Toutefois, ils ne poussent que dans le désert du Sonora, au sud-ouest des États-Unis.

PROSOPIS

On trouve dans les déserts des États-Unis plusieurs espèces de prosopis, dont certains atteignent près de 9 mètres de haut. Les fruits de toutes les espèces sont comestibles et très appréciés des Amérindiens. On les trouve en abondance dans certaines régions où ils procurent également de l'ombre.

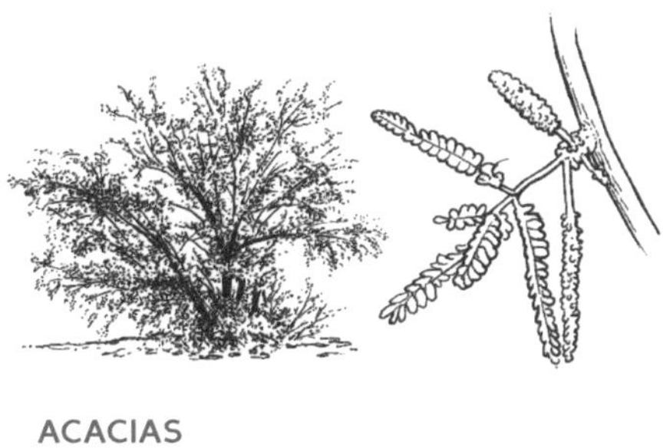

ACACIAS

Il existe plus de 1300 espèces de cet arbre originaire d'Australie répandues dans le monde entier. Arbuste souvent buissonneux, ses petites feuilles bouillies peuvent être mangées. Les racines sont une bonne source d'eau. Quant aux graines, on les déguste grillées.

BAOBABS

Les fruits charnus (pain de singe) atteignent jusqu'à 25 centimètres de long. On les mange crus avec les graines. Cet arbre facilement identifiable avec son tronc en forme de bouteille pousse en Afrique et en Australie.

Insectes

Les insectes, en particulier les larves, représentent une excellente source de nutriments – ils contiennent des lipides, des protéines et des glucides – et renferment en outre suffisamment de liquide pour faciliter leur digestion. Ne mangez pas de larves velues ou tachetées de noir.

TERMITES ET ŒUFS DE FOURMIS

Quand on parle entomophagie, termites et œufs de fourmis sont le type de nourriture à la fois le plus fiable, le plus nutritif et le plus savoureux qu'on trouve dans le désert. Insérez une brindille dans une termitière, remuez-la et, en raison de leur réflexe de morsure, elles s'y accrocheront et ne la lâcheront pas. Et un repas parfaitement sain, un ! Autre méthode : percez un trou au sommet de la termitière ou de la fourmilière et tapissez-le de plastique pour collecter les insectes qui y tomberont. Les termites s'avèrent plus nourrissants crus, mais on les trouve souvent meilleurs cuits. Personnellement, ce que je préfère, c'est cru. Enfin… quand il n'y a que des insectes au menu !

LARVES DU WITCHETTY

Les larves d'*Endoxyla leucomochla* – grosses, blanches et xylophages – se nourrissent de la sève sucrée du witchetty, une espèce d'acacia, mais aussi d'eucalyptus. Les Aborigènes consomment cette excellente source de protéines et de calcium crue ou cuite, et ceci depuis des millénaires. L'intérieur de la larve crue est liquide et sucré. Cuite, on la compare à du poulet ou à des crevettes sauce arachide. On les repère grâce au trou qu'elles creusent dans les arbres morts, les souches et les racines.

SAUTERELLES ET CRIQUETS

Comestibles une fois cuits, sauterelles et criquets possèdent un exosquelette qui les aide à retenir l'humidité. Toutefois, il faudra l'ôter en même temps que la tête, les pattes et les ailes avant de les manger.

GRILLONS

Les grillons cherchent l'ombre à l'abri des broussailles ou des rochers pour échapper à la chaleur du jour. Au crépuscule, ils sortent afin de se nourrir de plantes ou d'herbes. Leur stridulation caractéristique permet de les repérer. Soulevez un caillou et attrapez-les à main nue ! J'en ai pris plein avec cette technique. Ôtez les pattes, qui ont tendance à se coincer dans la gorge, et mangez le reste cru… tout le reste ! D'accord, ils sont horribles avec leur tête d'alien, mais proportionnellement il s'agit de l'une des bestioles les plus riches en protéines.

SCORPIONS

Techniquement, les scorpions sont plus proches des araignées que des insectes car ils possèdent huit pattes et non six. On peut les manger crus à condition de les saisir rapidement par leur dard – un doigt de chaque côté de la poche à venin afin de s'assurer qu'ils ne peuvent pas vous piquer. Le reste est plutôt bon.

N'oubliez pas : plus ils sont petits, plus ils sont dangereux. Pesez le pour et le contre quand vous faites votre marché… j'en ai mangé un cru au Kenya, après m'être brièvement interrogé pour savoir si j'allais commencer par les pinces… afin d'éviter justement que le scorpion les utilise contre moi. En fin de compte, je l'ai croqué… et c'était étonnamment bon, de plus il m'offrait un concentré de protéines et de nutriments. Mais soyez prudent.

D'accord, les grillons sont horribles avec leur tête d'alien, mais proportionnellement, c'est l'une des bestioles les plus riches en protéines.

Mammifères et reptiles

Marsupiaux, chèvres sauvages, cochons, lapins, serpents, lézards habitent dans les déserts du monde entier. Tous les reptiles sont comestibles, y compris les serpents venimeux – mais n'oubliez pas d'ôter la tête et les glandes à venin avant de les déguster.

LÉZARDS

Les lézards adorent prendre des bains de soleil sur les rochers. On peut parfois les attraper à main nue, grâce à un bâton ou un caillou. Il existe un vieux truc amérindien qui consiste à faire un collet à l'aide d'une fibre de yucca ou d'un lacet et de les attirer (ou les pousser) hors de leur trou. Évitez de manger les glandes, parfois toxiques. Les varans sont gras et huileux : faites-les bien cuire afin de déguster leur chair blanche.

SERPENTS

Tous les serpents terrestres sont comestibles. Mieux vaut les tuer à distance en les écrasant sous une lourde pierre à la base de la tête. Si vous avez réussi à en coincer un, grâce à un bâton, je connais une autre méthode pour abréger ses souffrances : balancez-le par terre en lui tenant la queue, au-dessus de l'anus. Il mourra instantanément.

Le secret avec les serpents consiste à identifier ceux qui sont venimeux dans la région où vous vous trouvez (ils ont généralement une tête plus grosse, triangulaire, et possèdent une queue ronde). Grâce à cette technique, inutile de connaître les autres... qui ne seront sans doute pas venimeux. Vous pourrez les chasser en toute confiance, les clouer au sol et les tuer. Un serpent, ça se mange sans faim ! Mais restez très prudent si vous traquez un serpent venimeux.

Ôtez la tête, mais n'oubliez pas que les terminaisons nerveuses toujours actives peuvent faire mordre un serpent qui vient d'être tué. Incisez la peau sur toute la longueur, épluchez le serpent avant de le vider et de cuire la chair.

ORIENTATION ET DÉPLACEMENT

Se déplacer dans n'importe quel milieu naturel, avec ou sans carte, reste toujours un défi majeur. Se perdre, en revanche, c'est facile. De tous les environnements que j'ai fréquentés, se sentir désorienté dans le désert demeure, pour moi, l'expérience la plus éprouvante, car les enjeux s'avèrent réellement élevés. Dans la jungle ou la montagne, je sais que si je garde mon sang-froid et que

Les scorpions sont comestibles. À l'exception du sac à venin présent au bout de la queue.

j'observe les règles de base de la survie, j'aurai une bonne chance de m'en sortir… mais dans le désert, le temps joue contre moi. Même si je trouve de l'eau, elle ne sera pas forcément en quantité suffisante pour me maintenir en vie très longtemps. Rappelez-vous : « Épuisé en douze heures, mort en vingt-quatre. »

Il semble particulièrement facile de se perdre dans le désert. Un moment, vous avez l'impression de savoir exactement où vous vous trouvez, vous tenez le cap vers un point à l'horizon, et l'instant suivant ce repère a soudain disparu ou s'est inexplicablement transformé en une forme similaire qui semble vous guider vers une direction complètement différente.

On connaît le coupable : l'effet de la chaleur à la fois à l'extérieur et à l'intérieur de votre tête. L'air surchauffe près du sol et ceci jusqu'à 3 mètres de haut environ ; il vibre, réfracte la lumière et crée des mirages : à l'horizon, des objets apparaissent puis disparaissent, se tordent, brillent et, peu importe le nombre d'heures pendant lesquelles vous marchez vers eux, ils ne se rapprocheront jamais. Et tous ces événements se produisent alors que vous êtes hydraté et protégé contre le soleil ! Imaginez ce qui se passe quand votre cerveau se met à griller et que vos facultés mentales déclinent.

De nouveau, il faut en tirer une leçon : ne laissez pas cet état se développer. Encore plus que dans tout autre milieu, mieux vaut réfléchir avant d'agir. Chaque goutte d'eau, chaque étincelle d'énergie compte. La panique monte lorsqu'on réalise qu'on est seul et perdu dans le désert et souvent elle nous fait agir impulsivement, prendre des risques et nous lancer dans un pari insensé pour essayer de nous en sortir. Partir en quête d'un trou d'eau qu'on est certain de trouver au sud – mais devant lequel on peut passer sans le voir ou qui est asséché – ou d'une route, d'un village dans telle ou telle direction.

Reste un problème avec cette stratégie : les chances de succès s'avèrent très faibles et en quelques heures sous cette chaleur accablante, vous vous retrouvez dans une situation réellement inextricable… sans y avoir gagné quoi que ce soit. Si vous décidez de vous déplacer, faites-le au point du jour ou au crépuscule quand le soleil est moins féroce. Vous pourrez également mieux vous orienter et voir plus facilement les repères à l'horizon.

L'air surchauffe près du sol et jusqu'à 3 mètres de haut environ ; il vibre, réfracte la lumière et crée des mirages.

Comme nous l'avons vu dans le premier chapitre (voir pages 40-44), il existe de nombreuses méthodes qui utilisent le soleil, la lune ou les étoiles pour s'orienter. Parmi elles : l'ombre d'un bâton, les aiguilles d'une montre ou le croissant de la lune permettent de trouver grossièrement le nord et le sud. Dans l'hémisphère Nord – dans le Sahara, par exemple, ou le désert de Gobi à cheval sur la Mongolie et la Chine – l'étoile Polaire sera très visible dans le ciel clair. Quant à l'hémisphère Sud, dans les vastes déserts qui s'étendent sur une grande partie de l'Australie, on trouvera facilement le sud grâce à la Croix du Sud.

Une autre astuce consiste à observer l'inclinaison des *Ferocactus* (cactus en forme de tonneau), autrement appelés « cactus boussole » : ils tendent à pousser vers le soleil et donc vers le sud. Cette technique n'est fiable que si plusieurs représentants pointent vers la même direction. On pense qu'ils s'orientent vers le sud afin de protéger leurs fleurs de la morsure du soleil, comme les chameaux lorsqu'ils se reposent.

Dans les déserts de sable, la forme des dunes donne des indications précises, si tant est que vous connaissiez l'orientation du vent dominant. Le flanc exposé au vent sera moins pentu que celui abrité.

Si le repérage des points cardinaux ne pose pas de réel problème, choisir la bonne direction se révèle plus une affaire de chance que de discernement. Couvrir de grandes distances à pied dans le désert est une entreprise hasardeuse, il faut toujours peser le pour et le contre avant de se lancer.

Se déplacer la nuit demeure possible si la lune et les étoiles vous éclairent suffisamment, mais restez très prudent : les blessures sur ce genre de terrain ne sont pas rares et une simple cheville foulée pourrait vous empêcher d'aller plus loin. Bref, avancer de nuit, mal éclairé, ne s'avère guère raisonnable en raison de la possibilité de se perdre et de ne pas voir ravins et ravines.

N'oubliez pas que vous voyez beaucoup mieux en regardant juste au-dessus ou sur le côté de ce que vous observez plutôt que de le fixer. Ce phénomène survient car les cellules en bâtonnet qui tapissent notre œil et se concentrent sur le bord externe de la rétine se révèlent beaucoup plus sensibles à la lumière que les cônes au centre, davantage sensibles à la couleur.

Se déplacer dans le désert

La meilleure façon de traverser un désert consiste à s'orienter en employant les méthodes déjà citées et de fixer un repère à l'horizon dans votre direction générale. Afin de vous assurer que vous vous déplacez en ligne droite, inspectez vos empreintes ou disposez de petits tas de cailloux que vous verrez de loin

Plus que tous les autres milieux, le désert paraît particulièrement redoutable parce que le temps et la déshydratation jouent contre vous.

afin de vérifier votre trajectoire. Si vous marchez dans une zone de sable parsemée de sastrugi – des rides irrégulières causées par les vents dominants – notez l'angle de votre trajectoire et efforcez-vous de le garder constant.

Dorlotez vos pieds : après tout, il s'agit de votre unique moyen de locomotion ! Assurez-vous que le sable ne rentre pas dans vos bottes. Arrêtez-vous immédiatement si vous ressentez la moindre irritation. Soyez certain qu'elle empirera et comme toujours, mieux vaut prévenir que guérir. Dans le désert de Moab, en raison de la chaleur et de mes glissades dans les dunes, mes pieds ont enflé. Prenez le temps de les bichonner, de les masser. Ôtez chaussures et chaussettes quand vous vous reposez à l'ombre.

Marchez d'un pas régulier, arrêtez-vous quelques minutes toutes les demi-heures et absorbez un peu d'eau. En présence de dunes, suivez les « vallées » au sable plus dur.

Obstacles

CRUES ÉCLAIR

Soyez toujours très attentif à l'apparition d'eau dans un lit asséché et remontez au premier signe de pluie. Les crues éclair peuvent se produire sans avertissement ou presque, même s'il ne pleut pas directement sur vous. Une averse à plus de 150 kilomètres trouvera vite son chemin dans les vallées au sol dur comme de la pierre. La ravine que vous empruntez, ou bien encore celle où vous soufflez cinq minutes, peut soudain se transformer en un torrent capable de vous emporter. Ne traînez jamais dans ces goulets mortels.

Les lits de rivière pierreux sont plus dangereux que les fonds sablonneux.

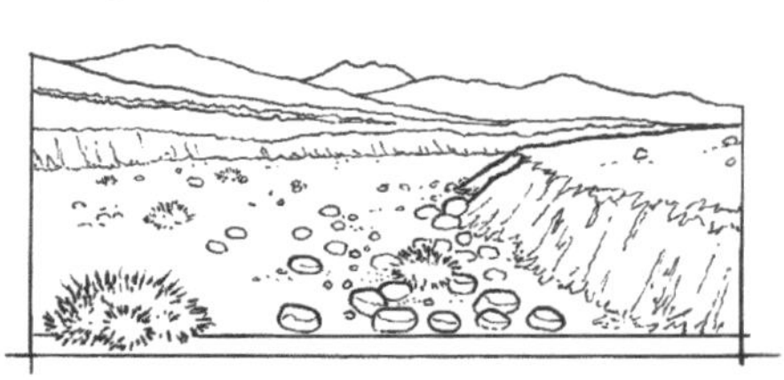

Soyez particulièrement prudent si vous voyez de la végétation alors que les parages sont arides. En général, elle signale que la rivière connaît des crues. En 1997, un groupe de douze touristes a ignoré les alertes météo avant de descendre l'Antelope Canyon, en Arizona. Ils ont eu le temps de parcourir 100 mètres avant d'être emportés par une crue éclair. Seul le guide a survécu.

SABLES MOUVANTS

Il en existe dans tous les déserts du monde. Il s'agit tout simplement de sable mélangé à de l'eau provenant d'une source souterraine invisible. La surface peut être couverte de sable sec, ce qui les rend difficile à distinguer. D'habitude assez superficiels, vos pieds en toucheront généralement le fond. Toutefois, si vous coulez, considérez le sable comme de l'eau (en réalité, il est plus dense) ; faites la planche sur le dos ou « nagez » en gardant votre corps le plus horizontal possible.
Au cœur du Moab, j'ai plongé dans des sables mouvants afin de montrer comment du bétail pouvait

Cherchez des touffes de végétation dans le désert : elles indiquent la présence de sources d'eau souterraines.

mourir si vite en s'y empêtrant. Le danger est bien connu : plus vous vous débattez, plus les forces de succion vous entraînent vers le fond. Ne luttez pas, gardez votre énergie, remontez votre corps en surface et sortez en nageant comme un petit chien.

TEMPÊTES DE SABLE

En raison de la présence de masses d'air aux températures différentes, il règne dans le désert des vents forts capables de souffler à plus de 130 kilomètres par heure. Et donc susceptibles de déclencher des tempêtes de sable. Contrairement à la neige qui peut ensevelir un objet statique, comme un être humain, le sable n'a pas le temps de s'accumuler. Vous ne risquez pas d'être enterré vivant. Le danger principal réside dans le fait de se perdre ou de ne pas retrouver sa direction après la bourrasque. Si possible, allongez-vous à l'abri d'une protection naturelle, avec la tête, ou les pieds, pointant dans la direction que vous suivez. La tempête une fois retombée, vous saurez où aller. Protégez yeux, visage et bouche à l'aide d'un tissu et... attendez qu'elle passe.

MIRAGES

Phénomènes naturels provoqués par la réverbération de l'air surchauffé près du sol. Cette couche d'air scintillante peut donner l'impression que des repères très lointains, comme une chaîne de montagnes, sont beaucoup plus proches. Dans le désert, vous verrez bien mieux si vous trouvez un point surélevé à plus de trois mètres du sol ou si vous attendez la nuit quand l'air aura refroidi.

APPRECIEZ LES DISTANCES

Juger la distance d'objets lointains s'avère notoirement difficile dans le désert. L'absence de toute échelle et la réfraction lumineuse compliquent le problème. L'expérience nous apprend qu'on sous-estime généralement les distances d'un facteur trois : un rocher qui semble se trouver à 1 kilomètre se trouve en réalité à 3 kilomètres. Ce phénomène peut engendrer des erreurs de jugement catastrophiques.

RISQUES NATURELS

Il existe de nombreuses façons de tomber sur un os dans le désert – dont les risques engendrés par les serpents, les scorpions, les abeilles, les araignées venimeuses, les tempêtes de sable et les crues éclair, pour n'en citer que quelques-uns – mais c'est la chaleur et ses effets qui reste l'ennemi public numéro un.
Dans un milieu où la température au sol peut atteindre 65°C, une exposition directe aux infrarouges et aux ultraviolets endommage vite la peau et les yeux, provoque une déshydratation rapide et une augmentation incontrôlable de la température interne qui à son tour entraîne crampes, épuisement, congestion cérébrale et... la mort.
Comme nous l'avons déjà vu, réduire les effets déshydratant de la lumière solaire directe et de la chaleur doit être l'objectif prioritaire dans une

situation de survie. Pendant la journée, cherchez un abri à l'ombre et ne vous déplacez que tôt le matin, au crépuscule ou la nuit s'il y a suffisamment de clarté. Résistez toujours à l'envie d'ôter vos habits. Les vêtements sont votre seul ombrage portable et votre premier rempart contre les effets de la chaleur.

EFFETS DU RAYONNEMENT SOLAIRE

Le corps absorbe la chaleur selon trois principes : rayonnement de la lumière directe du soleil, conduction du sol, et convection de l'air. Sans protection, le corps humain sera vite incapable de se refroidir lui-même grâce à la transpiration. Si la température interne augmente, ne serait-ce que de quelques degrés, elle entraîne des problèmes de plus en plus graves dans ces environnements caniculaires.

Les vêtements sont votre seule ombre portable et votre premier rempart contre les effets de la chaleur.

BOURBOUILLE OU MILIAIRE

Cette affection est associée à une période d'acclimatation dans un environnement chaud. Irritation et démangeaison sont provoquées par l'obstruction des glandes sudoripares lorsque le corps est exposé à des températures très élevées.

CRAMPES DE CHALEUR

Les graves crampes musculaires qui se produisent après avoir transpiré dans des conditions de chaleur extrême sont provoquées par une carence en minéraux et en électrolytes. On peut perdre environ 2 grammes de sel par demi-litre de sueur, ce qui réduit la capacité des muscles à absorber de l'eau.

HYPONATRÉMIE

Lorsque l'apport d'eau ne présente pas de problème et que l'individu continue de boire en quantité, mais qu'il cesse de se nourrir en raison de la chaleur excessive, la perte de sodium, potassium et des autres électrolytes par la transpiration peut engendrer une forme d'intoxication à l'eau : l'hyponatrémie. En voici les symptômes : nausée, vertiges, faiblesse. Si vous n'avez pas d'autre forme de sel, lécher un endroit rocailleux où de l'eau très minéralisée a pu s'évaporer. Sinon, cherchez les baies du sumac évoqué plus haut.

ÉPUISEMENT

Pâleur, sudation, fatigue, faiblesse, vertiges, mauvaise humeur et confusion sont des signes d'épuisement provoqué par la déshydratation progressive et par l'augmentation de la température corporelle.

COUP DE CHALEUR

L'hyperthermie, c'est-à-dire l'incapacité du corps à réguler sa température par la transpiration, peut engendrer un coup de chaleur si la température interne dépasse 40,5°C. Dans des conditions extrêmes, il peut se produire sans symptômes avertisseurs (crampes musculaires ou épuisement). Cependant, parmi les symptômes courants, on note : migraine douloureuse, peau brûlante sans transpiration, pouls pouvant atteindre 160, blanc de l'œil rouge, visage cramoisi, faiblesse, épuisement, vertiges, frissons, nausée, diarrhée, vomissement.

PHOTOKÉRATITE / CÉCITÉ DES SABLES

Elle est causée par la réflexion du soleil sur le sable et les rochers. En l'absence de lunettes de soleil, il faut se couvrir les yeux à l'aide d'un tissu ou d'un foulard, voire improviser une protection solaire grâce à une écorce.

Les serpents sont les maîtres du camouflage – Prudence !

Du charbon frotté sous les yeux permet également de réduire les reflets. Renouveler souvent l'application. (N'oubliez pas de prélever du charbon de bois dans votre précédent foyer.)

Il n'existe qu'un seul traitement efficace pour tous ces syndromes provoqués par la chaleur : trouver de l'ombre et de l'eau le plus vite possible. Il faut refroidir et réhydrater le corps progressivement.

Rappelez-vous : survivant solitaire dans le désert, votre état psychologique se voit rapidement affecté par le soleil et vous pouvez vite vous retrouver dans une situation où vous êtes dans l'incapacité de prendre soin de vous. Prévenir vaut toujours mieux que guérir.

SERPENTS

Comme dans la jungle, les serpents venimeux représentent un risque potentiel dans le désert. Faites très attention à l'endroit où vous posez les pieds et où vous mettez les mains. À l'instar des milieux tropicaux, un bâton ou une canne de randonnée non seulement vous soutiendra, mais vous aidera à sonder le terrain. La plupart des serpents évitent les humains s'ils les entendent venir, mais sont très agressifs une fois surpris. En plein « cagnard », ils cherchent le frais... alors, soyez prudent quand vous vous asseyez à l'ombre d'un buisson ou d'un rocher. Si vous escaladez une colline, inspectez les saillies rocheuses avant d'y grimper... un individu fâcheux pourrait vous y avoir précédé.

Tous les matins, secouez vos chaussures et inspectez vos vêtements. Ne marchez jamais pieds nus dans le désert, de jour comme de nuit. Pour des informations sur les différentes toxines et sur ce que vous devez faire en cas de morsure, voir chapitre 4 (pages 213-217).

CES SERPENTS DU DÉSERT QUI GAGNENT… À NE PAS ÊTRE CONNUS

Serpent corail : corps effilé aux anneaux colorés rouge, jaune et noir. On les trouve dans les déserts américains et mexicains. Jusqu'à 60 centimètres. Neurotoxique.

Cobra égyptien : le responsable de la mort de Cléopâtre, connu également sous le nom d'aspic. Crochets courts, petite tête et faculté d'aplatir le cou, comme tous les cobras. Jusqu'à 1,80 mètre. Neurotoxique.

Acantophis *(vipère de la mort)* : natif d'Australie, l'un des serpents les plus venimeux du monde. Gris-brun, avec des bandes plus sombres, corps massif et queue fine. Nocturne, il s'enterre pendant la journée. Jusqu'à 90 centimètres de long. Neurotoxique.

Vipère des sables : cette habitante du Sahara et des déserts du Moyen-Orient est connue pour sa façon caractéristique de se déplacer dans le sable par des mouvements de côté. Robe jaune-beige avec des tâches plus sombres, tête triangulaire. Jusqu'à 60 centimètres de long. Hémotoxique.

La plupart des serpents évitent les humains s'ils les entendent venir, mais sont très agressifs une fois surpris.

SCORPIONS ET ARAIGNÉES

Alors que la plupart des 800 espèces de scorpions présents dans le monde entier ne sont pas mortelles, elles peuvent infliger des piqûres douloureuses qui ne feront qu'ajouter à vos épreuves dans une situation déjà difficile. Bref mieux vaut les éviter, sauf si vous savez ce que vous faites et que vous avez prévu de les manger. Toutefois, il existe une règle générale avec les scorpions : plus grosses les pinces, moins fort le venin. Et vice-versa. Plutôt nocturnes, ils se cachent de jour dans des endroits ombragés, frais et humides... soyez très prudents dans des lieux correspondant à cette description.

Lors d'un tournage aux États-Unis, je suis tombé sur un scorpion velu (*Hadrurus arizonensis*)... une bestiole assez impressionnante. Pourtant, ceux qu'il faut éviter à tout prix, c'est les scorpions du genre *Centruroïdes* : plutôt petits, d'un jaune translucide. La neurotoxine qu'ils injectent est extrêmement douloureuse et peut provoquer spasmes et difficultés respiratoires. N'oubliez pas que le venin se situe dans la queue.

Les scorpions les plus mortels se trouvent dans les déserts africains et moyen-orientaux où ils atteignent près de 15 centimètres de long et possèdent un venin neurotoxique mortel. Dans la liste des symptômes : spasmes, vision double, cécité et mouvements involontaires et brusques des globes oculaires. Bref, vous m'avez compris : mieux vaut inspecter ses chaussures tous les matins.

Quant aux araignées venimeuses du désert, elles se limitent à deux espèces : veuve noire et *Loxosceles*.

PUMAS

Les lions des montagnes, couguars ou pumas, se trouvent dans les quatre déserts d'Amérique du Sud-Ouest. On les voit rarement et, en règle générale, ils n'attaquent pas les humains. Soyez prudents néanmoins en entrant dans une caverne où ils dorment parfois, ou en vous rapprochant d'un point d'eau, leur territoire de chasse.

Les attaques ont augmenté ces dernières années, sans doute parce que leur habitat naturel et leur zone de chasse se réduisent de plus en plus sous la pression de l'activité humaine.

Traverser une zone désertique à pied demeure un défi exceptionnel. Déplacez-vous le matin, au crépuscule ou la nuit, si la lune est pleine.

ABEILLES

Si on n'associe pas immédiatement les abeilles avec le désert, elles prolifèrent dans certaines régions désertiques comme dans le désert de Sonora, en Amérique du Nord. Voir le chapitre 4 (page 219) pour plus d'informations.

SUR LE « GRYLLS » : SURVIVRE DANS LE DÉSERT

Règle 1
PENSEZ TOUJOURS À L'EAU

Dans le désert, la déshydratation, c'est l'ennemi public numéro un. Ne perdez pas une goutte d'eau. La priorité, c'est d'en trouver.

Règle 2
RESTEZ COUVERT

Dans les chaleurs extrêmes, votre tête et votre cou accumulent la chaleur aussi vite qu'ils en perdent en milieu froid. Gardez-les toujours couverts, sans les serrer.

Règle 3
TROUVEZ DE L'OMBRE

Rien ne vous déshydrate plus vite que l'exposition directe au soleil. Restez couvert, à l'abri du soleil, et utilisez le terrain ou les broussailles à votre avantage afin de profiter de leur ombre.

Règle 4
NE GASPILLEZ PAS D'ÉNERGIE

Toute activité physique fait transpirer. Aux heures les plus chaudes de la journée, ne vous fatiguez pas à moins d'être certain d'en retirer un bénéfice.

Règle 5
DÉPLACEZ-VOUS TÔT LE MATIN OU DANS LA SOIRÉE

Si vous êtes sûr qu'avancer vous aidera et que sur le chemin vous trouverez de l'eau, faites-le tôt le matin, dans la soirée, ou la nuit, éclairé par la pleine lune.

« Toujours mener sa propre barque. »

Proverbe américain

LA MER

CHAPITRE 6

Arts et littérature font la part belle aux naufrages. Ainsi débute la dernière et plus grande pièce de William Shakespeare, *la Tempête* ; *la Complainte du vieux marin* de Samuel Coleridge raconte l'histoire d'un survivant à bord d'un vaisseau peuplé de fantômes ; *le Radeau de la Méduse* de Théodore Géricault et les rumeurs d'anthropophagie qui entourent cette catastrophe firent scandale dans la France du XIXe siècle.

Et puis, bien entendu, il y a tous ces romans classiques racontant des histoires de survie en mer, qu'elles soient réelles ou imaginaires : *Moby Dick*, de Herman Melville, *Robinson Crusoe* de Daniel Defoe, *Papillon*, le récit d'Henri Charrière et *Sa Majesté des Mouches* de William Golding. La liste est interminable et l'obsession de l'homme, la terreur qu'il éprouve devant la perspective de se retrouver seul, perdu au beau milieu de l'océan, paraissent inextinguibles… et pour de bonnes raisons.

En cette époque imprégnée de technologie moderne et complexe, il vous sera pardonné de croire que ces odyssées océaniques appartiennent à l'histoire ancienne. Si leur nombre a considérablement réduit depuis le pic de la Seconde Guerre mondiale, le fait est que, tous les ans, quelqu'un, quelque part, va s'embarquer pour un voyage qu'il imagine rapide et finira par dériver peu après, loin de la côte, avec de maigres rations.

Car le problème reste simple : au moment où le besoin s'en fait vraiment sentir, on n'a pas forcément accès à tous les équipements modernes, balise radiophare maritime de position d'urgence (EPIRB), combinaisons de survie, GPS, téléphones satellitaires, radios VHF, osmoseurs permettant de produire de l'eau potable à partir de l'eau de mer, etc. Et tout le monde n'est pas forcément préparé à affronter une catastrophe imprévue et brutale qui se produit sous un ciel d'un bleu immaculé.

À bord de ma petite barque, je retourne vers la civilisation en évitant la banquise.

Si, dans la grande majorité des cas, les protocoles de sécurité fonctionnent parfaitement et les survivants sont récupérés dans leurs radeaux de sauvetage à peine quelques heures après le naufrage, il y a toujours des naufragés qui n'ont pas cette chance : plaisanciers, réfugiés ou explorateurs échoués sur une terre inconnue. Un jour peut-être, vous devrez livrer une âpre bataille pour rester en vie, seul en mer, avec un minimum d'équipements de sécurité, de signalisation et de survie. Dans les forces spéciales britanniques, on nous enseigne avant toute chose à nous préparer à l'inattendu.

L'immensité de l'océan et ses facettes multiples sont capables d'ôter tout espoir à l'individu le plus aguerri. L'eau est partout mais inaccessible ; la nourriture, si près, et pourtant si difficile à remonter à bord ; des bateaux passent à l'horizon, ignorant les appels à l'aide désespérés du naufragé. Le salut si proche vous échappe alors que les jours de captivité imposée passent. Vous êtes incapable de vous aider vous-même, à la dérive dans cette cage aux barreaux invisibles.

Mon équipe arctique et moi en 2003. En pleine tempête sur l'Atlantique Nord.

La mer ne se situe pas du tout à la même échelle que les autres milieux naturels de la planète. Les océans, remplis d'environ 1,4 milliard de kilomètres cube d'eau de mer, couvrent trois quarts de la surface de la terre. L'océan mondial se découpe en cinq parties : Atlantique, Pacifique, océan Indien qui séparent les principales terres émergées, flanqués par les eaux glaciales de l'Arctique au Nord et de l'Antarctique au Sud. Les principaux courants de surface font circuler des eaux plus ou moins chaudes autour du monde comme un cœur géant, une véritable pompe, qui au passage définit le climat mondial.

La mer ne se situe pas du tout à la même échelle que les autres milieux naturels.

L'absence de repères et de jalons naturels définit précisément la mer. Sur la terre ferme, il paraît presque impossible de lever la tête et, en balayant l'horizon à 360°, de ne rien voir. Mais en mer, seul sur un radeau de sauvetage, c'est une réalité quotidienne. On s'abîme dans une solitude insondable, capable de saper la raison, plus que partout ailleurs.
Le naufrage : littéralement et métaphoriquement, c'est être dépouillé de tout filet de sécurité. Face à l'immensité, le prestige, le rang, la condition sociale ne sont rien. La mer vous rendra humble et vous rabaissera. C'est votre réaction à cette épreuve qui déterminera votre sort.

La menace la plus grave qui pèse sur la volonté de survie se trouve dans la passivité forcée. De tous les environnements explorés dans cet ouvrage, c'est peut-être la survie prolongée en mer qui demande l'effort de volonté le plus important. Ce qui explique probablement pourquoi la plupart des histoires les plus remarquables s'y sont déroulées. Et parmi elles, en tête, sans doute le récit le plus formidable de tous les temps, celui d'Ernest Shackleton, en 1916, lorsqu'il traversa 1 300 kilomètres sur l'océan Austral à bord d'une baleinière, entre l'île de l'Éléphant et la Géorgie du Sud pour venir en aide au reste de son équipage échoué.
Quatre mois et demi ! C'est le record de la plus longue survie en mer, détenu par Poon Lim, un marin chinois, qui servait à bord d'un cargo britannique le *Ben Lomond*, torpillé par un U-Boot au large du Brésil, durant la Seconde Guerre mondiale. Piètre nageur, Lim portait un gilet de sauvetage. Il surnagea pendant deux heures avant de réussir à grimper à bord d'un canot de sauvetage. Il y trouva une lampe torche, environ quarante litres d'eau, du chocolat, des biscuits et du sucre.
Pendant les 133 jours suivants, la volonté farouche de Poon Lim fut sa seule bouée de sauvetage. Son ingéniosité sans bornes face à tout ce que l'océan pouvait lui opposer se révèle une véritable démonstration de survie. Et ceci contre toute attente. Sa détermination lui permit de maintenir son imagination en ébullition afin de trouver des moyens de collecter

de l'eau potable ou de la nourriture quand ses rations s'épuisèrent.
Sans connaissances préalables, Poon Lim découvrit par lui-même nombre de techniques décrites dans ce chapitre ou dans les précédents : il utilisa le tissu recouvrant son gilet de sauvetage comme bâche pour recueillir l'eau de pluie ; la corde de chanvre qui maintenait les rations, comme ligne de pêche ; il confectionna des hameçons à l'aide des ressorts de sa lampe torche et des clous arrachés à son embarcation ; il façonna un couteau à partir d'une boîte de biscuit en métal et l'employa afin de vider les poissons, de les couper en lanières pour les faire sécher au soleil, tout en gardant les restes pour escher ses lignes ; il captura une mouette en fabriquant un nid grâce aux algues draguées par le canot et en l'appâtant avec du poisson. Il suça son sang et ses arêtes pour en retirer leur eau ; il mangea son foie. Plus incroyable encore, il parvint à pêcher un requin qu'il remonta à bord en couvrant ses mains de tissu pour éviter la brûlure de la corde.
Comme de nombreux autres naufragés, il subit aussi une véritable torture : des navires passèrent, des avions le survolèrent sans jamais le repérer. Une expérience qui renforça sa volonté d'atteindre la terre. Un bateau finit par le retrouver. Après 133 jours passés seul, l'équipage le jugea suffisamment en bonne santé (il n'avait même pas perdu de poids !) pour continuer de pêcher pendant trois jours avant de l'emmener à l'hôpital.
Quand on lit le résumé de cet extraordinaire récit, il n'est pas étonnant que, durant des décennies, la marine britannique s'en soit servi d'exemple dans ses manuels de survie.

TROUVER UN ABRI

En mer, le survivant et l'abri ne font qu'un. Toutefois, si votre radeau de sauvetage peut voyager sans vous… vous n'irez nulle part sans lui. L'embarcation dans laquelle vous avez grimpé après avoir abandonné votre navire, votre avion (ou – comme le héros de *Papillon* – après l'avoir construite à l'aide de noix de coco) demeurera votre seul abri contre les éléments jusqu'à ce que vous touchiez terre. Et, à moins que vous ne couliez, geliez, rôtissiez ou soyez dévoré avant d'y arriver, vous finirez inéluctablement par accoster. Il faudra des mois, peut-être des années, mais les courants et les vents vous repousseront un jour ou l'autre sur la côte. Le seul souci… c'est de rester vivant afin de profiter de ce moment.
Pour survivre, on dépend de quelques données simples : état d'esprit, condition physique, radeau de sauvetage, équipement et rations emportés après le désastre. L'analyse des catastrophes maritimes montre que se préparer à un événement que vous souhaitez ne jamais se produire augmente considérablement les chances de survie.
Les catastrophes maritimes, de par leur nature même, surviennent

brutalement. Steve Callahan dans son livre *À la dérive – 76 jours perdu en mer*, décrit l'aventure poignante de sa dérive sur l'Atlantique – 3 200 kilomètres – et la façon dont il est devenu « un homme des cavernes aquatique » dans sa quête pour la survie. Alors qu'il traversait l'Atlantique en solitaire, son voilier percute une baleine et quelques secondes plus tard se met à couler. Callahan, qui au passage manque de se noyer, réussit tout de même à récupérer le sac de survie qu'il n'était pas parvenu à dégager auparavant.

À bord du radeau, il y a suffisamment d'eau et de nourriture pour deux semaines, mais il sait qu'il lui faudra au moins trois mois pour rallier les Caraïbes vers lesquelles les alizés sahariens le poussent. Sans son équipement, dont un distillateur produisant de l'eau potable, ainsi que son talent de pêcheur (muni d'un harpon et d'une ligne), il serait presque certainement mort.

Il existe malheureusement de nombreux exemples de naufrages au cours desquels il y aurait eu davantage de survivants si les protocoles

Échoué sur une île du Pacifique sud, je planifie mon évasion.

de sécurité avaient été suivis à la lettre et si les équipages s'étaient familiarisés avec les équipements de survie et les avaient maintenus à la fois en bon état et accessibles en cas d'urgence. Parfois, également, les fabricants d'équipements de survie ne réfléchissent pas à l'état physique et psychologique d'une personne luttant pour les utiliser. Les instructions sont trop compliquées ou les tâches à accomplir trop délicates pour quelqu'un dont les doigts sont engourdis par le froid.

À moins que vous ne couliez, geliez, rôtissiez ou soyez dévoré avant d'y arriver, vous finirez un jour ou l'autre par atteindre la terre ferme.

Toute action devant être entreprise quand un bateau coule (depuis le moment où vous vous réveillez au beau milieu de la nuit parce que de l'eau gelée s'engouffre dans votre cabine) doit l'être sans avoir à y réfléchir. Si vous avez besoin de temps pour rassembler vos esprits et vous rappeler où se trouve votre équipement, ou même si vous en disposez, c'est peut-être déjà trop tard.
Dès que vous serez à bord d'un radeau de sauvetage et que vous devrez affronter une situation de survie en mer, le mantra suivant devra être gravé au fer rouge dans votre esprit : « *Couper, flotter, fermer, tenir* ». *Couper* la corde qui relie le radeau au navire en train de sombrer, afin qu'il ne vous entraîne pas avec lui ; lancer l'ancre flottante d'arrêt (voir pages 284-285) pour mieux *flotter*, stabiliser le canot et rester près du navire en perdition afin de faciliter le travail des équipes de sauvetage ; *fermer* toutes les issues pour conserver la chaleur et vous protéger des vagues ; *tenir* radeau, équipement, hygiène et moral au meilleur de leur condition.
Tandis que sur la terre ferme, vous avez la possibilité d'améliorer votre abri, sur mer, il s'agira uniquement de maximiser l'efficacité de celui que vous possédez déjà. Et rien d'autre. Lorsque des réfugiés prennent la mer sur des rafiots hors d'état de naviguer pour fuir la guerre ou la crise, ils n'ont même pas le temps de le préparer un minimum et le paient souvent de leur vie.

Toute action devant être entreprise lorsque un bateau coule doit l'être sans avoir besoin d'y réfléchir.

Dès que vous vous retrouvez seul dans votre radeau de sauvetage, jetez l'ancre flottante d'arrêt (voir pages 288-289) ou improvisez-en une à l'aide d'un seau ou de n'importe quel récipient assez grand susceptible de le freiner. Elle vous permettra de rester près du lieu de la catastrophe et rendra plus aisée la tâche des équipes de secours si vous avez eu le temps d'envoyer un mayday. Elle vous aidera également à maintenir l'embarcation ou le radeau vent debout plutôt que de travers. Car se retrouver perpendiculaire aux vagues, c'est généralement le chavirage assuré. Maintenez la proue dans la bonne direction en déployant votre ancre flottante avant que la mer ne se forme.

S'il y a du soleil, restez à l'abri pour éviter la déshydratation. En cas de tempête, couvrez le radeau et maintenez l'étanchéité au maximum. Essayez de garder le plancher au sec et tapissez-le d'une bâche ou d'un tissu pour l'isoler. À moins que l'accident n'ait eu lieu sous les tropiques, une fois les risques de noyade et de blessures écartés, l'ennemi numéro un sera le froid, suivi de la déshydratation et enfin seulement de l'inanition.

Maintenant, dressez une liste mentale de tous les équipements et de toutes les rations que vous avez à votre disposition et élaborez un programme de rationnement qui fera durer au maximum vos maigres provisions. Déployez vos bâches afin de recueillir l'eau de pluie et installez votre équipement de pêche (voir pages 278-280). Attraper du poisson mettra votre patience à rude épreuve... alors commencez le plus tôt possible, car il vous faudra beaucoup de pratique.

Inspectez régulièrement le radeau et contrôlez sa flottabilité. Il ne doit pas être trop gonflé, car les boudins se dilatent à la chaleur et se contractent la nuit quand l'air refroidit. Évitez tous les frottements qui pourraient causer ultérieurement des fuites et réparez-les le plus tôt possible. « Un point à temps en épargne cent »... Ce proverbe n'a jamais été plus vrai qu'en mer !

Inspectez en permanence votre radeau : évitez tout frottement susceptible de provoquer ultérieurement des fuites et réparez-les le plus tôt possible. « Un point à temps en épargne cent ».

S'abriter de la tempête...

Pour un survivant en mer, se protéger contre les éléments est une bataille incessante. Une grande partie de cette lutte dépendra de l'équipement présent à bord, mais il existe de nombreux exemples de personnes ayant survécu à un naufrage uniquement pour sombrer dans une langueur mortifère alors qu'il y avait tant à faire pour se préserver. Se réchauffer quand on a froid s'avère toujours plus difficile que de rester au chaud.

Astuce : utilisez votre ancre flottante (voir page 285) afin d'orienter

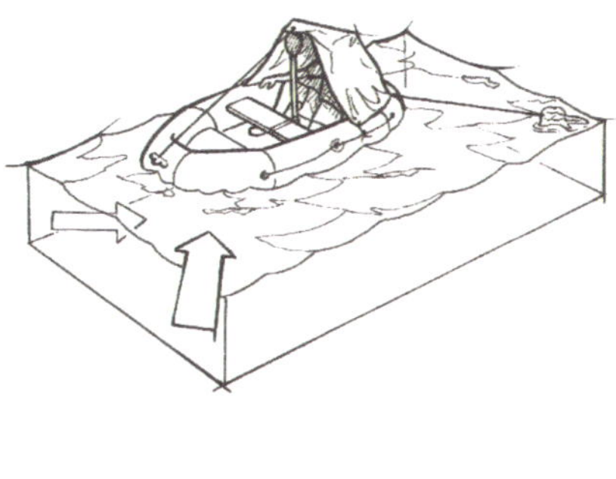

votre radeau dans le sens d'une brise rafraîchissante.

FROID

Après la noyade, l'hypothermie est la principale cause de mortalité dans les catastrophes maritimes. Le froid se révèle un problème sérieux sous des latitudes polaires, mais également dans les régions tempérées en raison de l'humidité. Si vous en possédez une, ne vous séparez jamais de votre combinaison de survie. L'exposition continue au froid doit être évitée ; il faut donc écoper le plus vite possible et ne pas laisser l'eau stagner car elle refroidit dès que le soleil se couche. Comme dans un abri sur la terre ferme, il vous faudra isoler le fond du radeau le mieux possible. Les sacs-poubelle représentent une protection improvisée très efficace contre l'humidité et le froid.

SOLEIL

Faites le maximum pour vous protéger du rayonnement solaire. En effet, les coups de soleil déshydratent et les cloques qui en résultent peuvent s'infecter. La plupart des radeaux de sauvetage modernes possèdent une capote, ou taud, permettant à l'air de circuler mais sous lequel vous pouvez vous abriter. Sinon, utilisez des bâches ou des voiles pour en créer un. Si vous avez un chapeau, portez-le tout le temps et couvrez-vous la nuque à l'aide d'un foulard imprégné d'eau de mer. Le reflet du soleil sur les flots peut endommager gravement vos yeux. Quant à votre menton, il peut vite rougir et s'irriter. Improvisez en vous enroulant le visage dans un tissu et en laissant uniquement une fente pour les yeux. Ingrédient d'une crème solaire efficace : l'huile de foie de poisson, que vous collectez en séchant des foies de poisson au soleil et en recueillant l'huile qui suinte. Toute forme de graisse et de gras, dont ceux fournis par les oiseaux, aidera votre peau à rester hydratée et la protégera contre le soleil et le sel.

SEL

Une longue immersion dans l'eau de mer ronge la peau et provoque irritations et furoncles. Ceux-ci s'infectent très vite. Des escarres peuvent également survenir et compliquer le problème car dans l'espace confiné d'un radeau de survie, il est parfois difficile de soulager la pression sur certaines zones vulnérables. Mains, coudes et fesses s'avèrent particulièrement sensibles. L'eau salée absorbe les hydratants naturels de la peau et accélère sa détérioration. Dès qu'il pleut, lavez-vous et lavez vos vêtements.

TEMPÊTES

Par gros temps, assurez-vous d'amener toutes vos voiles improvisées et de jeter votre ancre flottante (voir page 285). Si les vagues viennent par l'arrière (vent arrière), manœuvrez l'ancre afin que l'eau ne s'engouffre pas dans votre embarcation. Asseyez-vous sur le bord opposé à la direction du vent afin de maintenir le radeau stable et recroquevillez-vous. Si vous avez l'impression qu'il va se retourner, dégonflez-le légèrement.

Il sera plus mou, flottera plus bas sur l'eau et aura moins tendance à chavirer. Mais n'exagérez pas !

TROUVER DE L'EAU

Lors de catastrophes maritimes, réelles ou fictionnelles, les survivants décrivent toujours l'amère ironie d'être entièrement cernés par l'eau quand ils n'ont plus rien à boire. Ce qui ressemble à un océan d'abondance n'est en réalité qu'un désert aride.

Si vous vous retrouvez en un seul morceau dans un radeau de survie, très vite vos pensées se tourneront vers l'eau. En raison de son poids et de son volume, on ne peut en stocker des quantités importantes à bord des embarcations de sauvetage. Alors, elles sont généralement équipées de ce qui se fait de mieux après le précieux liquide : un distillateur solaire ou un osmoseur (voir page 273). Ils utilisent le même principe que le distillateur décrit au chapitre 5 (pages 241-242) sous une forme plus pratique et plus

Dans l'Antarctique, vous devez survivre aux deux des plus vastes milieux naturels : l'eau et la glace.

compacte. Essayez d'en transporter (ou d'en fabriquer) le maximum possible.

Conserver l'eau

Comme dans tous les milieux naturels, l'importance de conserver l'eau à l'intérieur du corps et de la stocker à l'extérieur ne saurait être trop soulignée. Pour rester hydraté de façon convenable, vous devez boire au moins un litre par jour. Sous les latitudes tempérées, il est néanmoins démontré que la survie se révèle possible pendant une courte période avec des quantités comprises entre 60 et 170 millilitres… c'est-à-dire entre un quart et un demi verre d'eau quotidien.

Même avec un distillateur solaire et la perspective de recueillir l'eau de pluie, rationner l'eau s'avère une précaution nécessaire puisque vous ne savez pas combien de temps s'écoulera avant de toucher terre ou d'être sauvé. Le premier jour, dans une situation de survie, il semble logique de restreindre la consommation si vous êtes encore bien hydraté, car votre corps devra s'adapter rapidement au manque. En outre, il est inutile de gâcher l'eau qui va, de toute façon, finir en urine.

Traitez chaque goutte d'eau comme de l'or. Employez tous les récipients à votre disposition pour la collecter, même le dernier des sacs-poubelle. Gardez-les bien fermés et attachés au radeau. Si vous en accumulez une bonne provision, n'oubliez pas de faire tourner les récipients et de boire les plus anciens d'abord. Prenez toutes les précautions possibles pour éviter la contamination de votre eau par l'eau de mer et assurez-vous, avant de boire, de vous gargariser et de vous humidifier les lèvres : ceci afin d'hydrater votre bouche et vos lèvres et de supprimer les symptômes d'une soif inextinguible. Le jour, restez à l'abri du taud et, si vous transpirez trop, mouillez vos vêtements à l'aide d'eau de mer pour refroidir votre corps. N'oubliez pas toutefois que cette mesure doit être prise en dernier recours, car les irritations provoquées par le sel peuvent vite devenir un désagrément majeur. Mieux vaut utiliser votre urine pour humidifier vos habits : elle agira en outre comme antiseptique sur votre peau.

Traitez chaque goutte d'eau comme de l'or. Employez tous les récipients à votre disposition pour recueillir l'eau, même le dernier des sacs-poubelle.

Se rafraîchir en nageant à côté de votre radeau est également une option… mais restez extrêmement prudent ! Oubliez cette idée si vous ne vous attachez pas à l'embarcation… et surveillez les requins. Un jour, j'ai plongé de mon bateau et j'ai failli être attaqué par un requin tigre de près de cinq mètres ! Ces baignades font de nombreuses victimes en raison des courants ou du vent qui se lève soudain. Un radeau va plus vite qu'un nageur. La vitesse du courant peut vous surprendre. Prudence ! Évitez les risques inutiles et scrutez toujours les flots avant d'y plonger.

MAL DE MER : UN AVERTISSEMENT

Le mal de mer devrait être normalement traité dans la partie « Risques » de ce chapitre, car il s'agit d'un problème central relatif à la déshydratation, mais il me semble primordial de l'évoquer ici. Personne n'est immunisé contre cet état pénible et ses symptômes se reconnaissent aisément : suées, vertiges, nausées et l'impression soudaine de ne pouvoir arriver à temps pour vous pencher par-dessus bord.

Comme le mal des montagnes pour les alpinistes, le mal de mer touche tout le monde sur l'océan. Il est provoqué par une confusion temporaire de nos sens. Sur mer, comme tout bouge, les sens que nous utilisons d'habitude pour nous repérer dans l'espace s'embrouillent. Nos yeux, le liquide baignant l'oreille interne et les capteurs présents dans nos os arrivent généralement à s'en sortir en fixant un point immobile, comme l'horizon. Toutefois, quand celui-ci remue également, ils n'ont plus aucun repère et la réponse réflexe, c'est le vomissement.

En principe, on tolère le mal de mer, on s'y adapte et on l'accepte. On en plaisante même, une fois passé. Mais seul dans un radeau de survie, c'est tout de suite beaucoup moins drôle. Toutefois, ne pas se sentir bien ou avoir la nausée, c'est le cadet de vos soucis. Il existe certes le risque que votre vomi attire les requins... mais le vrai danger, c'est de perdre plus de liquide et de sels minéraux que vous ne pouvez en remplacer. Un problème extrêmement grave quand l'eau vaut de l'or.

La première phase, c'est se sentir malade et avoir l'impression qu'on va mourir ; la seconde, c'est être tellement malade qu'on souhaiterait mourir.

La plupart des radeaux sont équipés de médicaments contre le mal de mer et vous devez les prendre au premier signe de nausée. Regardez l'horizon qui donnera à vos sens l'impression de disposer d'un point fixe. Exercez une pression au milieu du poignet : c'est une technique d'acupuncture qui stimule les nerfs du bras et permet au cerveau d'ignorer les messages contradictoires qu'il reçoit.

Un jour, avant la pire tempête que j'aie jamais essuyée, un vieux pêcheur du Groenland m'a expliqué qu'il y avait deux phases dans le mal de mer. La première, c'est se sentir malade et avoir l'impression qu'on va mourir ; la deuxième, c'est être tellement malade qu'on souhaiterait mourir. Ça m'a bien fait rire... jusqu'au moment où, sur notre petite embarcation non pontée,

800 kilomètres plus loin, à l'orée du cercle Arctique, par des vents de force 9 et des températures négatives alors que nous vomissions tous par-dessus bord, nous avons compris que nos chances de survivre diminuaient. Mais ceci est une autre histoire !

Prenez soin de collecter le maximum d'eau de pluie à l'aide de tous les ustensiles que vous trouverez.

Collecter des liquides potables

EAU DE PLUIE

La clé pour bien collecter l'eau de pluie, c'est la préparation. Observez le ciel et les nuages (voir chapitre 1, pages 44-45). Étendez tout ce que vous trouverez, toiles, bâches, etc. en forme de cuvette pour maximiser la surface. Laissez-les en place la nuit, plutôt que d'essayer de les déployer en hâte sans rien voir. En outre, la pluie annonce souvent houle et vents plus forts ce qui rend la tâche encore plus compliquée.

Après 5 000 kilomètres de navigation, nous terminons enfin notre traversée de l'Atlantique Nord.

ROSÉE

En mer, la rosée se forme le matin et peut valoir l'effort d'être recueillie. Déployez une bâche la nuit, même si la pluie ne menace pas.

DISTILLATEUR SOLAIRE

Si vous avez un ou plusieurs distillateurs à votre disposition dans le radeau, lisez attentivement les instructions car il existe de nombreux modèles. Installez-les le plus vite possible. Ils sont généralement gonflables, sphériques ou coniques, mais ne fonctionnent que sur mer calme. Les gouttes issues de l'évaporation d'un textile noir chauffé par le soleil se condensent sur les parois du distillateur et coulent dans un récipient. Mais en situation de survie, vous ne pouvez dépendre d'un seul distillateur, incapable de fournir plus de 0,5 litre d'eau par jour... avec beaucoup de chance. Si vous avez les matériaux disponibles, essayez également de fabriquer un distillateur solaire basé sur le modèle décrit au chapitre 5 (voir pages 241-242). Placez une tasse lestée au fond d'un gros récipient que vous protégerez des secousses. Versez un peu plus de 2 centimètres d'eau de mer au fond du récipient. Couvrez-le à l'aide de plastique que vous alourdirez au centre pour qu'il forme un entonnoir au-dessus de la tasse. Laissez en plein soleil et l'eau condensée coulera dans le quart. Ce modèle ne fonctionne que par mer calme.

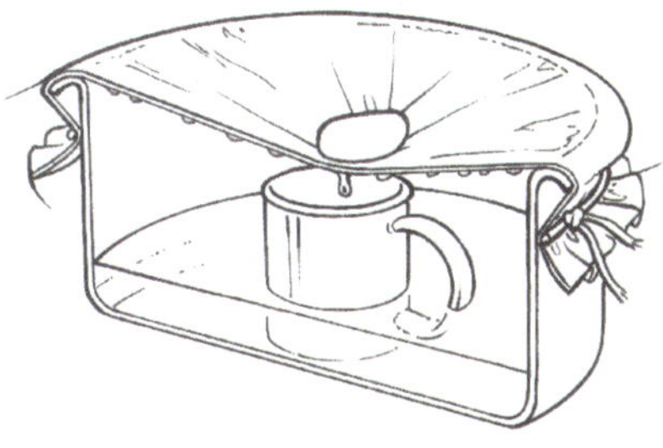

OSMOSEUR

Ces appareils représentent une formidable avancée dans la production d'eau potable pour les survivants d'un naufrage. Ils pompent l'eau de mer à très haute pression à travers une membrane qui filtre le sel. Cependant, en situation de survie, impossible de compter uniquement sur ces osmoseurs.

POISSONS ET TORTUES

Les poissons contiennent de l'eau dans les arêtes et les yeux. Récoltez le liquide en coupant l'arête principale ou en essorant la carcasse. Quant aux yeux, je préfère les avaler tout rond... pour ne pas avoir à goûter ce qu'il y a dedans ! Le sang de poisson est potable, mais doit être bu immédiatement au risque de tourner. Le sang des tortues a la même concentration en sel que celui des humains. C'est une excellente source de fluide, facilement récupérable en égorgeant la bête (voir page 280).

Lavement de réhydratation

Les lavements s'avèrent une méthode très efficace pour réhydrater le corps, car le rectum est capable d'absorber des liquides. Si votre eau a été contaminée par des saletés ou les résidus de plastique du radeau et que vous êtes dans l'impossibilité de la purifier, vous pouvez toujours bénéficier de son potentiel de réhydratation en vous l'administrant par lavement. Grâce à cette technique, en effet, elle contourne l'estomac. En 1972, à la dérive sur un radeau à l'ouest des Galápagos, Dougal et Lynn Robertson, avec leurs trois enfants et celui d'un couple d'amis, ont utilisé ce procédé. Leur goélette avait été percutée par des orques.

L'eau de mer est toxique, car elle contient une concentration en sel trois fois supérieure à celle du sang et conduit inévitablement à une insuffisance rénale.

Lubrifiez un tuyau ou un tube avec de l'huile ou de la graisse de poisson et insérez-le de huit centimètres maximum. Versez un demi-litre d'eau et restez allongé pendant dix minutes. Répétez l'opération deux fois par jour.

Boire de l'eau de mer : les dangers

Il vous faudra peut-être une volonté de fer, mais ne buvez surtout pas d'eau de mer. À toutes les époques, des naufragés ont faibli et ont essayé de boire de l'eau de mer, avec pour unique résultat de devenir fous en raison du delirium et des hallucinations. Certains se contentent d'abord de se rincer la bouche, mais le sel augmente la sensation de soif et la tentation d'avaler. L'eau de mer est toxique car elle contient une concentration en sel trois fois supérieure à celle du sang et conduit inévitablement à une insuffisance rénale.

Dans de rares cas, boire une petite quantité d'urine ou d'eau de mer – en plus de grandes quantités d'eau potable – possède un effet bénéfique sur le corps. Mais ce n'est démontré que lorsqu'il y a une quantité d'eau potable suffisante et durable pour diluer correctement l'urine et le sel. Si ce n'est pas le cas, ne recourez jamais à cette méthode. Réfléchis-sez, soyez malin, faites preuve d'imagination : pêchez, fabriquez des distillateurs, collectez le pluie, recueillez la rosée, mais *surtout ne buvez pas d'eau de mer.*

En plus de la déshydratation qu'elle ne manquera pas de provoquer, la baisse du niveau des fluides corporels vous rendra de plus en plus désespéré. On pense que la folie engendrée par la consommation d'eau de mer est causée par sa forte concentration en sel qui réduit la quantité de liquide échangé par les neurones.

Et voilà ce qui conduit des gens à s'entre-dévorer... un désespoir insane. Votre corps n'a pas besoin de viande, il lui faut de l'eau. À la base du roman *Moby Dick*, il y a eu un véritable équipage. On a retrouvé ses deux derniers membres, en plein délire ; ils se battaient pour les os rongés des camarades qu'ils avaient mangés. Un état qu'il vaut mieux éviter !

BOIRE DE L'EAU DE MER : ÉTRANGE MAIS VRAI

Le sujet de la consommation d'eau de mer reste cependant controversé. Elle a fait l'objet de l'expédition d'Alain Bombard, en 1951, qui s'est lancé dans la traversée de l'Atlantique sans eau ni nourriture. Les sept premiers jours, il a uniquement bu de petites quantités d'eau de mer. Ensuite, il l'a mélangée avec l'eau potable qu'il recueillait dans les poissons ou grâce à la pluie. Après soixante-cinq jours de mer, il est arrivé à la Barbade. Atteint de diarrhées sévères, la peau irritée, il avait perdu la moitié de son poids et quelques orteils… mais il était bien vivant.
Si l'expérience de Bombard est le récit fascinant d'un homme courageux et de sa tentative pour affronter les éléments, elle ne tient pas face à une analyse scientifique rigoureuse. Bombard n'a pas consigné les

Lorsqu'on s'échappe d'une île déserte, les déferlantes sont souvent le premier obstacle.

quantités d'eau de mer et d'eau potable consommées. Par ailleurs, pendant son expédition, il n'a jamais caché avoir été recueilli par un navire à bord duquel il a mangé et, sans doute, bu de l'eau.
Le fait est que boire de l'eau de mer ne vous tuera pas… immédiatement ! Mais votre vie ne tiendra qu'à un fil. Si vous ne devenez pas fou, vos reins lâcheront en moins d'une semaine.
Astuce : ne fêtez jamais ce que vous croyez être un sauvetage imminent en vous précipitant pour boire toute votre eau. Les sauveteurs peuvent ne pas vous repérer ou perdre votre trace. Vous devrez alors endurer quelques jours supplémentaires en mer avant d'être récupéré. Ne célébrez votre sauvetage qu'une fois à bord de l'embarcation de secours !

TROUVER DE LA NOURRITURE

Comme cette vaste étendue d'eau qui ne peut être bue, la présence, si près de vous, de l'abondante nourriture dont regorgent les océans se rapproche d'une autre forme de torture administrée pour éprouver l'endurance de tous les naufragés. Pour de nombreux survivants, pêcher semble bien plus compliqué que prévu, mais les chances d'attraper un poisson s'améliorent progressivement car, sous le radeau, un écosystème composé d'algues et de bernacles se crée et va bientôt attirer des proies assez grosses pour être mangées.

Par le passé, pendant les voyages au long cours, la marine britannique donnait des citrons verts à ses marins pour lutter contre le scorbut. Quant à vous, vous n'aurez sans doute pas à vous en soucier car il lui faut plus de trois mois pour se développer. La plupart des vitamines nécessaires se trouvent d'ailleurs dans le poisson : en plus des protéines, sa chair contient des vitamines A et D et son foie des vitamines B1 et B2.

Manger ou ne pas manger ?

Si l'approvisionnement en eau potable ne s'avère pas fiable et si vous manquez d'eau, il n'est jamais raisonnable de manger. Les protéines, sous forme de poissons, tortues, oiseaux ou algues, nécessitent beaucoup plus d'eau que les glucides pour être digérées. En mer, pourtant, vous récolterez surtout des protéines. Si vous avez des glucides dans vos rations de survie, mangez-les d'abord car il vous faudra moins d'eau pour les assimiler.
D'ailleurs, vous les utiliserez certainement avant d'attraper votre premier poisson, car pêcher dans un radeau dépourvu de matériel idoine se révèle une véritable épreuve.

Pêcher en pleine mer

À bord d'un radeau en bon état, vous trouverez toujours quelque chose d'utile pour bricoler une ligne. La seule variable ici… c'est l'ingéniosité du survivant. Lacets, fibres de vêtements, de voiles ou de bâches font des lignes convenables ; vous créerez des hameçons à partir de métal, de plastique, d'os ou d'épingles de sûreté. Un couteau ficelé à une rame deviendra un harpon.

L'amorçage s'apparente parfois à un véritable cercle vicieux, car il faut attraper quelque chose avant de pouvoir appâter... Alors, en premier lieu, utilisez tout leurre que vous trouverez dans votre embarcation. Et une fois que vous aurez pêché, employez leurres et esches pour multiplier vos chances.

Les poissons sont attirés par des points de lumière concentrée. La nuit (en particulier les nuits de pleine lune) se révèle un excellent moment pour une pêche productive. Si vous avez un miroir ou n'importe quelle surface réfléchissante, utilisez-le pour réfléchir les reflets de la lune sur l'eau. Toute lumière artificielle attirera également les poissons. En revanche, durant le jour, ils aiment l'obscurité. Lancez donc votre ligne dans l'ombre projetée par votre radeau. N'oubliez pas non plus que l'eau réfracte la lumière et que vous aurez plus de chances d'harponner un poisson à l'aide d'un fusil harpon (si vous en avez un) en le visant comme s'il était plus près du radeau.

À la dérive sur l'Atlantique, il fallut près de deux semaines à Steve Callahan avant d'y parvenir. Il finit aussi par comprendre que s'il ajustait un poisson presque sous le radeau, donc presque droit, la distance et la réfraction semblaient réduites. En conséquence, il visait bien plus juste.

Si vous pêchez un poisson et que vous n'avez pas d'ustensiles de cuisine, mangez-le cru. Je l'ai fait souvent. D'ailleurs, c'est ainsi qu'il est le plus frais... Depuis la mode des sushis, l'idée de manger du poisson cru ne semble plus aussi répugnante aux Occidentaux et, de toute façon, je doute qu'une telle délicatesse vous traverse l'esprit en situation de survie... Si certains poissons de récif peuvent être toxiques (voir plus bas), un poisson pêché en pleine mer ne pose généralement aucun problème.

Les reflets de la lune sur l'eau vous aideront à attirer du poisson.

Une pêche miraculeuse

Le rêve de tous les pêcheurs acquiert une autre signification pour le naufragé. Une ligne qui se tend et c'est le début d'une bataille pour la survie : la vôtre ou celle du poisson. Pensez à Ernest Hemingway... Mais pendant cette lutte titanesque n'oubliez pas les dégâts que peut engendrer la ligne sur votre radeau et vos mains. Il vous faut trouver un tissu capable de protéger ces deux éléments fondamentaux pour votre survie.

OBJETS POINTUS

Les hameçons doivent être pointus et aiguisés, mais n'oubliez pas qu'ils peuvent endommager le radeau et vos doigts, autant que le poisson. Attention aux mains... et ne crevez pas votre « maison ». (Idem quand vous harponnez un poisson !)

UN BAN POUR LES BANCS

Tous ceux qui ont déjà jeté une mitraillette remplie de plumes multicolores dans un banc de poisson sauront combien il est délicieux de sentir la ligne se tendre et jaillir presque de l'eau à mesure que mordent les poissons frénétiques. Si vous apercevez un tel banc qui s'approche de vous... lancez votre ligne sans tarder !

« SMALL IS BEAUTIFUL »

Certes Poon Lim a harponné un requin (voir page 264). Mais dans l'hypothèse où vous prenez un gros poisson, coupez immédiatement la ligne. En effet, s'il se rapprochait du radeau, il pourrait le couler, et vous ne pourriez pas faire grand-chose de toute cette chair à moins de la faire sécher, car elle pourrirait en moins d'une demi-journée. Alors, coupez le cordon... et attaquez-vous à quelqu'un de votre taille !

POISSON DE RÉCIF ET CIGUATERA

Ne mangez jamais un poisson que vous trouvez suspect. Sous les tropiques, si vous vous rapprochez des terres, soyez très prudent avec les poissons de récif souvent contaminés par une petite algue toxique. Ils pourraient vous transmettre la ciguatera (ou gratte) une intoxication digestive. Épines, couleurs vives, yeux enfoncés, chair ridée et puanteur sont des signes qui ne trompent pas : le poisson est malade ou venimeux. N'oubliez pas : manger un poisson empoisonné vous tuera sûrement plus vite qu'une journée de jeûne.

L'ART D'ACCOMMODER LES RESTES

Toutes les parties du poisson, exception faite de la tête et de la queue, sont comestibles... y compris les entrailles. (Peu ragoûtantes, mais il suffit de les cuire.) N'oubliez pas non plus de sucer les arêtes qui contiennent de la moelle. Comme sous les tropiques le poisson pourrit en quelques heures, vous pouvez couper la chair en tranches fines et les faire sécher au soleil pour les conserver. Elles se gardent très bien. Tournez régulièrement les morceaux afin de vous assurer qu'ils ne moisissent pas. (Tranchezles le plus finement possible afin de réduire le temps de séchage.)

Toutes les parties du poisson, exception faite de la tête et de la queue, sont comestibles… y compris les entrailles.

POISSONS VOLANTS

Rares sont les plaisanciers qui n'ont pas contemplé la vision magique d'un banc de poissons volants, ou exocets, effleurant la surface de l'eau pour échapper à un prédateur. Parfois, la nuit, on entend un coup sourd sur le pont, suivit d'un bref tumulte et de silence. Le lendemain matin, votre petit-déjeuner vous attend. Si vous en repérez de nuit, attirez-les à l'aide d'une lampe torche. Si vous avez une voile blanche, ils seront susceptibles de la percuter et de tomber, assommés, sur le pont. Les poissons volants constituent également un excellent appât pour les daurades coryphènes.

OISEAUX

Une fois vidés et plumés, tous les oiseaux sont comestibles, cuits ou crus. Ne soyez pas trop délicats et essayez de les piéger. Si un oiseau se pose sur votre radeau, essayez de l'assommer avec une rame, harponnez-le ou attrapez-le à l'aide d'une couverture. Un simple collet (voir chapitre 1, page 55) fonctionne également très bien, une fois appâté. Saisissez le volatile par les pattes. Vous pouvez aussi escher un hameçon et lancer cette « ligne ». Ou bien encore : laissez trois ou quatre épingles de sûreté appâtées et attachées à une ligne au-dessus du taud. Le moyen le plus rapide pour tuer un oiseau consiste à l'attraper par les ailes et à lui tordre le cou.

TORTUES DE MER

Les tortues de mer s'avèrent particulièrement nutritives et de nombreux peuples indigènes d'Amérique centrale s'en nourrissent encore. Elles constituent une bonne source de sang, de chair et d'œufs, et sont plus nutritives que le poisson. Si vous avez le choix, privilégiez les femelles car leurs œufs sont riches en protéines et en lipides. La différence entre les deux se voit à l'œil nu : les mâles ont une queue plus longue et une carapace inférieure plus concave.

Soyez prudent quand vous hameçonnez ou harponnez une tortue et ne vous frottez pas aux plus grosses

Si un exocet atterrit sur votre radeau, remerciez Dieu… Et ensuite mangez ce délicieux poisson !

car leurs griffes et leur bec pourrait causer de gros dégâts… à vous et à votre radeau. La meilleure option pour un survivant solitaire consiste à noyer la tortue avant de la ramener à bord. Tenez sa tête sous l'eau, jusqu'à ce qu'elle ne bouge plus. N'oubliez pas de boire son sang pendant qu'il est encore frais… une excellente source de liquide.

PLANCTON

S'il est assez bon pour les baleines, il le sera également pour vous. On trouve le plancton dans tous les océans (même s'il préfère les plus froids). Il peut être attrapé grâce à un petit filet improvisé, comme une paire de bas ou n'importe quel tissu aux mailles fines que vous traînerez à l'arrière de votre embarcation. Le jour, le plancton reste en surface, mais il plonge la nuit. Le résultat de votre labeur se soldera sans doute par un brouet infâme, mais riche en vitamine C et en glucides.

Je joins l'acte à la parole dans les Everglades.

Une fois vidés et plumés, tous les oiseaux sont parfaitement comestibles, crus ou cuits. Alors, ne soyez pas trop délicat et essayez de les piéger.

ALGUES

N'ignorez pas les fruits et légumes de l'océan. Certains fonds marins en sont particulièrement pourvus et cela vaut la peine de prospecter pour en trouver. En plus d'être savoureuses, les algues sont riches en protéines, glucides, vitamines et minéraux. An niveau gustatif, elles se révèlent meilleures une fois bouillies.

Toutefois, si vous manquez d'eau douce et que vous ne pouvez pas les rincer, ne les mangez pas. La meilleure méthode pour attraper des algues consiste à laisser traîner un hameçon au bout d'une ligne, derrière le radeau. Assurez-vous cependant que cet hameçon n'est pas primordial pour votre survie.

Nourriture sur la côte

Si vous échouez sur une île déserte, vous aurez la chance de trouver coquillages et crustacés. Ils sont abondants, variés et bien plus simples à récolter.

CRABES, HOMARDS ET OURSINS

Les crustacés, tels que crabes et homards, hantent toutes les côtes de la planète, comme les pieuvres et les calmars, les coquillages et même les oursins, considérés comme des mets délicats dans de nombreuses parties du monde. Ouvrez l'oursin et dégustez-en l'intérieur. (Personnellement, je leur trouve le goût et l'aspect d'un caca de bébé, mais il n'en reste pas moins que c'est très nutritif !)
Moules, patelles, bernacles, clams, bulots, bigorneaux ou limaces de mer sont également comestibles.

CONQUES

Les conques se cachent dans les herbiers marins, partout sous les tropiques. L'animal peut être extrait en cassant l'extrémité de la coquille afin de créer un appel d'air. Enlever tout ce qui est noir et ne mangez que la chair blanche.

CONCOMBRES DE MER

Ils vivent sur les fonds sablonneux de toutes les mers du monde. Le mucus qu'ils relâchent en filaments blanchâtres quand on appuie dessus est irritant. Veillez à bien nettoyer et vider le concombre de mer avant de le déguster.

ORIENTATION ET DÉPLACEMENT

Sans quille, voiles ou source d'énergie, le naufragé est à la merci des vents et des courants qui sillonnent les océans de la planète. Dans nul autre environnement, les choix d'orientation et de déplacement se montrent aussi limités. Unique survivant d'une catastrophe, coincé sur un radeau, vous dépendez totalement d'une force irrésistible, impossible à maîtriser sur de longues distances. En

Les concombres de mer sont très faciles à reconnaître !

outre, les radeaux gonflables ne sont pas réellement faits pour naviguer, mais plutôt pour dériver. S'il existe des formes simples de manœuvres et de propulsion – par exemple rame ou ancre flottante (voir pages suivantes) – en définitive, la mer vous emmènera là où elle le souhaite.

Une carte des catastrophes maritimes les plus mémorables révèle qu'un pourcentage significatif de ces naufrages a eu lieu à moins de 80 kilomètres des côtes. Les embarcations dérivent ensuite sur plusieurs centaines de milles marins dans la direction opposée avant l'arrivée des secours. S'il y a une leçon à en tirer, c'est qu'il est vain de vouloir résister aux éléments. La seule stratégie de navigation intéressante sur de longues distances consiste à essayer d'employer les techniques décrites plus bas afin d'estimer votre position grâce au soleil et aux étoiles, et d'évaluer plus précisément votre cap afin de savoir quand, enfin, vous vous rapprocherez de la terre ferme.

Pendant notre record du monde de la traversée de l'océan Arctique sans assistance, nous avons passé plusieurs semaines fouettés par des embruns gelés.

Estimez votre position

Dans un paysage dépourvu de tout repère, les techniques de navigation céleste évoquées au chapitre 1 (voir pages 40-44) s'avèrent particulièrement pertinentes. Comme nous l'avons vu, vous trouverez aisément les points cardinaux en observant la Grande Ourse et l'étoile Polaire dans l'hémisphère Nord et la Croix du Sud dans l'hémisphère Sud.

Gardez votre radeau au vent de toute terre émergée, afin de dériver dans le bon sens quand vous vous en rapprocherez. Sous le vent, vous risqueriez de manquer votre cible.

La direction qu'empruntera votre radeau dépendra des vents et courants dominants, et les premiers auront plus d'impact que les seconds. Notons également que les radeaux ont tendance à dériver à 30° à droite du vent dans l'hémisphère Nord et 30° à gauche dans l'hémisphère Sud. Près de l'équateur, vents et courants sont généralement orientés vers l'ouest. Les courants tournent d'habitude selon le sens des aiguilles d'une montre dans l'hémisphère Nord et selon le sens contraire dans l'hémisphère Sud. Connaissant ces principes et avec la confirmation de votre orientation donnée par les étoiles, vous devriez pouvoir estimer vers quelle terre vous avez le plus de chance de vous échouer.

Avec le peu de marge de manœuvre qu'offre votre embarcation et en fonction des cartes que vous possédez, essayez de rejoindre les couloirs de navigation où vous aurez davantage de chances d'être secouru ; ou tentez de vous rapprocher des régions pluvieuses qui vous permettront de recueillir de l'eau douce. Gardez également le radeau au vent de toute terre émergée, afin de dériver dans le bon sens quand vous vous en rapprocherez. Sous le vent, vous risqueriez de manquer votre cible.

Méthodes de guidage

Même les radeaux les plus perfectionnés n'ont pas de dérive, ce qui rend la navigation très difficile. Sans dérive, exploitez les effets du vent et des courants grâce à ces différentes techniques :

- Ajustez le gonflage du radeau. Bien gonflé et rigide, le vent le propulse plus vite à la surface de l'eau. Toutefois, sans vent, le courant aura plus d'effet si l'embarcation est légèrement moins gonflée et donc plus basse sur l'eau.
- Déployez ou traînez une ancre flottante (voir plus bas).
- Tournez l'entrée de l'abri vers le vent.
- Hissez une voile improvisée (voir plus bas).
- Utilisez une rame comme gouvernail.

Il est inutile d'essayer de manœuvrer et de propulser un radeau de survie moderne conçu uniquement pour dériver. La manœuvrabilité limitée que vous offrira une voile ne devrait être utilisée qu'en vue de la terre ou lorsque vous inspectez la côte à la recherche d'un meilleur site pour débarquer.

VOILES IMPROVISÉES

Hisser une voile, à l'instar de beaucoup de techniques de survie en mer, nécessitera imagination et utilisation innovante de tous les matériaux disponibles. Attachez les rames en forme de T, puis amarrez ce mât improvisé au banc, sur les côtés et à l'arrière du radeau (voir le dessin). Vous obtenez une structure basique. S'il vous reste du cordage, reliez le sommet du mât à divers autres points de l'embarcation. Il vous suffit ensuite de monter une bâche, une couverture ou n'importe quel matériau suffisamment résistant pour prendre le vent.

Une fois cette structure de base en place, ne faites pas l'erreur d'attacher la voile au pied du radeau… un vent assez fort le retournerait comme une crêpe. Attachez plutôt chaque coin de votre « voile » aux côtés du radeau afin de pouvoir les détacher rapidement en cas de bourrasques.

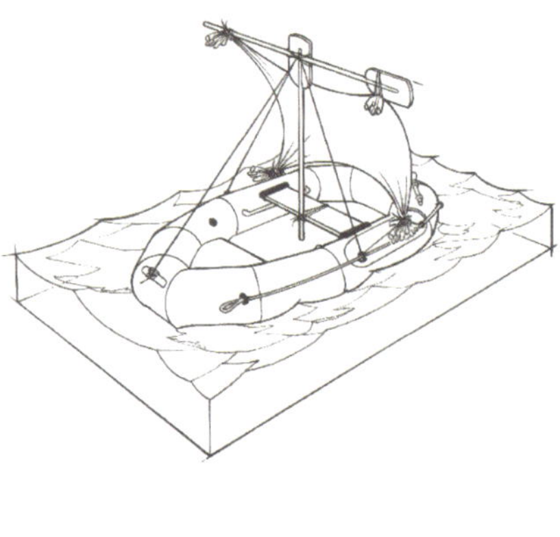

Le vent propulse plus vite un radeau rigide et bien gonflé. Sans vent, le courant aura plus d'effet si le radeau est moins gonflé.

ANCRE FLOTTANTE

À la différence d'une ancre classique qui s'accroche au fond de l'eau afin de circonscrire les mouvements du bateau au strict minimum, une ancre flottante utilise sa traînée afin de minimiser la rotation et les mouvements provoqués par le vent. Elle agit également comme un frein si

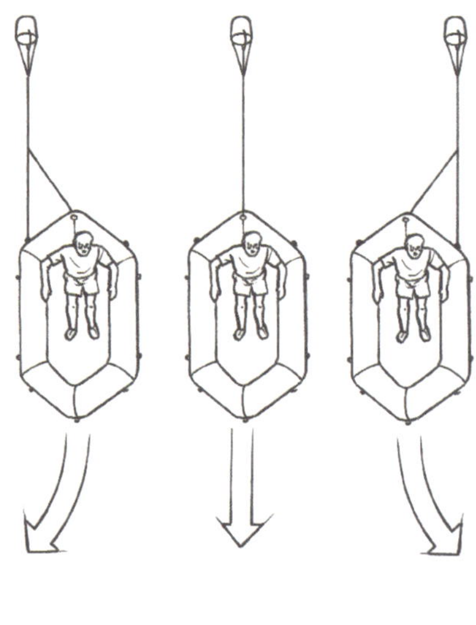

vous êtes entraîné par le courant. Elle est particulièrement utile en cas de gros temps pour stabiliser l'embarcation et peut être relevée quand la mer se calme afin que le radeau profite au maximum de la vitesse du courant.

Il existe de nombreux modèles d'ancres flottantes, mais la plupart ressemblent à un long cordage terminé par un parachute ou une sorte de cône. Si votre radeau n'en est pas équipé, utilisez un seau percé de trous, attaché à une corde ou éventuellement un morceau de tissu qui, une fois gonflé par l'eau, freinera votre embarcation.

Pour une efficacité maximum, veillez à ajuster la longueur : quand le radeau est au sommet d'une vague, l'ancre doit être dans le creux. Elle le stabilisera ainsi par très gros temps. Lorsque le vent souffle dans le même sens que le courant, ne lancez pas l'ancre flottante qui agirait comme un frein. Au contraire, lorsqu'il souffle à contre-courant, déployez l'ancre qui vous permettra de rester dans l'axe des courants.

Les ancres peuvent également servir dans une moindre mesure à contrôler votre direction en influençant la traînée de votre radeau. Maintenez-la juste derrière l'embarcation pour rester aligné avec le courant ; à gauche, pour tourner à gauche ; et à droite pour virer à droite. Ceci peut vous sembler illogique, mais c'est exactement le même principe qu'un gouvernail.

Terre, terre !

Savoir que la terre se rapproche vous remontera immédiatement le moral en confirmant que vous vous déplacez dans la bonne direction. Il reste bien entendu possible que vous observiez, sentiez ou entendiez d'autres signes longtemps avant de voir la terre ferme. Si vous restez longtemps au large, le changement d'odeur vous paraîtra très caractéristique. Le parfum des pâturages, de l'herbe ou de la bruyère, vous semblera exquis après de longs jours d'embruns et d'eau salée.

Les mouettes indiquent que la terre est proche. En plus, elles sont comestibles !

DÉPLACEMENT DES OISEAUX

La présence de volées d'oiseaux s'avère généralement une indication fiable que vous vous rapprochez de la terre, à moins qu'ils soient en pleine migration. Notez bien leur déplacement : ils s'éloignent généralement de la terre le matin et y retournent le soir pour y nicher. Mouettes, canards et oies se révèlent une indication sûre.

CUMULUS

Si, au loin, vous voyez un cumulus fixe (voir chapitre 1, page 46) alors que les autres se déplacent, ou bien un unique cumulus dans un ciel tout bleu, il y a de bonnes chances que la terre se rapproche. Les cumulus se forment souvent au-dessus des îles et parfois ils leur empruntent même leur forme. Observez également des colorations inhabituelles sous les nuages, en particulier une nuance verte si vous êtes sous les tropiques : c'est, en effet, le vert de la végétation qui se reflète !

CHANGEMENT DE COULEUR DE LA MER ET DU CIEL

La mer change souvent de couleur près de la terre en devenant moins profonde. Elle vire au bleu plus pâle en zone tempérée, au vert clair sous les tropiques et parfois au marron à l'embouchure d'un fleuve en raison de la vase. Le limon charrié par l'Amazone s'étend sur des centaines de milles dans l'Atlantique au large de l'Amérique du Sud. Sous les tropiques, le ciel, comme les nuages, peut se parer d'une teinte verte en raison des reflets de la végétation. Des éclairs au petit matin sont susceptibles de signaler des montagnes. Dans les régions polaires, le gris plombé des nuages, si familier au large, devient plus clair en approchant des côtes.

CONFIGURATION DES VAGUES

La forme des vagues change près des côtes. Courants et houle sont perturbés par la terre émergée proche et les effets du vent se font moins sentir à l'abri d'une île. Si la houle se calme, mais que le vent reste constant, c'est qu'une île le bloque, et que vous subissez le « dévent ».

BOIS FLOTTANT ET VÉGÉTATION

Une augmentation de la présence de bois flottant ou de végétation dans l'eau indique souvent la présence de la terre.

DIRECTION DU VENT

Le jour, le vent souffle généralement vers la terre et s'en éloigne la nuit. (Car la terre se réchauffe plus vite que la mer. L'air chaud s'élève alors et l'air froid de la mer s'engouffre pour combler le vide… par conséquent le vent souffle vers la terre pendant la journée. La nuit, c'est l'inverse qui se produit.) Si vous remarquez ce changement mêlé à d'autres signes, il indique vraisemblablement que vous approchez de la côte.

Accoster

Même dans des régions peuplées, les avions de sauvetage ne repèrent pas forcément un radeau et vous aurez peut-être à accoster avant d'être sauvé. En outre, tant qu'il est possible de débarquer en toute sécurité, survivre sur une île ou une côte s'avérera toujours plus facile qu'en mer. Eau douce et nourriture seront forcément plus abondantes. Votre joie de voir la terre ferme peut se dissiper assez vite en raison des difficultés d'accostage et des risques inhérents. Lorsque Shackleton a atteint la Géorgie du Sud avec ses hommes après avoir traversé 1300 kilomètres des mers les plus dangereuses du monde, il a été forcé de débarquer à l'ouest de l'île. Or la station baleinière se trouvait à l'est. Ils ont dû traverser une chaîne montagneuse avec un équipement minimal pour l'atteindre. Enfin, il a pu lancer une mission de sauvetage pour retrouver le reste de ses hommes échoués sur l'île de l'Éléphant. Un débarquement peut s'avérer très dangereux ; choisissez toujours le meilleur endroit possible.

Les îles sont souvent cernées de récifs et de rochers dangereux. Il faut apprendre à approcher la côte avec prudence.

Un débarquement peut s'avérer très dangereux ; choisissez toujours le meilleur endroit possible.

CHOISIR UN SITE POUR ABORDER

Après avoir traversé des milliers de milles marins, le comble serait de se noyer en débarquant. Mais ce genre de tragédie arrive plus vite qu'on ne le pense. Car c'est l'endroit où la puissance dévastatrice de l'océan explose contre la masse émergée de la terre. Il suffit de voir ce qui se produit quand un tsunami frappe une côte pour comprendre que, dans ces conditions hostiles, la mer gagnera toujours, d'autant plus qu'après de nombreux jours à la dérive, vous serez très affaibli.
En approchant de la côte, cherchez des plages calmes qui descendent doucement vers les flots, à l'écart des rochers et des falaises où les déferlantes seront les plus violentes. Sous les tropiques, évitez les dangereux récifs coralliens qui, sur une mer un peu formée, peuvent facilement déchiqueter un radeau et son équipage. Il n'y a pas de récif corallien à l'embouchure d'un fleuve, en revanche, soyez très attentif aux courants.

SE PROTÉGER

Reliez tout ce que vous possédez au radeau ou à vous-même et assurez-vous de porter des chaussures et des vêtements capables de vous protéger. Ne vous attachez pas au bateau qui pourrait se retourner. Si vous portez un gilet de sauvetage, veillez à ce qu'il soit bien gonflé. Nagez sur le dos, c'est bien plus facile. Ôtez du radeau tout ce qui pourrait prendre le vent ou vous boucher la vue, comme le taud. Si vous passez par-dessus bord et êtes projeté contre les rochers, levez devant vous les jambes et les pieds afin qu'ils absorbent l'impact.

Nagez vers la côte en diagonale par rapport au courant, et ralentissez.

OBSERVEZ LES DÉFERLANTES ET LES MARÉES

L'endroit le plus sûr pour aborder est celui où le vent et les courants entraînent peu de déferlantes. Il se trouvera donc, sans doute, à l'abri d'une terre émergée et non là où le vent dominant vous rejette vers la côte. En cas de marée, essayez de savoir si elle monte ou descend. Mieux vaut débarquer à marée montante qu'à marée descendante en raison du reflux.

UTILISEZ L'ANCRE FLOTTANTE

Déployez l'ancre flottante (voir page 28) en approchant de la côte ; elle vous aidera à stabiliser les mouvements brusques du radeau, à conserver la proue à angle droit des vagues et empêchera l'embarcation d'être rejetée à la côte au sommet des déferlantes. Attachez n'importe quel objet flottant à l'ancre, par exemple un sac gonflé, qui la maintiendra à la surface et lui évitera de racler le fond. Utilisez les rames pour garder le cap du radeau vers la côte et ajuster sans cesse l'ancre afin de préserver une certaine tension.

RESTEZ PERPENDICULAIRE AUX VAGUES

Évitez de laisser le radeau en travers des vagues : il deviendrait instable et ne tarderait pas à chavirer. Utilisez les rames à la fois comme propulsion et comme gouvernail.

LA RÈGLE DES SEPT

Comme Papillon l'observa en planifiant son évasion de l'île du Diable sur son radeau en noix de coco, les vagues déferlent souvent sur la côte par série de sept de plus en plus fortes. En cas de gros temps, essayez d'accoster après un cycle.

ÉVITEZ DE SURFER

Si le vent et les vagues sont forts, évitez d'être pris sur la crête des déferlantes comme un surfeur qui, lui, peut tourner et choisir de quitter sa vague quand il le souhaite. Tandis que vous, vous risquez de finir broyé sur la plage ou les rochers. La meilleure technique consiste à pagayer en avant ou en arrière pour maintenir le radeau dans les creux. La même méthode s'applique si vous êtes passé par-dessus bord... restez dans les creux.

NE LUTTEZ PAS CONTRE LE COURANT

Si vous dérivez au large ou parallèlement à la côte, ne luttez pas contre le courant. Laissez-le vous guider ou manœuvrez le radeau pour le placer perpendiculairement au courant afin de trouver une ouverture. Si vous nagez, avancez en diagonale par rapport au courant et vers la côte, et ralentissez votre rythme.

ATTENDEZ QUE L'EMBARCATION S'ÉCHOUE

Quand vous approchez de la côte et que les déferlantes mollissent, vous pouvez vous autoriser à prendre une vague qui viendra vous déposer sur le rivage, en particulier si le reflux vous semble important. Remontez le plus haut possible sur la plage et attendez que le radeau s'échoue avant d'en sortir et de le traîner le plus loin possible.

Survivre sur une île déserte demande patience, détermination et imagination.

RISQUES NATURELS

Parmi tous les risques que le naufragé devra affronter, il en est qui projettent une ombre un peu plus longue que les autres : les créatures qui rôdent sous l'embarcation. Même si la menace réelle qu'ils présentent pour votre vie, ou vos membres, se révèle beaucoup moins importante que le froid, la déshydratation ou le manque de nourriture, les « dents de la mer » et tous leurs petits amis vous cernent.

Requins

La peur des requins est profondément ancrée en nous. Elle semble réveiller une partie de notre inconscient collectif qui date d'un temps où l'homme n'avait pas encore atteint le sommet de la chaîne alimentaire... qu'il n'était pas encore devenu le roi de la jungle. Le requin : un prédateur qui attaque silencieusement et sans être vu depuis les profondeurs abyssales d'un monde inconnu.

Les requins vivent dans tous les océans du monde, des tropiques jusqu'au eaux arctiques. Il y a plus de 375 espèces, mais seule une douzaine sont considérées comme dangereuses pour l'homme. Notons-en trois plus particulièrement : le grand blanc, le requin tigre et le requin bouledogue.

Les requins sont attirés à des kilomètres de distance par le bruit, les vibrations et l'odeur de sang ou de putréfaction. Ils paraissent très sensibles aux vibrations et bruits anormaux qui suggèrent la présence d'une proie blessée – humain, poisson, ou autre requin. Ils sont également capables de détecter une goutte de sang dans plus de quatre millions de litres d'eau... c'est-à-dire un volume plus important qu'une piscine olympique ! Ils captent en outre les courants électriques, ce qui les aide à la fois à repérer leur proie et à s'orienter.

Les requins peuvent attaquer à une vitesse de 65 kilomètres à l'heure et leur gueule se hérisse de plusieurs rangées de dents coupantes comme des rasoirs, implantées dans des mâchoires capables de se refermer avec la puissance d'un marteau-pilon.

On a déjà recensé des attaques de radeau perpétrées par les requins, mais elles restent rares. Quant aux humains, il y a entre 50 et 70 agressions par an et une dizaine de morts... Tandis que, selon la base de données mondiale du Muséum d'histoire naturelle de Floride, la pêche extermine entre 20 et 100 millions de requins par an. Un homme pour 2 ou 10 millions de requins : finalement, c'est une créature plutôt clémente...

Néanmoins, mieux vaut être prudent. Alors quand vous pensez qu'ils rôdent dans les parages :

- Ne pêchez pas. Si vous avez pris du poisson, rejetez-les.
- Ne nettoyez pas et ne videz pas les poissons dans l'eau.
- Ne jetez pas vos déchets par-dessus bord. Si vous le faites, lancez-les en une seule fois pour éviter de laisser une piste. Procédez de nuit et lorsque le radeau avance.

• Ne laissez pas pendre vos bras, vos jambes ou votre matériel dans l'eau.
• Restez silencieux et ne bougez pas.
• N'attaquez pas le requin à moins d'être certain qu'il va vous attaquer.
• Quand vous urinez (et déféquez), videz votre radeau en une seule fois pour éviter de laisser une piste. Faites-le de nuit et lorsque le radeau avance.
• Si vous êtes attaqué, frappez à l'aide d'un couteau, d'un gourdin, ou de vos poings nus, les yeux, le nez, les branchies ou le centre nerveux juste au-dessus des yeux.

Cétacés

Bien qu'il y ait de nombreux exemples dont ceux de Steve Callahan et de la famille Robertson mentionnés plus haut et, bien entendu, *Moby Dick*, les cétacés n'attaquent généralement pas les radeaux de survie. Si l'une de ces créatures approche, cessez toute activité, dont la pêche, et restez silencieux. Assurez-vous que rien ne traîne par-dessus bord. Normalement, elle perdra vite tout intérêt et s'en ira.

Barracuda

Poissons carnivores longs et effilés, les barracudas peuvent atteindre deux mètres, mais mesurent généralement entre 90 et 120 centimètres. Ils ont la gueule remplie de dents aiguisées fort peu sympathiques. Leur morsure est effroyablement puissante et ils se mutilent les uns les autres, ainsi que leur proie, avec beaucoup d'efficacité. D'habitude, ils ne posent pas de problème. On a recensé des attaques, mais souvent de nuit, dans des eaux troubles, alors que la victime portait des bijoux ou des objets brillants. Les barracudas se déplacent en bancs importants.

Méduses

Les méduses attrapent leur proie à l'aide de leurs nématocystes, les petits organes urticants présents

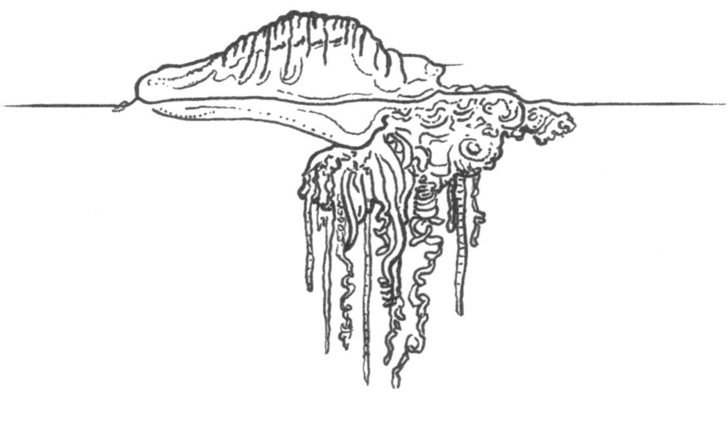

sur les tentacules. En forme de harpons, les crochets injectent un venin paralysant. On dénombre des victimes humaines, mais généralement elles survivent après avoir enduré une douleur insupportable. Si vous êtes piqué, urinez sur la plaie : l'acide présent dans votre urine aidera à neutraliser les protéines du poison.
Sur les 2000 espèces de méduses, seulement 70 représentent une réelle menace pour l'homme.

Voici une liste des plus communes et des plus mortelles :

Cubozoa ou méduse-boîte

On la trouve dans l'océan Indien et le Pacifique, au nord de l'Australie et près des Philippines, entre novembre et avril. Ces « guêpes des mers » sont les créatures les plus venimeuses de l'océan... et peut-être même de la planète. Ses tentacules contiennent suffisamment de venin pour tuer trois humains adultes. On la reconnaît instantanément à son corps en forme de boîte, parfois aussi gros qu'un ballon de basket. Elle possède entre dix et soixante tentacules urticants pouvant atteindre 9 mètres de long.

Physalie ou galère portugaise

On trouve généralement les galères portugaises dans le golfe du Mexique et la mer des Caraïbes, mais les courants les font parfois dériver au nord, jusqu'en Europe et, au sud, vers l'Australie.
En réalité, il ne s'agit pas d'une méduse, mais d'une colonie associant quatre types de polypes. Elle possède des tentacules d'environ 12 mètres, mais sa piqûre s'avère rarement mortelle. Le corps de la physalie est une sorte de flotteur rose, bleu ou violet rempli de gaz, d'environ 30 centimètres de long et qui s'élève à une quinzaine de centimètres au-dessus de l'eau. Sous cette vessie pendent les tentacules qui peuvent atteindre près de cinquante mètres.

SUR LE « GRYLLS » : SURVIVRE EN MER

Règle 1
PRÉPAREZ-VOUS

Vos chances de survie seront considérablement augmentées si vous prévoyez l'imprévisible. Répétez votre entraînement de survie. Assurez-vous que l'équipement est bien entretenu, facilement et rapidement utilisable en cas d'urgence.

Règle 2
PROTÉGEZ-VOUS DES ÉLÉMENTS

Le froid et l'humidité provoquent très rapidement l'hypothermie. Quant au soleil, il vous brûlera et vous déshydratera. Il faut toujours se protéger.

Règle 3
ÉCONOMISEZ L'EAU

Ne buvez d'eau en grande quantité que lors d'une averse. Le reste du temps, remplissez tous vos récipients et ne gâchez pas une goutte. Prenez des antiémétiques au premier signe de mal de mer. Rien ne vous déshydratera et ne vous affaiblira plus que des vomissements.

Règle 4
NE BUVEZ PAS D'EAU DE MER

Une seule gorgée peut être le début de la fin. Le soulagement sera extrêmement court… bientôt remplacé par le delirium et l'insuffisance rénale.

Règle 5
N'ABANDONNEZ JAMAIS

La force mentale est vitale en mer car la passivité inévitable qui vous guette sur votre prison flottante peut vous épuiser nerveusement à moins d'y être préparé. Soyez fort. Vous êtes un champion. Et si vous cherchez bien, vous trouverez le courage de survivre.

QUATRE PRINCIPES DE SURVIE

1- LES TECHNIQUES

Si les techniques exposées dans ce livre sont bien comprises et pratiquées assidûment, elles vous donneront un avantage vital dans l'hypothèse où vous vous retrouveriez seul dans l'un des environnements hostiles décrits. Emportez ce livre en expédition ou intégrez-le dans votre kit de survie. Gardez-le à votre chevet ou dans les toilettes, mais lisez-le régulièrement et petit à petit. Essayez d'apprendre quelque chose de nouveau tous les jours. En soi, c'est une bonne discipline. Rappelez-vous : le savoir, c'est le pouvoir, et ces techniques sont la fondation sur laquelle viendront s'empiler de nouvelles compétences qui feront de vous un survivant complet et affûté.

2- LA CONDITION PHYSIQUE

Sans la condition physique suffisante pour appliquer ces différentes techniques et avoir réellement la force d'avancer et de rentrer sain et sauf, elles demeureront purement théoriques. Restez en forme. L'entraînement physique doit devenir une habitude. Bougez-vous au moins une demi-heure par jour : marche rapide, course à pied, pompes, abdominaux, étirements... Ces trois éléments – course, musculation et étirements – forment la base d'une bonne condition physique et vous donneront un avantage primordial dans une situation de vie ou de mort. En outre, ils assureront un fonctionnement plus efficace de votre cerveau et de votre pouvoir de concentration. Vous en aurez bien besoin.

3- LA CHANCE

La baraka joue toujours un rôle dans les situations de survie. Mais elle n'est pas aussi aléatoire que vous le pensez. Apprenez à saisir les chances qui se présentent ; décrétez que vous êtes chanceux. Pourquoi la femme terrifiée à la perspective de se marier avec un banquier obèse finit toujours par en épouser un ? Parce que les esprits sont des aimants. Il s'agit d'une loi universelle : nous attirons ce que nous anticipons. Les gens les plus chanceux que j'aie connus sont toujours enthousiastes, positifs. Ils comptent sur leur chance. Il faut en faire autant. Et pour paraphraser Napoléon : « Je ne veux pas de bons généraux, je veux des généraux chanceux. »

4- ET ENFIN : LA VOLONTÉ DE SURVIE

En définitive, votre survie en dépend. Le voulez-vous vraiment et à quel point ? Votre résolution est-elle profondément ancrée en vous ? Ou plutôt, jusqu'où êtes-vous prêt à creuser pour aller chercher cette résolution ? Cette résolution que tout le monde possède... Connaissez-vous mon histoire préférée, celle des deux souris dans un bidon de lait ? La première se dit qu'il n'y a aucune échappatoire. Les parois sont trop hautes, trop glissantes. Une situation insurmontable. Elle va mourir, c'est inévitable. Elle se laisse alors submerger en espérant que sa fin sera douce. La seconde souris ne voit pas uniquement le bidon de lait : elle voit la potentialité du lait. Elle se met alors à nager sur place. De plus en plus vite. Lentement, le lait épaissit. La souris continue de nager. Se forme alors la crème. Elle nage toujours. La crème devient du beurre. La courageuse souris peut sortir du bidon. Voilà, je le crois, le principe ultime qui fait le véritable survivant.

Il y a énormément d'informations dans ce livre, plus que vous n'en aurez probablement jamais besoin, mais le principe consiste à connaître par cœur quelques techniques de base essentielles : construire un abri efficace, faire du feu, piéger les animaux, collecter de l'eau.
Le reste vous donnera une bonne idée de la façon de fonctionner en situation de survie. Plus vous apprendrez, plus vous ajouterez de nouvelles briques à ce savoir essentiel. Au fur et à mesure, vous les adapterez et vous créerez vos propres techniques originales. Bravo. C'est ce qu'il faut.

Quand j'étais gamin et que j'ai appris nombre de ces méthodes pour la première fois, j'ai compris que le meilleur moyen de les intégrer consistait à garder les manuels à portée de main... dans mon bain, aux toilettes ou dans le train. Je continue. Ma salle de bains est remplie des plus grands manuels de survie actuels.
Dans ce livre, j'ai essayé de compiler les techniques les plus pratiques, aisément mémorisables et efficaces que j'aie apprises. Certains collets conseillés par des « experts » m'ont paru bien compliqués ! Quand on a froid, qu'on est seul, trempé jusqu'aux

os, il faut trouver de l'eau et de la nourriture rapidement et facilement. L'objectif de ce manuel, c'est de vous garder en vie... pas de faire de vous un menuisier hors pair !

En vérité, vous trouverez ici tout ce qu'il vous faut pour survivre dans les milieux les plus inhospitaliers de la planète. Ces techniques ont été « essayées et approuvées ». Elles ont souvent fonctionné pour moi.

Je voudrais terminer sur un dernier élément : il faut toujours avoir un talent particulier au cas où... Le mien par exemple, c'est de pouvoir endormir un poulet !

Un soir, au bar, avec des légionnaires, j'ai proposé un pari. Un coq nous réveillait toutes les nuits et les sergents nous avaient interdit de le tuer. J'ai parié avec les autres recrues que je pouvais l'endormir et le poser, assoupi, sur le comptoir en moins de soixante secondes. Bizarrement, j'ai reçu plus de compliments et de félicitations en y arrivant qu'en évoquant toutes les montagnes que j'avais escaladées ou tous les régiments prestigieux auxquels j'avais appartenu !

La technique est simple et le plus dur reste de se saisir du bestiau. Coincez-le, plongez dessus, lancez une couverture, faites ce que vous voulez, mais attrapez-le ! Quand il se retrouve en train de gigoter dans vos bras, c'est le moment de prendre les paris. Personne ne croira jamais que ce volatile infernal sera endormi dans moins d'une minute. Quand il y aura suffisamment d'argent sur la table à votre goût, attrapez le cou du poulet (ne vous inquiétez pas... je ne vais pas le tordre), puis glissez sa tête sous son aile et maintenez-la doucement. Restez silencieux, ne bougez pas et, moins d'une minute plus tard, il dormira en croyant que la nuit est tombée. (Les poulets ne sont pas des créatures très futées...) Quand vous le sentirez détendu, vous pourrez le déplier et le poser sur la table... assoupi. C'est le moment de récupérer vos gains.

Bonne chance ! J'espère que vous avez aimé ce livre. Et si je vois un poulet comateux dans un bar, je saurai au moins que vous avez lu cette dernière page !

À la production et l'équipe de tournage de la série télévisée… vous vous reconnaîtrez. Un nombre incalculable de voyages ; des tournages de jour comme de nuit… sans fin ; trop de piqûres de moustiques, mais beaucoup de fous rires. Merci ! En particulier à Simon Reay et Paul Ritz.

À Sarah Emsley et Doug Young de Transworld Publishers, Chloë et Simon de Cunningham Management, et Michael Foster et Liberty à ARG. Pour votre énergie et votre soutien sans faille. À Richard Madden, pour toutes les nuits blanches passées avec moi. Tu es un géant.

À Rob MacIver de Diverse Bristol, Mary Donahue de Discovery Channel et Ralph Lee de Channel Four TV, pour la confiance que vous avez placée en moi, dès le début. Mille mercis.

Et par-dessus tout, à mon amour Shara et à mes deux petits garçons, pour avoir été à mes côtés pendant cette longue année, en esprit, et parfois en chair et en os. Je vous promets de rester un peu plus longtemps à la maison, cette fois.

« Je ne peux imaginer qu'une personne réussisse
dans ce grand jeu qu'est la vie sans se donner à fond.
C'est vrai également dans le monde de la survie.
Les survivants sont toujours des hommes et des femmes
qui s'engagent au maximum
pour atteindre leur objectif : survivre.
Dans la vie, comme dans la survie : hésiter,
c'est perdre son pouvoir. »
Bear Grylls, 2007.

« Un pessimiste, c'est celui qui crée des difficultés
à partir de ses opportunités.
Un optimiste, c'est celui qui crée des opportunités
à partir de ses difficultés. »

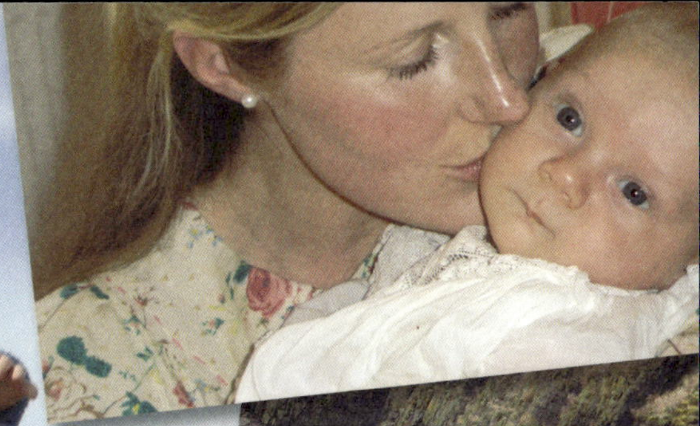

Le cœur même de la survie, comme tous les récits héroïques le confirment, c'est l'espoir. L'espoir qui vous fait continuer alors que tout en vous vous somme d'arrêter. Pour moi, cet espoir, à travers tellement d'aventures et d'expéditions, je le trouve dans ces photos. Il n'y a rien de plus simple. Être entouré par ma famille – Shara, Jess et Marmaduke – ma plus grande joie, ma plus grande fierté.

Merci.

Illustrations : © Patrick Mulrey

Crédits photographiques (Abréviations utilisées pour l'emplacement des images : h : haut ; b : bas.)
2-3 de gauche à droite et de haut en bas : Bear Grylls, Belinda Kirk, Juliet Wide, Belinda Kirk, Juliet Wide, Belinda Kirk, Pete Lee, Juliet Wide, Belinda Kirk, Emanuelle Maclean, Belinda Kirk ; 6-7 : Pete Lee ; 8, 11 : Emanuelle Maclean ; 12 : Juliet Wide ; 14 : Emanuelle Maclean ; 22 : Juliet Wide ; 23 : Pete Lee ; 34 : Belinda Kirk ; 37, 46 : Emanuelle Maclean ; 57, 62, 65 : Belinda Kirk ; 79 : Juliet Wide ; 80 : Emanuelle Maclean ; 82 : Belinda Kirk ; 84 : Juliet Wide ; 86 : Belinda Kirk ; 88, 94, 97 : Juliet Wide ; 101 : Emanuelle Maclean ; 109 : Belinda Kirk ; 110 : Emanuelle Maclean ; 115, 126, 133, 138, 144, 146, 148-149, 153, 157, 163, 166, 169, 170, 172 : Belinda Kirk ; 176 : Emanuelle Maclean ; 180 : Juliet Wide ; 184 : Emanuelle Maclean ; 187 : Juliet Wide ; 194, 197, 198 : Emanuelle Maclean ; 203 : Belinda Kirk ; 207, 208 : Emanuelle Maclean ; 210 : Belinda Kirk ; 215 : Rupert Smith ; 221, 222 : Emanuelle Maclean ; 224, 226 : Belinda Kirk ; 227, 229 : Rupert Smith ; 233, 234 : Belinda Kirk ; 237 : Rupert Smith ; 238, 243, 248, 251, 253, 256, 260 : Belinda Kirk ; 262 : Bear Grylls ; 265 : Emanuelle Maclean ; 269 : Belinda Kirk ; 272 : Bear Grylls ; 275 : Emanuelle Maclean ; 279 : Juliet Wide ; 282 : Bear Grylls ; 296-297 : Emanuelle Maclean ; 302-303 : Bear Grylls.
© Fotolia.com – 68 h : Barbara Dudzinska ; 68 b : gb_1971 ; 69 h : Ina van Hateren ; 69 b : Unclesam ; 70 h : Silver-John ; 70 b : Frog974 ; 71 : Monique Pouzet ; 72 : Gucio-55 ; 73 h : Keller ; 73 b : Robert Merti ; 74 : Dmitry Naumov ; 76 : Frédéric Prochasson ; 105 : Joce ; 112 : Kadmy ; 118 : Julien Rousset ; 120 : jamenpercy ; Marc Cecchetti ; 128 : littrato ; 131 : Bernard Breton ; 161 : Svitlana Belinska ; 178 : Mowitsch ; 216 : corky46 ; 217 : mgkuijpers ; 218 : EcoView ; 257 : mgkuijpers ; 277 : Sergii Rostetskyi ; 281 : Anion ; 285 : dule964 ; 287 : Frog974 ; 292 : digitalbalance.

Édition originale publiée en 2007 au Royaume-Uni par Channel 4 Book,
une marque de Transworld Publishers, sous le titre *Bear Grylls Born Survivor*

Édition française

Traduction : Guillaume Marlière
Conception graphique et mise en page : Marine Le Breton
Direction artistique : Antoine Béon
Relecture : Juliette Collonge
Fabrication : Amélie Latsch
Partenariats : Sophie Morier – smorier@hachette-livre.fr

Imprimé en Espagne par Cayfosa en Novembre 2016
Dépôt légal : mars 2013
23-32-8416-2/05
ISBN : 978-2-01-238416-3